财 | 富 | 商 | 学 | 院 | 标 | 杆 | 企 | 业 | 书 | 系

家族企业财富到底该怎么传

周锡冰 著

当代中国出版社
Contemporary China Publishing House

图书在版编目(CIP)数据

家族企业财富到底该怎么传 / 周锡冰著 . -- 北京 : 当代中国出版社 , 2024.5

ISBN 978-7-5154-1356-3

Ⅰ . ①家… Ⅱ . ①周… Ⅲ . ①家族—私营企业—资产管理—研究 Ⅳ . ① F276.5

中国国家版本馆 CIP 数据核字（2024）第 066039 号

出 版 人　王　茵
责任编辑　陈　莎　周显亮
责任校对　贾云华　康　莹
印刷监制　刘艳平
封面设计　郝志燕
出版发行　当代中国出版社
地　　址　北京市地安门西大街旌勇里 8 号
网　　址　http://www.ddzg.net
邮政编码　100009
编 辑 部　(010) 66572180
市 场 部　(010) 66572281　66572157
印　　刷　中国电影出版社印刷厂
开　　本　880 毫米 × 1230 毫米　1/32
印　　张　10.625 印张　1 插页　201 千字
版　　次　2024 年 5 月第 1 版
印　　次　2024 年 5 月第 1 次印刷
定　　价　68.00 元

自　序

借40多年改革开放的政策春风，一些财富家族由此顺风顺水地攒下“万贯家财”。而“衣锦还乡”之际，“五世而斩”的魔咒，犹如一把达摩克利斯剑高悬于头顶。

当完成“衣锦还乡”之后，家族企业创始人“光宗耀祖”的脚步才刚刚迈出。“家业帝国”的永续，必须靠一代又一代的接班人像接力赛一样一棒又一棒地交接下去，否则，自己或者先辈创造的荣光将会黯然失色，成为宗族或邻居、媒体、研究者一大批相关者攻伐唾骂的对象。

作为传棒者的创始人，或者接棒者，在财富能否顺利传承中扮演着十分重要的角色——纵观数千年华夏历史，传承始终都在挑动着王朝或者家业传承者的神经：王朝有刘彻、李世民等诸多帝王；家业有巴寡妇清、陶朱公范蠡、胡雪岩、伍秉鉴等商人……

传承者的选择，关乎财富能否顺利传承，继续“耀祖”。时至今日，诸多财富家族依旧解不开这个心结，不得已，各路英豪纷纷登场，以自己的方式尝试和探索着——万向系创始人鲁冠球去世后，其子万向集团董事长鲁伟鼎正式接过“权杖”；美的集团创始人何享健交班职业经理人方洪波，其子何剑锋另作他用；格兰仕集团总裁梁昭贤接过父亲梁庆德的班，开启自己的时代……在女性接班人中，刘永好之女刘畅、宗庆后之女宗馥莉、杨国强之女杨惠妍等也开始崭露头角。

在财富传承的“实验田”中，从海外留学回来的宗馥莉以自己不一样的“创二代”模式开启一个家族财富传承的范本，其探索意义是积极的。当然，也有人质疑此种模式，一个重要的事件就是 2017 年的一次失败并购。

对于宗馥莉来说，此次牛刀小试只是自我证明的一次尝试，虽然没能如愿地购买到自己中意的“中国糖果”，但是花大力气进行此番运作，初生牛犊不怕虎、熊熊燃烧的战略雄心已经显现出来。

媒体广为关注宗馥莉等中国财富传承者，是因为中国已经进入一个历史上极为罕见的，顶级富豪们集中向下一代传承财富的特殊时期。《中国经济周刊》举例称，从刘永好到其女儿刘畅，从杨国强到其女儿杨惠妍，从宗庆后到其女儿宗馥莉……这些公司控股人名字变动的背后，是一个个庞大的财富帝国的传承和延续。

《每日经济新闻》报道称，2023 年 3 月 1 日，早上 8 点，碧桂园突发公告，现年 69 岁的杨国强，由于年龄原因辞任包括董事会主席在内的所有关键职务。没有任何意外，“80 后”、现年

41 岁的杨惠妍接任，她是杨国强的二女儿。一如龙湖集团创始人吴亚军交班于陈序平，碧桂园创始人杨国强对杨惠妍的交班也是行业与集团都艰难的时刻。掌管一家全口径销售 4600 多亿元，项目数量 3000 多个，大集团员工数超过 30 万的巨型房企，杨惠妍的压力之大可想而知。在幕后低调多年的她，接下碧桂园的权杖后正式走到台前。①

对于组织接班人传承，家族企业只是其中的一个部分。回望历史，组织接班人传承的历史可以追溯到史前时代，禹与尧舜齐名，是因禹治理洪水有功，在部落成员的拥戴下，接受舜的禅让，正式即位部落的首领。随后禹的儿子启通过武力手段诛杀禹的继承人益，废止了上古时代父系氏族社会广为推崇的禅让继承制度。

据文献记载，禹去世后，传位于益。但益的声望不及禹子启。于是，诸侯拥戴启即帝位。②《史记·夏本纪》云："十年，帝禹东巡狩，至于会稽而崩。以天下授益。三年之丧毕，益让帝禹之子启，而辟居箕山之阳。禹子启贤，天下属意焉。及禹崩，虽授益，益之佐禹日浅，天下未洽。故诸侯皆去益而朝启，曰'吾君帝禹之子也。'于是启遂即天子之位，是为夏后帝启。"

---

① 参见黄婉银：《碧桂园董事会主席杨惠妍：强化一二线城市产品力布局，建立自身的业务壁垒》，《每日经济新闻》2023 年 6 月 2 日。

② 参见史仲文、胡晓林主编：《中国全史：经济卷》，中国书籍出版社 2011 年版，第 39 页。

还有一些文献也记载了这场斗争。例如,《竹书纪年》云:“益干启位，启杀之。”又如,《史记·燕召公世家》云:“禹荐益，已而以启人为吏，及老。而以启人为不足任乎天下，传之于益。已而启与交党攻益，夺之。天下谓禹名传天下于益，已而实令启自取之。”再如,《韩非子·外储说右下》亦云:“古者禹死，将传天下于益，启之人因相与攻益而立启。”

启和益之间的权位之争，学者史仲文、胡晓林直言益没有让位于启，而是启通过武力夺位:“从表面上看，启代益继承帝位，是大势所趋，和平交替。实际上，益并未让位于启，启亦不贤。启倚仗禹的权势，早已积蓄力量，觊觎帝位日久。启、益之间，为争夺帝位，进行了一场激烈的斗争。启用武力废止父系氏族社会的禅让制度，代之以父子因袭的家天下。益终被诛杀。中国历史上的第一个世袭王朝——夏朝，在部落贵族的一片厮杀声中诞生了。启成为夏朝的第一任国王。”①

多年后，嬴政君临天下，把“家天下”的规则制定得更加详细，不仅自称“始皇帝”，更试图将“家天下”一代一代地传承下去。

但是，秦朝（前 221—前 207）只维持了短短 15 年就仓皇谢幕了。其后，不管是汉高祖刘邦，还是唐高祖李渊，抑或宋太祖赵匡胤、明太祖朱元璋，历代帝王都在寻找可以把王朝永

① 史仲文、胡晓林主编:《中国全史：经济卷》，中国书籍出版社 2011 年版，第 39 页。

续传承下去的办法，结果都以失败告终。

1911年，旨在推翻清朝专制帝制、建立共和政体的辛亥革命爆发，第二年终结了封建帝制，开启了民主与共和的新范式。

在另一条主线上，商业领域的创富故事也在中国历代王朝更迭的过程中书写着自己的创富神话。不管是秦始皇时期的巴寡妇清，还是陶朱公范蠡，抑或大明首富沈万三、状元张謇，又或是“东方敦刻尔克大撤退”总指挥、爱国企业家卢作孚，他们都在艰辛地探索着家业和财富的传承模式。

我们今天之所以再次探索家业和财富的传承，直接原因是在改革开放浪潮中成长起来的数量巨大的财富阶层，多数面临财富的传承难题。那么，中国家族企业财富在传承中遭遇了哪些难题呢？在本书中，作者通过深描的手法，浓墨重彩地描述了华夏5000多年王朝和家族企业财富传承中家族成员之间自私贪婪、温情关怀杂糅交织，以及反目等困局的根源。在起起伏伏的财富传承中，有的创始人因为骄傲自满，有的创始人因为贪恋权柄，有的创始人因为自我放逐，结果使自己陷入各种财富传承的失败陷阱。当然，陷入这样的财富传承陷阱是这部分家族企业创始人的悲哀，也是财富传承接班人的悲哀。

鉴于此，本书主要介绍部分中国家族企业创始人在家业和财富的传承过程中，是如何陷入财富传承陷阱，是如何在期望满满，最终心灰意懒，茫然无绪的交接班恶性循环中互相抱怨、指责、推卸责任的。

除了剖析财富传承失败的原因，作者还介绍了不少财富家族能够历经种种考验，却依旧代代相传，打破“富不过三代”魔咒的家业财富传承方法——有的财富家族强调家族精神传承，有的财富家族强调家族办公室传承，有的财富家族强调信托传承，有的财富家族强调基金会传承，有的财富家族强调财富与使命双轮驱动传承，有的财富家族强调引入职业经理人传承。不管运用哪种模式，终究都是通过一套完整的方法完成财富的传承。

鉴于此，作者主要通过家族办公室、家族信托、家族企业积极社会化、适时地引入职业经理人，以及培养合格的接班人来介绍家业传承的方法。作者通过这套方法论，旨在解决当下中国创富家族在财富传承时遭遇的种种困境，期望为中国家族企业创始人和创富家族，以及高净值人群提供借鉴和帮助。

周锡冰

2023 年 7 月 18 日

目　录

上篇

家族企业财富传承的陷阱

很多民营企业家都是强人。当他们强大的时候，蔑视一切困难，蔑视死亡，从来不正视自己也会死亡这件事，不去理性地安排生前和死后的事情，而是完全依赖于超前的能力。……死亡对于活着的人更有意义，如果你能够深刻地理解死亡，而且有死亡的体验，会发现一些平时不重视的道理。

——万通集团创始人　冯仑

第一章 “布里丹陷阱”：“老子不放心”“儿子没信心”“职业经理人不真心”

作为一个全球性难题的家业和财富传承，让成千上万的家族企业创始人苦恼不已。由美国芝加哥大学商学院教授詹姆斯·O. 麦肯锡（James O. McKinsey）于 1926 年创建的麦肯锡咨询公司（McKinsey & Company）在一份全球性传承报告中提到，全球家族企业的平均寿命只有 24 年，其中只有约 30% 的家族企业可以传到第二代，能够传至第三代的家族企业数量不足总量的 13%，只有 5% 的家族企业在三代以后还能够继续为股东创造价值。[①] 这份报告直指全球家族企业在家业和财富传承上的痛点和难以言喻的现状，“五世而斩”似乎成了一个难以逃避的“魔咒”。

一些创富家族在家业和财富传承中进行不懈的探索，试图打破此诅咒，哪怕只有些许的期望，他们也百转千回地复盘和尝试各种被认为不可能的财富传承范式。在创富家族的引导下，传富、守富的财富传承范围不再局限于家族企业，而是走

---

① 参见文婧：《导致家族企业更迭的三大风险——家族财富管理调研报告（2019）》，《家族企业》2020 年第 Z1 期。

人数以千万计的中产家庭。

2023 年 12 月 18 日，中国银行（即“中银协”）官方微信公众号正式发布了由其和清华大学五道口金融学院共同编写的《中国私人银行发展报告（2023）暨私行服务高质量发展专题研究》。数据显示，中国财富的亮点有以下两个方面：

第一，随着我国深度参与全球产业链分工和经济的快速发展，社会财富迅速积累。截至 2023 年，我国社会总财富规模达 790 万亿美元，较 2000 年增长近 213 倍。其中私人财富 430 万亿，占比 54.4%。

第二，截至 2022 年底，中国高净值人群数量达 619 万人，同比增长逾 20%。中国内地亿万富豪的财富总额占据全球亿万富豪财富总额的 13.6%。新能源、硬科技、互联网、电子商务等新经济行业是创造财富的重要领域。[①]

2023 年 5 月 23 日，由胡润百富与中信保诚人寿联合发布了《2022 中国高净值人群家族传承报告》的数据显示，中国拥有 600 万人民币家庭净资产的富裕家庭数量达到 508 万户，拥有千万人民币家庭净资产的高净值家庭数量达到 206 万户，拥有亿元人民币家庭净资产的超高净值家庭数量达到 13 万户。拥有高净值家庭最多的五个城市是北京（29.8 万户）、上海（26.2 万户）、香港（21.1 万户）、深圳（7.9 万户）、广

① 参见中国银行业协会、清华大学五道口金融学院：《中国私人银行行业发展报告（2018）——暨中国家族财富管理与传承白皮书》，2023 年 12 月 18 日。

州（7.1 万户）。TOP 5 城市中，深圳的高净值家庭规模增幅最快（同比增长 4.4%），香港的高净值家庭规模减小（同比下降 5.4%）。高净值人群构成中，职业股民与不动产投资者的占比均为 10%，与上年保持一致；企业主占比约 50%，受疫情对民营经济的影响，较上年减少 10 个百分点，金领占比约 30%，比上年增加 10 个百分点。①

创富家族和高净值人群重视财富的传承规划，原因有四：

第一，财富传承规划是一种财务风险的规避手段。高净值人群中投资风格占比最多的是稳健型投资者（46%）。受国际时政、经济环境和疫情波动的负面影响，对于短期的投资理财目标，高净值人群最为关注的是财富安全，其重要性连续三年高于财富增长。中国高净值家庭的财富总资产从 2020 年的 126 万亿元上升到 2021 年的 160 万亿元，高净值家庭预计有 18 万亿元的财富将在 10 年内传承给下一代，49 万亿元的财富将在 20 年内传承给下一代，92 万亿元的财富将在 30 年内传承给下一代。面对持续增长的财富规模以及生命周期的基本规律，家族传承势必成为高净值家庭越来越关注的重点课题。②

第二，财富传承规划是对健康储备、养老储备、子女教

① 参见中信保诚人寿「传家」·胡润百富：《2022 中国高净值人群家族传承报告》，2023 年 5 月 23 日。

② 参见中信保诚人寿「传家」·胡润百富：《2022 中国高净值人群家族传承报告》，2023 年 5 月 23 日。

育等都作出科学、合理的经济安排的一种传承方法。97% 的高净值人群会考虑家族传承事宜。他们当中，有四成已经实施了家族传承规划。对于目前的家庭财富，高净值人群分配比例最高的是家族传承（30%），其次是财富投资、后代教育、当前消费和养老储备，慈善捐赠的投入比例约占 8%。家族财富三大方面中，精神财富的重要性居首位（7.65 分，10 分制），物质财富其次（7.14 分，10 分制），社会财富最后（7.01 分，10 分制）。企业主对社会财富的关注度相对较高（平均 7.14 分，10 分制）。道德素养、不动产、政商人脉关系分别是最受关注的精神财富、物质财富、社会财富的传承对象。[①]

第三，它有效地保证了家业和财富传承的顺利进行，也避免了创富家族成员“阶层”不会下滑到更低的“阶层”。关于家族传承，95% 的高净值人群对家庭内部因素存在担忧，最大的担忧是子女的财富接管与保管能力（50%），例如子女对财富的挥霍、子女的心智不成熟等。对于外部环境因素的变量，遗产、赠予相关税收政策变化（46%）得到了最多高净值人群的关注。七成高净值人群在本次调研中认为，中国的遗产、赠予相关税收政策可能在 10 年内出台对于家族传承的手段，中国高净值人群最期待的效果是“指定受益人从而避免纠纷”（46%）、“资产稳健保值”（42%）、“体现传承准则与约束

① 参见中信保诚人寿「传家」·胡润百富：《2022 中国高净值人群家族传承报告》，2023 年 5 月 23 日。

条件”（38%），这些都反映出在家族传承的过程中，确定性对高净值人群极高的重要性。[①]

第四，由于财富传承时间较长，风险因素较多，对资产管理工具的正确运用提出更高要求。关于推进家族传承事宜的合适契机，大多数高净值人群是以自己的年龄为主要考虑因素（57%），其次是以后辈年龄为考虑因素（30%），以企业发展进程为考虑因素的占 14%，最多的人把自己临近退休的时间点作为推进传承事宜的合适契机（34%）。平均而言，中国高净值人群开始传承行动的平均年龄为 54.1 岁。相比其他传承工具（包括法定继承、遗嘱、信托、赠予），高净值人群认为保险的相对优势是可以降低税收负担（42%）、帮助保密隐私（41%）和债务风险防范（36%）。[②]

上述四个因素导致很多家族企业财富和家业传承止步不前。我们在梳理时发现，在面临财富和家业传承难题时，家族企业创始人深深地陷入“老子不放心”“儿子没信心”“职业经理人不真心”等“布里丹陷阱”中不可自拔。

所谓“布里丹陷阱”，是指 14 世纪法国巴黎大学教授约翰·布里丹（Jean Buridan）在一次争论中，做了一个非常形象

① 参见中信保诚人寿「传家」·胡润百富：《2022 中国高净值人群家族传承报告》，2023 年 5 月 23 日。

② 参见中信保诚人寿「传家」·胡润百富：《2022 中国高净值人群家族传承报告》，2023 年 5 月 23 日。

的比喻。他说道："一头饥饿的小驴在干枯的草原上好不容易找到了两堆草，由于不知道先吃那（哪）一堆好，结果在长时间的选择和徘徊中饿死了。"[①]

放到家庭企业财富传承，"布里丹陷阱"主要指家族企业创始人在作出决定把"班"交给谁这个决策时经常犹豫不决，甚至难以作出决定。我把此类问题归结为"布里丹陷阱"，或者"布里丹困境"。

一、"子不类父"，闯荡商海数十载，商场险恶，创始人"不放心"

在《汉武大帝》这部史诗般的电视剧中，有两句台词给我留下了非常深刻的印象。第一句是："寇可往，我亦可往。"表现了壮年汉武帝刘彻的威严自信。第二句则是："子不类父。"表达了晚年刘彻对懦弱太子刘据的不满。

掷地有声的两句话，道出了汉武帝刘彻一生不同阶段的应对态度。第一句话回顾了刘彻横扫匈奴时的收放自如和气势如虹；第二句话却说出了刘彻父逼子反、骨肉相残的一幕幕皇室传承悲剧，同时也道出了汉朝皇室在选择接班人时的决策迷茫和思维僵化。前者刘彻万分豪迈、铿锵有力，后者刘彻晚景

① 吕依群:《要防止决策中的"布里丹效应"》,《上海会计》1993 年第 10 期。

异常凄凉，尤其是在《轮台罪己诏》中，自省甚至检讨了自己曾经的过失：曩者，朕之不明，以军候弘上书言“匈奴缚马前后足，置城下，驰言：‘秦人，我匄若马。’”又汉使者久留不还，故兴遣贰师将军，欲以为使者威重也。

作为中华封建王朝中杰出君王的刘彻，通过政治、军事、经济、文化、外交等手段，打造了一个强大鼎盛的汉王朝，开辟了中华辽阔的疆域，奠定了汉在中华历代王朝的空前地位。这样开创性的帝王，遵循“子不类父”的接班人范式选择，源于自己对匈奴的几次攻伐。在《汉书》中，东汉时期史学家班固给予汉武帝刘彻较高的评价——《谥法》说“威强睿德曰武”，就是说威严、坚强、明智、仁德叫武。[①]

“子不类父”，创始人坐井观天式的“虎父虎子”桎梏

雄才大略的汉武帝刘彻始终不愿意相信，太子刘据性格“仁恕温谨”，施政方略跟自己差别如此之大，由此“嫌其材能少”。

嫌隙渐生，太子刘据与父亲刘彻的关系加速恶化，刘据太子之位被废除的转折点由以下因素累积而成：

第一，公元前 106 年，大司马大将军、长平侯卫青因病去世，皇后卫子夫和太子刘据最有力的后援从此失去。

---

① 参见雷炳炎、刘毅：《毛泽东关于汉代帝王评价述论》，《湘潭大学学报（哲学社会科学版）》2016 年第 4 期。

第二，卫皇后（卫子夫）年岁增加，名位虽在，刘彻却渐渐疏远，见上刘彻一面都已经异常困难。

第三，沟通的减少，刘彻与卫子夫、刘据的疏远、生隙、生疑随之而生，以及刘据的长大，汉武帝对卫皇后和刘据的关爱渐渐地减少，令刘据“常有不自安之意”。北宋著名史学家司马光在撰写《资治通鉴》时写道：“群臣宽厚长者皆附太子，而深酷用法者皆毁之。邪臣多党与，故太子誉少而毁多。卫青薨后，臣下无复外家为据，竞欲构太子。”

第四，刘据与刘彻在许多施政方针上不一致，甚至是相反，刘彻进而不愿召见刘据。刘彻热衷于“用法严，多任深刻吏”，而太子“宽厚，多所平反”。在对外方面，刘彻热衷于武力征伐四夷。相比刘彻，刘据则温和得多，刘据的主张是优先用“怀柔政策”，缓解中央政府与周边小国的矛盾。

鉴于此，在几乎得不到沟通的背景下，加上谗臣的挑拨离间、竞相诬陷，刘据的太子之位由此旁落他人。“巫蛊之乱”后，刘彻才恍然大悟。为了弥补自己的过失，刘彻将尚在襁褓中的刘据之孙刘病已扶上大位。后来，刘病已改名刘询，成为西汉第十位皇帝——汉宣帝。

作为接任者，如果刘据真的是第二个“刘彻”，那么大汉江山的危机必被引爆。在《轮台罪己诏》中，刘彻反省了自己常年征战和穷兵黩武的非理智行为：古者卿大夫与谋，参以蓍龟，不吉不行。乃者以缚马书遍视丞相、御史、二千石、诸大夫、郎为文学者，乃至郡属国都尉成忠、赵破奴等，皆以“虏自缚其马，不祥甚哉”，或以为“欲以见强，夫不足者视人有余”。易之，卦得大过，爻在九五，匈奴困败。公军方士、太史治星望气，及太卜龟蓍，皆以为吉，匈奴必破，时不可再得也。又曰：“北伐行将，于鬴山必克。”卦诸将，贰师最吉。故朕亲发贰师下鬴山，诏之必毋深入。今计谋卦兆皆反缪。重合侯得虏候者，言：“闻汉军当来，匈奴使巫埋羊牛所出诸道及水上以诅军。单于遗天子马裘，常使巫祝之。缚马者，诅军事也。”又卜“汉军一将不吉”。匈奴常言：“汉极大，然不能饥渴，失一狼，走千羊。”

常年的战争消耗了长期积累的财富和国力，这让刘彻不得不停止其军事行动，进入休养生息状态。刘彻补充说道：“乃者贰师败，军士死略离散，悲痛常在朕心。今请远田轮台，欲起亭隧，是扰劳天下，非所以优民也，今朕不忍闻。大鸿胪等又议，欲募囚徒送匈奴使者，明封侯之赏以报忿，五伯所弗能为也。且匈奴得汉降者，常提掖搜索，问以所闻。今边塞未正，阑出不禁，障候长吏使卒猎兽，以皮肉为利，卒苦而烽火乏，失亦上集不得，后降者来，若捕生口虏，乃知之。当今务在禁苛暴，止擅赋，力本农，修马复令，以补缺，毋乏武备而已。郡国二千石各上进畜马方略补边状，与计对。”又说道：“朕即位以来，所为狂悖，使天下愁苦，不可追悔。自今事有伤害百姓，靡费天下者，悉罢之。”

在《轮台罪己诏》中，刘彻对自己过去的行为进行了诸多的反省，但是让自己放弃对刘据固化的看法，显然是不现实的。一个重要的原因是，刘彻的内心“本能”地期望看到刘据是一个果敢杀伐的接班人。

殊不知，作为王朝辉煌成就的续写者，甚至将其推至新的高点者，都是接班人的“子不类父”。试想一下，果敢杀伐的汉武帝刘彻，继承其父汉景帝的优柔寡断的秉性，可以肯定地说，西汉这个“家族企业”肯定不会被毛泽东写进《沁园春·雪》当中——惜秦皇汉武，略输文采；唐宗宋祖，稍逊风骚。一代天骄，成吉思汗，只识弯弓射大雕。俱往矣，数风流人物，还看今朝。

回顾历史，在刘彻之前，“子不类父”的传承悲剧就出现过，这个悲剧的书写者就是秦朝的创建者秦始皇嬴政。

在嬴政眼中，扶苏有点儿“反基因传承”。不管是治理国家，还是施政方略，扶苏与嬴政风格迥异。

事实上，在大秦这个“家族企业”中，嬴政始终在交班给扶苏的问题上犹豫不决，归根结底还是因为“子不类父”。

事实上，“子不类父”是诸多成功组织开创者的一个本能悲剧。不管是创建秦朝这个“家族企业”的秦始皇嬴政，还是后来被历史讴歌的汉武帝刘彻，都在交班问题上犯了“子不类父”的错误。

历史总有惊人的相似之处。在家业和财富传承中，不管是历史，还是当下，创始人在家业和财富传承本能与反本能的对冲中，一旦不能客观地对待接班人，那么家业和财富传承的成功率就将大大降低。事实证明，凡是能够传代的昌盛，经常是在传承中能够打破本能的基因沿袭，敢于追求“子不类父”的“反基因传承”。[①]

纵观嬴政的家业传承，虽然做梦都想把皇位永远地传承下去，“传之无穷”。“秦王扫六合，虎视何雄哉”，遗憾的是，本想在波澜壮阔的传承中大秦家业永固，却不承想仅存短短十数年。企业家们何尝没有“传之无穷”的梦想，但他们究竟能传多久呢？

创始人敢想敢干的勇气、八面玲珑的处理方法，在家族企业传承中，“虎父犬子”与“子不类父”都有可能发生

中国组织传承向来都是讲究“虎父无犬子”，即“虎父虎子”，一旦接班人“子不类父”，接班人就可能万劫不复。多年来，“子不类父”的悲剧屡见不鲜。

在财富传承中，产生“子不类父”悲剧的原因是，部分创始人当年下海经商时的敢想敢干、勇于试错的魄力，对改革开放背景下商品需求的精准判断，以及与合作人、商会等诸多人脉资源关系网络的搭建。他们不仅赚到了第一桶金，有的甚至

① 参见杨光：《“反基因”传承》，《中外管理》2005 年第 10 期。

还将企业做到区域隐形冠军，甚至是中国500强企业。由此历练一身经营本领，创始人自然而然地想到自己的得意过往，当选择接班人时，这些过往将成为衡量接班人的一个静态标准。

自从1978年中国改革开放的序幕徐徐拉开后，一大批工人、农民等凭借对商业经济春天来临的判断，果断地跳上这个舞台。这一波创业者感知创业的风向标，是1978年5月11日《光明日报》刊发的一篇名为《实践是检验真理的唯一标准》的文章，它旗帜鲜明地指出："检验真理的标准只能是社会实践。""理论与实践的统一，是马克思主义的一个最基本的原则。""任何理论都要不断接受实践的检验。"[①]

在第一声春雷后，轰轰烈烈的中国改革开放艰难地迈出了第一步。在这个遍地都是机会的时代，一些家族企业创始人凭借自己的敢想敢干，抓住了机会，同时利用自己的人脉和有效资源，虽然历经"九九八十一难"，但是最终把企业做大做强了。很多年以后，新希望创始人刘永好毫不讳言地说道：

> 我们出身于中国西部成都郊县的小地方，我们很穷，我们没有显赫的家庭背景，也没有资产的继承，靠什么呢？靠我们勤奋、努力、智慧、理念，我们比较早就下海创业了。那个时候不叫下海创业。那时候没有私营企

① 《光明日报》特约评论员：《实践是检验真理的唯一标准》，《光明日报》1978年5月11日。

业，只有农村的专业户，因为我们是1982年创业的。城里不让干，我们只好去农村干，从养鹌鹑、养鸡、养猪开始，今天仍然把养鸡、养猪作为我们的主业，这个行业一干就是30多年。

在这30多年的摸爬滚打中，也取得了非凡的成就。靠的是什么取得这些成就呢？除了创业初期靠的是勤奋、拼搏、脚踏实地、敢于吃苦以外，更重要的一条是顺应潮流，顺应国家潮流、社会的潮流、时代的潮流。创业阶段，中国开放才刚刚开始，商品短缺，购买什么商品几乎什么都要票，那个时候有粮票、糖票、肉票，商品都供不应求。你生产什么商品都不愁销。那个时候：首先要的是胆量，敢于下海创业。其次要的是勤奋，非常能吃苦。只要你有胆量敢去做，只要你勤奋认真去做，一定能取得成就。因为你有胆量、敢去做，就一定能够做出产品，做出产品市场总是有的，做什么都赚钱。[①]

在公开场合，持此观点的企业家并非刘永好一人。随着中国改革开放的深入，尤其是邓小平发表南方谈话后，一大批公职人员下海，站立在创业时代的潮头。在这一波中，远东控股集团创始人蒋锡培的创业经历丰富而坎坷。1990年2月，

① 刘永好在2013年9月12日第23期“搜狐未来大讲堂”上的讲话（部分，略有修改）。

27 岁的蒋锡培自筹资金 180 万元，征地 3 亩，带领 28 名青年好友，在无锡市经济最薄弱乡镇之一的宜兴市范道乡，创办了范道电工塑料厂。[①] 如今 30 多年过去了，远东控股集团的品牌价值已达到 810.18 亿元（2020 年）。

蒋锡培的创业成功，有什么创业秘诀呢？蒋锡培在腾讯《商业人生》栏目做客时，就谈到过往岁月以及如何蜕变。蒋锡培表示，其实企业家最重要的是这样几点：第一要有眼光，第二要有胆量，第三要不停止脚步，第四要有相应的能力，另外就是非常真诚的性格。

不管是刘永好，还是蒋锡培，其迈出创业第一步都是需要胆量的。毕竟创业就意味着冒险，特别是在 20 世纪八九十年代，诸多不确定因素依旧存在。

在诸多因素的促进下，很多家族企业创始人凭借敢想敢干的勇气，八面玲珑地与政府官员、供货商、渠道商等打交道，自然担心接班人不能掌控家族企业与地方政府、老臣、功臣、家臣，以及职业经理人的关系。

在家族企业财富传承中，不管是创始人，还是接班人，都要面临“老臣”“家臣”“功臣”，以及“老子党”“太子党”，甚至这几种情况杂糅在一起的问题。

---

① 参见张云龙、任云中：《一握远东手，永远是朋友——专访远东控股集团有限公司党委书记、董事局主席蒋锡培》，《现代企业文化（上旬）》2013 年第 6 期。

“老臣”“家臣”“功臣”，以及“老子党”，这几股力量曾作为家族企业创始阶段的中坚力量，为家族企业立下汗马功劳。

在财富传承中，尤其是接班人接班之前，创始人与“老臣”“家臣”“功臣”，以及“老子党”早已生死相依，彼此默契。此刻，对于接班人来说，如何与“老臣”“家臣”“功臣”，以及“老子党”相处就成为最大的拦路虎。具体体现在，接班人与“老臣”“家臣”“功臣”，以及“老子党”之间并不是一般的老板与员工、上级与下级的关系，这些人不是普通员工，而是与创始人在一线战场生死激战的兄弟。

鉴于此，《2017 年中国新生代企业家调研》的数据显示，家族企业在交接班过程中，41% 的新生代企业家认为“三臣”中“老臣”带给他们的困扰最大，32% 认为“家臣”最让人“头疼”，还有 27% 表示对于如何与“功臣”相处感到迷茫。二代与“三臣”之间的关系真的是水火不容吗?“一刀切”地辞退真的是解决去留困局的最佳方案吗?“三臣”真的是二代接班路上的“拦路虎”？家族企业的创始人又在其中扮演着怎样的角色?显然，如何恰当安置这些“皇亲国戚”，考验着每一位家族企业掌门人的智慧。[①] 一旦处理不好，那么家族企业的财富传承就意味着失败。

基于此，创始人在财富传承问题上总是犹豫不决、患得

---

① 参见家族企业编辑部:《少主与老臣、主权与治权　如何合理架构》,《家族企业》2017 年第 10 期。

患失，结果不知不觉地陷入“布里丹陷阱”此刻的他们犹如深陷在经验桎梏的井底，既打不破自己固化的思维，又无法跟上日益变化的时代，日复一日地在井底观天。

“子不类父”的症结出在：父亲与儿子经历不同，教育背景不同，观念和思维模式、行为模式差别很大

纵观古今，出现“子不类父”这样的问题，原因如下：第一，创始人打江山的时代环境已经变化；第二，消费者需求已经变化；第三，很多接班人接受高校商科教育，特别是在国内外受过高等教育；第四，创始人始终无法接受接班人的迭代思维模式，加剧了创始人担心，不放心把家业交接给接班人打理。

很多接班人尽管被动地接受父辈的建议，回到家族企业，但是其意见不小。一位接班人在接受媒体采访时说道：“说真的，很多事情我们都觉得看不过去，父辈是曾经成功过，但是那种经营方式只适合那个年代，很陈旧，再这样下去会被社会淘汰的。”

在采访中发现，一些接班人甚至不屑于家族式的传统企业管理范式。一位家族企业接班人表示，在自家的企业中就职过于压抑。其中一个重要的原因是战略理念不同。该接班人称，自己与父母在经营方向上产生了不可调和的矛盾，导致自己始终无法施展拳脚，开展经营和管理。

接班人的抱怨引起了创始人的不满。一位家族企业创始人在接受媒体采访时毫不讳言地说道：“现在的这些孩子，大多意志力不强，社会责任意识也不足，想起做什么来一身劲，但遇到点挫折，吃点苦就想掉头，撂挑子不干。我们年轻的时候也会有很多想法，也会冲动，但我们这一代共有的特点就是踏实能吃苦。”

该创始人又补充说道：“二代接班人的脑子灵活，但欠缺吃苦耐劳的实干精神，他们过于偏重自己的个性，总想着以最简单的方式解决问题，不喜欢吃苦，看见苗头不好掉头就跑。这些年轻人说起来头头是道，但是如果按照他们的思维，粗鲁彻底地改变已经上轨道的企业发展模式，可能大多数结果会很可怕。”

上述两种观点很有代表性。宁波方太厨具有限公司创始人茅理翔称，他就曾经遇到一个创始人，当时已经60多岁了，他的儿子已经做好了接班准备，但是该创始人迟迟不肯交班，导致整个接班计划停滞不前。

该创始人解释称，担心把企业交到儿子手里经营不好，走下坡路。在没有其他办法的情况下，该创始人说道：“能干就干着，真的干不动了，眼不见心也就不烦了。”

茅理翔直言，这样的财富传承问题在众多家族企业中比比皆是。茅理翔举例说，有一个创始人，育有三个儿子，长子平庸，二子技术不好，三子年纪小，企业交给谁都不是，辛苦打下的基业，万一到儿子手上一分为三，也不是他想要的结果，于是接班的事一拖再拖。[①]

出现这样的问题，一个重要原因是创始人和接班人经历不同，教育背景不同，观念和思维模式不同，行为模式差别很大，见表 1–1。

表 1–1　家族企业创始人与接班人的区别

特质	家族企业创始人	二代接班人
背景	草根起家，自发创业	教育良好，自觉选择
风格	悟性强，执行力突出	视野宽，批判力显著
性格	坚韧，诚信，义气	规范，自信，大气
核心竞争力	捕捉机遇，广结人脉	观察细致，思维缜密
缺陷	盲目武断	优柔寡断
产业偏好	实体经济，办厂建工业园	虚拟经济，做投资建模式
起步	做业务，做制造	做国际贸易，做财务
管理特征	扁平化，事无巨细	职业化，考核激励
外感	不拘小节，充满亲和力	先锋前卫，讲理念价值
团队文化	其乐融融，有福同享	适当距离，奖惩分明
知识结构	广泛而零碎	系统但不实用
能力结构	言语煽情，行动可信	口才良好，角色感强
专家忠告	“成功是失败之母”	千里之行，始于足下

资料来源：杨群：《家族企业遭遇“接班危机”？》，《解放日报》2012 年 3 月 22 日。

从表 1–1 可以看到，创始人与接班人的诸多不同加剧了创始人在传承过程中“老子不放心”“儿子没信心”矛盾的产

① 参见郑明治：《富一代不愿意放手》，《钱江晚报》2009 年 8 月 20 日。

生。浙江省工商联副会长郑明治曾撰文指出：“企业家的这种心态很能理解，受中国传统文化的影响，企业就是他的生命，把企业交给别人，就像是从自己身上割肉，甚至更严重。很多家族企业主太在乎自己的产业，没有勇气放飞第二代，事事不放心。这样二代就失去了一个很好的成长机会。这种情况下，建议第一代企业家要舍得交学费，让下一代自己去创业，失败了就当是教训，或许虎父无犬子，还能打下一番天下创下另一个产业呢！到时候再把企业交给孩子管理，也会放心得多。”①

从目前中国家族企业的财富传承现状来看，“老子不放心”是家族企业在财富传承中普遍存在的一个问题。我们回顾改革开放 40 多年波澜壮阔的历史会发现，这 40 多年其实也是一部民营企业生根发芽，以及茁壮成长的历史，同时是一部家族企业财富传承史。

事实证明，古往今来，任何一个王朝，任何一类企业，开创者都在功高誉满之后寻找、审视自己的接班人。然而，在考察接班人时，开创者都会下意识地寻找一个更加年轻的、敢于拼搏的、关键时刻作决断的自己，由此把自己创建的基业传承下去。

遗憾的是，在组织传承中，如果接班人与开创者过于相似，那么这样的接班人往往很难创造丰功伟绩。毕竟过于相似

① 郑明治：《富一代不愿意放手》，《钱江晚报》2009 年 8 月 20 日。

的开创者和接班人都存在某些战略盲区，不管是思维的僵化，还是管理模式，都会延续同一种风格，可能在同一方向上更加极致，但弊病将堆积得更多。

二、“虎父犬子”，“胸无大志，混世魔王”的富二代乐不思蜀，难言有接班“信心”

在家族企业的财富传承中，“富二代”不争气的新闻随处可见。与此同时，越来越多的家族企业接班人更愿意把自己定位为“创二代”而不是“富二代”，甚至为了自由生活而到北京、上海、深圳等城市当打工仔，也不愿意继承父辈创下的家业。

这样的问题值得我们深思，也值得家族企业创始人深思。在这里，我想起了“乐不思蜀”这个成语。据记载，“乐不思蜀”出自晋朝陈寿《三国志·蜀志·后主传》一书中：“后主举家东迁，既至洛阳。”裴松之注引东晋习凿齿《汉晋春秋》：“王问禅曰：‘颇思蜀否？’禅曰：‘此间乐，不思蜀。’”

这个成语的背景是，在战乱纷争的三国时期，蜀国开创者刘备占据蜀地，建立蜀汉。作为蜀汉开创者，刘备经历了家族企业创始人的过程，刘备虽然是汉中山靖王刘胜的后代，但是刘备父亲早死，家境贫寒，与母亲贩草鞋、织草席度日。刘备礼贤下士，志向远大，知人善用，建立蜀汉。223 年，刘备驾崩后，蜀汉这个“家族企业”的接班人刘禅继承帝位，成为蜀汉的新一代领导者。

由于刘禅昏庸无能，信任宦官黄皓，导致蜀国内部混乱不堪，再者蜀国内部缺乏人才，以致有“蜀中无大将，廖化作先锋”的说法，以及因为诸葛亮、姜维连年北伐征战，导致蜀国兵疲民困，蜀国在消耗大量人力、物力、财力的情况下，面对魏国的南下自然无力抵抗。263 年，蜀国就被魏所灭。归顺曹魏政权的刘禅得到了魏王曹髦的封赏，获得了一个食俸禄无实权的“安乐公”，迁居魏国京都许昌。

在曹魏政权中，魏王表面掌权，却实际上无实权，真正掌握大权的则是司马昭。司马昭为了测试刘禅是否真心归顺，在一次宴会上，司马昭当着刘禅的面故意安排表演蜀地的歌舞。刘禅随从人员想到灭亡的故国，都非常难过，刘禅却对司马昭说：“此间乐，不思蜀。”

鉴于诸多“富二代”的行为，创始人难免陷入“布里丹陷阱”。主要表现为几个方面：第一，接班人志不在此，接班意向不大；第二，能力不足，对复杂的政商、市场、产品缺乏判断；第三，不做“接二代”，只做“创二代”，对父辈的班无兴趣；第四，挥霍家业，纸醉金迷。

志不在此，接班意向不大，宁断四指，也不接班

在如今的排榜热中，家族财富榜令人眼花缭乱。2022 年

11 月 10 日,《福布斯》(*Forbes*)发布了 2022 中国内地富豪榜。数据显示,“2022 福布斯中国内地富豪榜”前四名分别是钟睒睒、张一鸣、曾毓群、马化腾,见表 1–2。

表 1–2　2022 福布斯中国内地富豪榜前四名

排名	姓名	财富(亿美元)	年龄	财富来源	居住地
1	钟睒睒	623	67	农夫山泉 / 万泰生物	杭州
2	张一鸣	495	39	字节跳动	北京
3	曾毓群	289	54	宁德时代	宁德
4	马化腾	234	51	腾讯	深圳

资料来源:福布斯中国官网。

“2022 福布斯中国内地富豪榜”前 100 名的数据显示,排在第十名的秦英林,其财富已经达到 184 亿美元,排在第 100 名的财富达到 35 亿美元。

在财富滚滚的浪潮中,这样的财富值是多少人梦寐以求的,但是一些家族成员却并不热衷于接班,甚至还出现家族成员为了圆自己的梦想,宁愿砍断自己的手指也不愿接班的事情。

这样的接班人虽然不多,但是具有反叛精神的接班人却不胜枚举。相比之下,大多数创业者后代更加钟爱另起炉灶,自己创业。[①] 一个关键的原因是,父辈在家族企业里太霸道,接班人没有更多自由发挥的空间,这才导致很多接班人更愿意创业,更愿意接钱,却不愿意去接家族企业的班。

① 参见任忠君、刘苏皓:《创业者宁断手指不愿接班家产　更愿做“创二代”》,《重庆商报》2012 年 8 月 20 日。

“完全可以这样说，90% 以上的民营企业家都希望儿女接班，但 95% 以上的二代，都不愿意子承父业”

在给某企业做内训时，茶歇时间，聊起接班问题，该创始人说道：“周老师，跟您说实话，我不怕接班人逼宫退位，就怕接班人‘胸无大志’，宁愿北漂也不愿意接我的班。”事实上，宁愿北漂的接班人不止这一个，还有很多。

2011 年 1 月 17 日，在某大学学习的 A 完成了最后一个有课的学期，接下来的大四下学期就开始实习。A 本可以不像其他同学一样忙碌地找工作，因为他是某公司老板的独生子。

按照 A 父亲的预想，A 毕业后，就回家族企业接受锻炼。始料不及的是，A 却收到了一份北京某科研企业的录取通知书。这意味着，A 将正式就职于北京某科研企业。对于接班，A 坦言自己也想过：我当初也想接班，可父亲老管这管那，还让我去印刷厂当工人。我现在不想创业，也不想接班，就想找个能用上自己专业的小工作，父亲又说我败家。

A 的做法让父亲大为恼火。当初为了让 A 回来接班，父亲煞费苦心。A 初中毕业后，父亲就把他送到某国去读高中。看似合理的安排，却被 A 打乱。短短半年后，A 就以无法习惯国外的生活为借口，硬是让父亲答应其回国读书。

面对质疑，A 解释称，自己跟众多家族企业“富二代”一样，在迷茫的同时，也遭遇了父辈诸多质疑。A 说道：“用他的话说，我就应该在业务、印刷、设计各种岗位上都干两年，就能放心交给我了。我认为那是浪费时间，与其受他摆布，还不如干点儿自己专业的，开心点儿。”

A 坦言，既然父亲不放心自己的经营能力，那就向父亲证明。大学三年级时，A 就开始创业。然而，没有任何创业经验的 A，在短短半年的时间里，就把父亲提供的 50 万元资金全部赔光。创业失败后，A 遭到父亲的冷嘲热讽。其后，不满 A 眼高手低的行为，父亲拒绝给 A 提供后续的创业资金。

像 A 这样环境优越的“富二代”，往往把创业想得过于简单，其失败也在所难免。A 反思道：“我知道自己当时草率了，老爸对我失望了。反正我对接班也没兴趣，我要和同学一起去北京实习上班。”

作为“少帮主”的 A，宁愿就职其他单位，也不愿意在父亲的不信任中接管家族企业。个中缘由只有家族企业创始人、接班人才知道。知名经济学家高连奎在接受媒体采访时坦言：“我所接触的 4000 多位创业者后代学员中，几乎所有学员都是愿意接班的，只是这些创业者后代普遍认为，父辈在企业里太霸道，自己缺乏发挥空间。”[①]

或许正是这样的原因，导致了“A 们”不愿意接班，这无疑给中国高歌猛进的家族企业财富传承泼了一盆冷水。

---

① 参见任忠君、刘苏皓：《创业者宁断手指不愿接班家产　更愿做“创二代”》，《重庆商报》2012 年 8 月 20 日。

在接班问题上，影响接班人接班意愿的因素非常多。我们对这些因素进行探索性研究分析之后发现，家族企业所处的产业发展前景在一定程度上影响了诸多接班人的接班意愿。

从产业的具体分布和接班人意愿来看，产品和服务在涉及航空航天产业企业方面，家族企业接班人的接班意愿明显高于其他产业，同时接班意愿不明朗的情况所占比重也为最低。①

当产品和服务处在服务业时，接班人的接班意愿就相对不强。资料显示，在被调查的509家中介服务业企业中，只有75家企业的企业主子女有接班意愿，不愿接班的比例高达32.6%。②当然，家族企业的制度化、正规化程度越高，接班人的接班意愿也就越强烈。

事实上，对于家族企业接班人而言，不管父辈在创造财富时多么艰辛，不管父辈成功的诸多创业故事是怎样的华丽与辉煌，不管父辈在创建家族企业时曾交织过多少野心与希望，但都与自己没有太多的关联。

然而，家族企业创始人在书写完自己的创业人生之后终究会徐徐地落下帷幕。不管接班人的接班意愿如何，其问题

---

① 参见胡鸿：《家族企业年平均寿命不到9年 只有近4成浙商子女愿意接班》，《每日商报》2011年12月14日。

② 参见胡鸿：《家族企业年平均寿命不到9年 只有近4成浙商子女愿意接班》，《每日商报》2011年12月14日。

依然没有解决。《家族商业评论》的调查数据显示，在浙江诸多家族企业中，接班人接班意愿较低，甚至是拒绝接班的问题普遍存在，尤其是一些中小家族企业，产业层次较低，规模较小，财富积累又不够多，家族企业管理方面问题严重。

其实，这样的中小家族企业，接班人更不愿意接班。这主要是一些浙江商人在创业初期，往往都是从传统的小作坊开始的。尽管这些中小家族企业有了长足的发展，但仍然摆脱不了低层次的发展模式。这些中小家族企业的接班人又在很小时就被父辈送到海外留学，差不多都是留学海外的“海龟”，在经历了西方发达国家的成熟工业文明与信息化的熏陶后①，很难甘于在这些低端产业的深耕。

在浙江省，很低的接班意愿在一定程度上阻碍了中小家族企业的做强做大，甚至留学海外的接班人不愿意接班已经影响了这些中小家族企业的正常传承。

与老一辈的“创一代”浙商们相比，留学海外的接班人根本就不愿意像父辈那样从事仅仅生产缝纫机、皮鞋、纽扣、打火机等实业项目。在接班人看来，经营实业积累财富过于缓慢，他们更希望凭借自己在国外所学的知识，应用资本经营等手段，在知识经济时代让家族企业的财富高歌猛进地飙升。

另一方面，家族企业接班人不愿意接班还源于“创一代”

---

① 参见肖娟：《浙商少帅：父亲之后我能什么？》，《家族商业评论》2008年第8期。

浙商们创办的家族企业存在种种弊病。要想彻底革除家族企业存在多年的弊病，不仅需要极大的勇气，而且千丝万缕的利益分割和诸多创业重臣之间的复杂平衡也使得接班人望而却步，不愿意或者不敢接班。比如混乱的财务体系、任人唯亲的用人制度、模糊的股权安排、苛刻的工资制度、恶劣的生产环境等。也有一些“富二代”不愿生活在父亲的光环下，因为不但自己的才能难以得到外界的肯定，而且常被家族约束。①

不可否认的是，子女不愿意接班的原因很复杂。高连奎在接受媒体采访时坦言：“在中国的民营企业创业者后代中，有五成人其实是不适合接班的。主要原因有二：一是创业者后代的成长环境与父辈有很大的差别，他们更倾向于从事新兴的职业；二是因与父辈之间存在明显的文化差异，担心二者在企业之后的经营管理过程中频繁出现分歧，影响家族感情。”

这样的观点得到了重庆宗申产业集团创始人左宗申的印证，左宗申在接受媒体采访时毫不隐讳地说，现在的企业家二代们，一般都不愿意继承父辈的产业，他有很多企业家朋友，都是这样的情况，大家一起开会，都在说这个问题。

左宗申还断言：“完全可以这样说，90% 以上的民营企业家都希望儿女接班，但 95% 以上的二代，都不愿意子承父业。”

---

① 参见肖娟：《浙商少帅：父亲之后我能什么？》，《家族商业评论》2008 年第 8 期。

从左宗申家族企业创始人的角色来看，这样的数据更加可信。左宗申在接受媒体采访时说："女儿接班，可能性不大。因为她的爱好完全不在此。"

左宗申补充说，女儿（左颖）属于典型的"80后"，从小就看着他一路摸爬滚打过来，觉得制造业这一行太累了。而且价值观念完全不一样，对冰冷的制造业，她不感兴趣。

不管是作为研究者的知名经济学家高连奎，还是家族企业的创始人代表左宗申，家族企业接班问题依然长路漫漫，需要我们前去探索和思考。

三、纵然是卓越的"职业经理人"，在百年家业传承中，顶多是眼中只有短期业绩的"务实者"

梳理发现，导致创始人陷入"布里丹陷阱"的第三个原因，是以职业经理人为核心的管理层，会作出一些有利于自己的盈余管理动机的财报。

家族企业的社会化，无疑会导致家族企业所有权和经营权相分离，作为股东的家族企业创始人委托以职业经理人为核心的管理层进行代理。让以职业经理人为核心的管理层来代理，自然会产生相应的代理成本，同时在薪资、股份激励等问题上影响盈余质量。

之所以产生这样的代理成本，是因为如下几个原因：第一，作为股东的家族企业创始人与职业经理人间的委托代理关系甚至还产生“劣币驱逐良币”问题。在很多企业中，优秀代理人往往由于提供优质的盈余管理等信息，被劣质代理人驱逐，其后被替代。即高级职业经理人通过做假账等修饰信息披露公司财报，以此来虚报公司业绩，从而使得自己的年薪、奖金、分红等利益最大化。第二，职业经理人由于自身的经营管理能力，影响真实的会计政策披露。当公司的盈余数字偏离真实业绩营收时，盈余的质量就会降低。第三，劣质的职业经理人由于受限于自身的管理经营能力，为了让股东、税务、工商，以及外界获得更好看的财报，不得不调整会计政策数据，导致较差的会计盈余质量信息披露。

“攀比性质地恶意挖人，造成了职业经理人价值与薪酬的背离，也造成了目前国内经理人单方面毁约的严重现象”

1600 年 12 月 31 日，英格兰女王伊丽莎白一世（Elizabeth Ⅰ）授予不列颠东印度公司（British East India Company，BEIC）“皇家许可状”，给予该公司在印度经营许可。

东印度公司由一群拥有冒险精神和有影响力的商人组成，共有 125 个股东，集资 7.2 万英镑。该公司的成立，标志着股份公司开启一个新的时代。因为在西方契约基础之上，新型的委托人代理制度由此产生。

对于委托代理问题，相关的管理理论主要集中在规范委托代理关系。该理论认为，在信息不对称，或者公司治理结构不完善背景下，必须构建完善科学的激励或者约束等制度，尽可能地让代理人作出的相关经营决策保证委托人的利益最大化。

古典经济学家亚当·斯密（Adam Smith）在《国富论》一书中写道："在钱财的处理上，股份制公司的董事们是为他人尽力，而在私人合伙公司，则主要为自己的利益考虑。要想让股份制公司的董事们对公司钱财的使用情况进行监管，做到像私人合伙制企业那样细致，是很难的。正如富人的管家一样，他们往往拘泥于日常生活细节而不主要是为主人的荣誉，因此他们在工作中对主人荣誉置之不顾。从而，疏忽和浪费为股份制公司在业务经营上难免的弊病。"

亚当·斯密一针见血地指出，公司的董事作为公司的代理者，与委托者产生了较为激烈的代理冲突，原因是，由于不同职业经理人对道德底线的理解所产生的代理风险问题。学者吴德军认为，很多上市公司盈余质量的高低，与职业经理人的主观努力与否，尤其是风险偏好有关。具体是，有些以职业经理人为核心的管理层热衷于冒险激进的财务战略，其未来业绩的不确定性就大大增加。当然，也有一些以职业经理人为核心的管理层在投资时相对慎重，甚至采用稳健的财务战略。

正是职业经理人的盈余管理动机，导致了创始人对职业经理人的不放心。此外，加上中国目前职业经理人制度不完善，以及职业经理人与家族企业创始人之间的纷争集中爆发，更是把职业经理人和家族企业创始人之间的裂痕急剧地加大了。

北京海川视野管理咨询有限公司董事长郑敬普在接受媒体采访时坦言：“在近五年间，老板和经理人这两个群体之间的互信在下降，因为老板连续地带有攀比性质地恶意挖人，造成了职业经理人价值与薪酬的背离，也造成了目前国内经理人单方面毁约的严重现象，最后老板对经理人产生了不信任。”

这种互信下降也导致许多家族企业创始人不愿意让经理人接班。2017 年 4 月 5 日，《北京青年报》对此做了相关报道。“新财富 500 富人榜”的数据显示，我国 50 岁以上民营企业家占比为 67%，这意味着近七成的中国家族企业需寻找接班人。无论从时间的紧迫性还是群体的数量看，这在世界范围的企业发展史上都绝无仅有。这意味着未来五到十年内，我国将有 300 万家民营企业面临接班换代的问题。我国民营企业中约有 90% 为家族式经营，其经济总量在 GDP 中的比重已经超过 60%，因而民企换代接班已经不只是简单的企业自家的问题，甚至在一定程度上影响着中国经济的发展。[①] 当年国美电器黄光裕与陈晓的争斗就说明了企业传承如果出现问题，将对整个

① 参见张钦：《中国 300 万民企的困局：“富一代”难找二代接班人》，《北京青年报》2017 年 4 月 5 日。

企业造成不可忽视的影响。[①]

对此，清华大学继续教育学院院长助理徐林旗在接受媒体采访时坦言："为什么职业经理人不可靠，也是因为现代企业制度不健全。中小企业寿命短，大都死在没有按科学化、规范化办事情。……家族企业接班人问题是战略问题，今天的家族企业家长几乎都是白手起家，传承有两个概念，对于家族荣耀和家族事业的传承。家族事业就是企业传承，世界上的百年企业都顺利做好了企业的传承，有现成的学习模板。所以放开些，只要掌握企业的控股权，企业交由外人管理又有何不可？不管孩子是不是适合接班，家族财富的接班是必须的。现在不少有成就的企业家谈到传承很害怕，怕孩子没出息，怕自己的荣耀被丢了。有了一定家业的企业背后，传承的是一种精神。我认为接班人培养问题，唯一的出路，就是企业的制度建设。"

从徐林旗的观点中不难看出，制定科学、合理的制度是保证家族企业交接班的一个重要因素。因此，从目前的形势来看，作为家族企业创始人，到底是交给子女还是职业经理人，这不仅是家族企业的交接班能否成功着陆的关键，也关乎家族企业的未来。

既然如此，作为家族企业创始人，到底是将家族企业交给谁，如何交呢？到底是任人唯亲，还是任人唯贤？一旦职业

---

① 参见付云：《全球接班人培养大扫描——立贤还是立亲？也许是家族传承最纠结的问题》，《经理人》2012 年第 9 期。

经理人比子女更加出色，到底该把权柄给谁？此外，当把家族企业交给子女后，又如何平衡职业经理人的利益？这些问题涉及三个方面：要不要交？交给谁？如何交？

茅理翔坦言：“我在给包括北大、清华等 20 多所大学的 MBA 讲课时，学生常问我，为什么许多民营企业家不把企业交给职业经理人尤其是水平比儿子高的人，而把自己创下的事业亲手交给儿女呢？我觉得，不管从传统文化来说，还是从企业的长治久安考虑，把事业交给自己的子女都是合情合理的。首先，子承父业不会引起企业内部太多的争论和内讧。其次，交给外人，自己不放心，同时也担心他不诚信。但如果自己的子女和亲戚里，确实没有能担此重任的人选，那把事业交给外人，也不失为一种明智的决定。具体到我的情况，1995 年时，我的企业面临发展瓶颈，当时就想到了在上海交大读研究生刚毕业的儿子。他本想到美国去读博士，我叫他赶快过来，与我共同‘二次创业’。这是一次非常大的冒险，如果搞不好，我就毁了儿子的前程，也会害了整个家庭。当时，他没有做很明确的答复，思想斗争非常激烈。假期里他在公司里，转了好长时间，最后决定留下来。方太集团有今天，是我们父子俩的结晶。”①

在茅理翔看来，创始人的子女倘若有能力、有意愿接班，

① 连俊：《家族企业：肯定与否定的辩证关系》，《经济日报》2004 年 5 月 25 日。

还是应该优先考虑传给子女。茅理翔的理由是："这一方面关系到家族精神的延续，另一方面也基于中国职业经理人队伍的不成熟。如果创始人膝下子女不止一名，且能力均非常出色，不如分割产权，二者各自经营；若一名子女能力明显较强，则应考虑由其控股，另外几名如有意愿，可考虑在公司任职。"[①]

注重中长期的战略规划，导致家族企业股东整体回报率要高于非家族企业

反观许多非家族企业，职业经理人为了近期的经营业绩，不惜以牺牲中长期的发展为代价，使得许多非家族企业的经营业绩一败涂地。

学者范博宏、董雅姝用马斯洛需求理论解释了创始人和职业经理人的需求区别："乔布斯和苹果之间的关系，不是单纯的物质利益可以建立和维系的。根据马斯洛需求层次理论，在基本需求得到满足后，经理人也会追求尊重和自我实现等高层次需求。经理人对自我实现的追求和对公司的情感可以形成经理人对企业的特殊投入，从而为其自我及企业都带来价值，但若经理人离开这个企业，这些价值就会消散，因为这些无形特殊资产带不走，也留不下来。一旦经理人对企业有了特定的投入，他们与公司的合约就不需要有巨细靡遗的条款和细则，

① 董珺：《富不过三代？家族企业如何迈过接班生死坎》，《南方都市报》2009年9月30日。

却能促成他们与公司利益的调和一致，就像乔布斯只需要1美元的年度薪酬。”[①]

与职业经理人重视短中期的经营业绩不同，家族企业创始人或者接班人往往重视稳定的中长期的发展与经营业绩。这样做的好处是，避免了给家族财富以及家族对企业的控制权带来诸多不利风险，甚至在家族企业决策中还能使其避免受到以企业的长期稳健为代价来追逐短期业绩最大化的干扰，同时也是中外家族企业能够成为百年老铺，甚至千年家族企业的一个关键。这样的观点得到了《哈佛商业评论》中文版披露的一项研究的印证。根据《大型家族企业选择CEO更成功》披露的信息，“当一个研究团队着手帮助家族企业改善领导层过渡时发现，大型家族企业的继任实践比非家族企业好得多——新任命的人掌权后在几个指标上都表现出色”[②]。

得出这样的结论，源于研究人员分析了美国和加拿大58家大型家族企业的所有CEO更替和随后的结果——这些企业在2010—2018年的某个时间点收入达到或超过了10亿美元；家族投票权至少达到12.5%；家族成员担任管理、股东或董事。他们还研究了相同行业和地区的1406家标准普

① 参见范博宏、董雅姝：《苹果：创始人到经理人的公司治理变迁》，《新财富》2013年第5期。

② 参见HBR-China：《大型家族企业选择CEO更成功》，《哈佛商业评论》（中文版）2024年1月14日。

尔 1500 指数公司，分析涵盖了 1994—2020 年的 3000 多次更替。结果表明，在任命新 CEO 后的三年里，家族企业的现金流改善幅度远超其他企业，平均高出整整一个百分点。家族企业面临的风险要小得多，现金流表现的变化只有非家族企业的 62%。而且它们的高业绩概率更大，低业绩概率更小，从而提高了举债能力。[①] 这主要源于家族企业的经营往往注重长远，而非短期，这与职业经理人的管理模式有着很大的不同。较为典型的例子是，当苹果公司陷入垂死之际时，苹果创始人史蒂夫·乔布斯（Steve Jobs）果断地回归，其后，苹果公司在诸多方面都得到显著的改善。然而，唯有存货周期一直没有得到改观。在这样的背景下，史蒂夫·乔布斯急需一位善于库存管理的职业经理人。

史蒂夫·乔布斯经过一番寻找，终于找到了蒂姆·库克（Tim Cook），即现任苹果首席执行官（CEO）。在当时，蒂姆·库克已在 IBM 工作了 10 年，史蒂夫·乔布斯为了让蒂姆·库克加盟其从未涉足的电子行业公司，可谓费了九牛二虎之力。

当然，蒂姆·库克的加盟不负史蒂夫·乔布斯的期望，出色地将苹果的存货周期从 4 个月缩短至不到 48 小时。2013 年 9 月 30 日，苹果公司超过可口可乐，成为世界最有价值品牌。2014 年，苹果品牌超越谷歌，成为世界最具价值品牌。2020 年 8 月，苹果公司的市值首次突破 2 万亿美元。

---

① 参见 HBR-China：《大型家族企业选择 CEO 更成功》，《哈佛商业评论》（中文版）2024 年 1 月 14 日。

回归苹果后，苹果公司在多方面都极力配合史蒂夫·乔布斯的决定。不管是设计，还是产品生产，史蒂夫·乔布斯始终坚持极致，对产品的追求甚至到了吹毛求疵的地步。

为了把产品设计得几乎是一件艺术品，史蒂夫·乔布斯曾经在全体苹果员工的面前讽刺一个工程师做得不到位，还将其辞退。苹果员工因为害怕被开除，甚至都不敢与史蒂夫·乔布斯乘坐同一部电梯。正是极致产品战略，苹果公司的股东和员工们都不得不接受史蒂夫·乔布斯的做法。

与此同时，史蒂夫·乔布斯的极致思维还能影响董事会成员的任命和董事会的决议。如史蒂夫·乔布斯计划在市中心租一个超大空间运营苹果直销店，董事会否决了史蒂夫·乔布斯的提案。事后不久，在史蒂夫·乔布斯的沟通下，时任苹果公司董事会主席最终以不能胜任为由辞职了。董事会主席辞职后，苹果在市中心开直销店的计划顺利实施，实现了史蒂夫·乔布斯的想法。

史蒂夫·乔布斯敢与苹果董事会叫板，是因为：第一，史蒂夫·乔布斯所持的苹果公司股份没有超过 1%，却是苹果公司最大的个人股东。第二，董事会无法通过传统经理人薪酬和股权激励协调史蒂夫·乔布斯与苹果公司的利益。在苹果公司，史蒂夫·乔布斯的年薪只有象征性的 1 美元。

2011 年，史蒂夫·乔布斯辞任苹果 CEO 后，蒂姆·库克担任苹果 CEO。与史蒂夫·乔布斯不同的是，蒂姆·库克接受的是传统教育和标准化的商业培训，加上蒂姆·库克拥有多年的运营经验，在指挥苹果作战时，蒂姆·库克更加重视苹果的运行效率。这样的思维自然不会把史蒂夫·乔布斯的个人形象与苹果形象所带来的协同效应植入到蒂姆·库克身上。反观苹果产品，这些产品几乎都集中体现了史蒂夫·乔布斯的性格。

事实证明，蒂姆·库克是一个不错的世界500强企业的CEO，但不能与作为创始人的史蒂夫·乔布斯相提并论。更重要的是，蒂姆·库克并不是苹果公司的创始人，没有经历过史蒂夫·乔布斯那样的起起落落，即使有实现自我价值的需求，也无法与史蒂夫·乔布斯相提并论。究其原因，创始人心里只有江山，职业经理人心里只有买卖，这导致蒂姆·库克为苹果注入的特殊价值相形见绌。基于此，史蒂夫·乔布斯与苹果之间唇齿相依的关系并不适用于蒂姆·库克与苹果。

为了激发蒂姆·库克的领导力，传统的薪酬激励就发挥了作用。为此，苹果公司为蒂姆·库克设计的薪酬计划就有别于史蒂夫·乔布斯，见表1–3。

表1–3　史蒂夫·乔布斯与蒂姆·库克的薪酬比较

首席执行官	财年	工资（美元）	奖金（美元）	股票激励（美元）	非股权激励（美元）	所有其他薪酬（美元）	总薪酬（美元）
史蒂夫·乔布斯	2011	1	—	—	—	—	1
	2010	1	—	—	—	—	1
	2009	1	—	—	—	—	1
	2008	1	—	—	—	—	1

续表

首席执行官	财年	工资（美元）	奖金（美元）	股票激励（美元）	非股权激励（美元）	所有其他薪酬（美元）	总薪酬（美元）
蒂姆·库克	2011	900017	—	—	900000	16520	377996537
	2010	800016	5000000	52334250	900000	58306	59092527
	2009	800400	—	—	800000	40917	1641317
	2008	718860	—	2564800	700000	20450	27087310

资料来源：范博宏、董雅姝：《苹果：创始人到经理人的公司治理变迁》,《新财富》2013 年第 5 期。

从表 1–3 可以看出，（1）工资上。2010 年和 2011 年，蒂姆·库克的工资分别高达 80 万美元和 90 万美元。（2）股权激励上。苹果为了激励蒂姆·库克，不仅做了短期激励，还做了长期激励。2011 年，蒂姆·库克担任苹果 CEO，苹果公司就奖励了蒂姆·库克价值超过 3 亿美元的限制性股票，并且强调这些股权激励只有在蒂姆·库克担任 CEO 的第 5 年和第 10 年才能实现。

学者范博宏、董雅姝撰文写道：“2013 年是库克在苹果工作的第 15 个年头，随着时间的累积，他对苹果的情感投入或许也会越来越多，在苹果未来的发展计划中，如果让库克能够做更多符合他个人兴趣的产品，库克对苹果的投入或许也会越来越多。然而，苹果和乔布斯的关系可能很难复制到库克和苹果上。即便是依赖股票期权激励的薪酬设置也可能无法让库克像乔布斯般爱苹果。大量的学术研究发现，股权激励不易拿捏，运用不当反而会让职业经理人过度激进，叛离公司所有者的利益。”[1]

对于目前股权激励职业经理人的诸多乱象，范博宏、董雅姝告诫家族企业创始人：“要在非创业者的职业经理人身上创造出‘创业者价值’，关键就在于让职业经理人对企业的热情和付出变成一种特定投入。要形成这种特定投入，首先，企业在寻找职业经理人时，除了要考虑能力因素，也应考虑他们的个人热情与兴趣是否与公司的发展相匹配。其次，对于已经在位的职业经理人，企业应该发掘其不同层次的需求，让他们有机会在企业发展中实现自我，也就是激发出他们与企业发展相匹配的个人实现等高层次需求。再者，企业可以加强对职业经理人忠诚度的培养，加强团队文化建设，增加职业经理人对公司的情感投入。”[2]

① 范博宏、董雅姝：《苹果：创始人到经理人的公司治理变迁》，《新财富》2013 年第 5 期。

② 范博宏、董雅姝：《苹果：创始人到经理人的公司治理变迁》，《新财富》2013 年第 5 期。

第二章 “晕轮陷阱”：不清楚“传什么”“传给谁”“何时传”

在家族企业的经营中，一些创始人长期战斗在一线，积累了丰富的经营经验，由此形成一种非常强势的管理风格。当然，正是因为创始人的成功，导致自己陷入“晕轮陷阱”中。

所谓“晕轮陷阱”，又称成见陷阱、光圈陷阱等，指创始人在经营实践认知中，因为自己的成功特质，往往弱化接班人的胜任能力和接班程序，使得自己在财富传承中，不清楚家族企业的传承到底“传什么”“传给谁”“何时传”，甚至还把家族企业的传承与财富货币化的传承视为一回事，导致自己在“晕轮陷阱”中迷失。

一、“传什么”：创始人只知马背上打江山，财富货币传承，家业传承混淆不清

在家族企业财富的传承中，可以分为如下三个方面：第一，财富货币化传承；第二，经营智慧传承；第三，制度和家族企业文化传承。

针对上述三个方面，从人类学的角度分析，创始人在传承的过程中更加注重经营智慧和制度、家族企业文化的传承，同时还非常关心家族人身安全和财产安全。鉴于此，创始人必须知道自己传承时传给接班人什么，这个非常重要，倘若不清楚“传什么”，那么就可能会传错，这样的传承就会事倍功半，甚至无功而返。

财富传承不仅仅是把家族企业交给他，还必须指导其经营智慧、团队建设等

家族企业创始人财富观念的缺乏，导致他们无法搞清楚到底该传承财富货币还是传承家业。正是因为如此，诸多财富传承失败。

面对这样的困境，中盟磐合家族办公室创始人颜怀江在接受媒体采访时说道：“我觉得 2/3 的华人私营企业家是没有财富观念的，他们的生活重心、思想重心都放在事业上，关于家族财富的观念很单纯、很薄弱。他们认为，自己的钱花不完就给下一代，这种想法非常原生态，他可能也不知道该如何交给下一代。比如，有客户告诉我他申请了澳洲移民。我问他，你为什么要移民？他说，小孩读书呀。我说，小孩读书和移民有必然联系吗？他想一想说，好像也没有哦。实际上我对移民持中立态度，我不会建议也不会反对，但我一定会问他为什么要移民？他想要的和他现在做的有没有关联？移民之后又会遇

到什么情况？我会让他思考，想清楚之后再决定是否真的要移民。财富管理有共性的需求，一是保全，一是传承。但是一定要先谈保全，才能谈传承。目前绝大多数企业家财富保全的需求非常迫切。应该说，中国未来十年和过去十年不太一样，过去十年考验的是企业家创造财富的能力，而现在是考验家族保全和传承财富的智慧。有一点可以明确，他们在乎的已经不仅仅是报酬率，财富管理不是只看报酬率。他们在乎的，是如何让自己这些年累积的财富在十年、二十年后都还在。所以说他们虽然没有一个成形的财富理念，但对财富的需求是共性的。”[①]

在颜怀江看来，拥有财富观念是成功传承的一个重要因素，否则，其财富传承失败就在所难免。例如，某集团创始人W经过一番打拼，积累了不少家业。2006年，W主动“退居二线”，把家族企业交给了接班人Y，子承父业。

接班后的Y，毅然创办了一家电子企业，开始了自己的宏图大志。然而，电子企业却并非如Y所期望的一帆风顺，而是严重亏损，Y也因此债台高筑。

让Y没有想到的是，经营亏损滚雪球般越来越大。不得已，Y挖空心思，以公司需要周转资金为由，以支付高额利息为诱饵，弥补公司亏损导致的巨大漏洞。仅仅在2009—2013

① 宋双：《中盟磐合家族办公室创始人颜怀江：财富传承问题让中国顶级富豪“睡不好”》，《每日经济新闻》2015年6月29日。

年短短几年中，Y 累计吸收资金近 300 万元。

Y 因经营不善，很快将筹集的资金耗尽。当 Y 无力偿还本金和高额利息后，一些参加揽储的人举报了 Y。

随后，市公安局经侦大队展开调查，并依法将 Y 抓获归案。2016 年 1 月 28 日，市人民法院以非法吸收公众存款罪，作出一审判决：判处被告人 Y 有期徒刑三年零六个月，并处罚金人民币 10 万元；被告人 Y 的违法所得，依法予以追缴，发还给被害人。在法定的期限内，Y 没有提起上诉，判决生效。

在这个案例中，该家族企业财富传承的失败，其父也需要承担相应的责任，毕竟财富传承，不仅仅是把家族企业交给他，还必须指导其经营智慧、团队建设等。因此，在传承财富时，尤其是在选择接班人时，家族企业创始人必须着重评估接班人是否具备以下素质，慎重地将家族企业的控制权交给接班人，或者交给接班人时，选聘优秀的职业经理人为副手，辅佐接班人。

第一，诚信的品质。诚信是一个人最宝贵的品质，一旦缺乏，那么接班人注定会传承失败。

第二，强烈的责任感。一旦缺乏强烈的责任感，接班人很难维护家族企业的信誉和品牌形象。

第三，勤奋实干。作为接班人，必须拥有勤奋实干的特质，因为企业随时可能面临超负荷的订单。

第四，顽强的毅力。企业经营过程中，随时都可能遭遇危机，接班人必须拥有顽强的毅力，敢于面对现实与困境，才能将风险转变为机遇。

第五，审时度势、机智果断的能力。市场机遇转瞬即逝，接班人只有具备审时度势、机智果断的应对能力，才能有效地抵御和规避企业存在的风险。

第六，有效沟通。作为经营者，高效的沟通能力起到的作用非同小可。如果接班人不会沟通，或者无效沟通，那么自然就管不好家族企业。

第七，打破陈规，勇于创新。在企业经营过程中，盲目守旧是接班人的大敌，接班人只有打破陈规，勇于创新，才可以使家族企业保持基业长青和永续经营。

第八，接班人具备全面、扎实的专业知识与管理能力。所谓专业知识是指产品知识、管理知识、专业技术知识、财会知识，以及商务知识等。

第九，卓越的管理能力。接班人只有具备了卓越的管理能力，才可能把握家族企业发展的方向，以科学地规划家族企业的战略，合理地整合家族企业的人力、物力和财力，有效实现家族企业的中长期战略规划。

企业传承中，很多家族只是把“菜”（财）交给子女，“碗”却没有传下去，“菜”（财）自然越来越少

纵观那些成功传承的家族企业，一个能够世代传承成功

的关键，往往就是非常注重无形财富的传承。这包括家族成员间因能分享价值观与理念而合作无间、团结一致等。若这些特殊资产或无形财富无法顺利传承，家族将分崩离析，企业也将难以为继。[①]

对于创始人来讲，有形的财富仅仅只是利，无形的财富才是真正有用的。“无”并非空无一物。空的碗可以装菜，但首先必须有碗，无形的财富就是装有形财富的“碗”。企业传承中，很多家族只是把“菜”（财）交给子女，“碗”却没有传下去，“菜”（财）自然越来越少。鉴于此，钱、房子、车子、奢侈品是物质财富，物质财富却生于无形资产。如果只注重物质财富，会越分越少，迅速消散；反之，无形财富越分越多，物质财富随之也越聚越多。中华文化中道家的空与无思想，在我们对家族企业的个案与学术研究中正不断被印证。[②]

因此，“传什么”是家族企业权力交接成功的关键所在，也是家族企业得以生存和长远发展的前提条件。如果家族企业创始人不清楚财富传承“传什么”，那么家族企业的未来就像是一艘漂浮在茫茫大海上的大船，迷航或者沉没只是早晚的事。颜怀江说道：“我一位谈得最久的客户，谈了差不多5年

---

① 参见范博宏、张天健：《家族财富传承之道：无胜于有，有始于无》，《新财富》2012年第8期。

② 参见范博宏、张天健：《家族财富传承之道：无胜于有，有始于无》，《新财富》2012年第8期。

才开始服务，主要是他定不下来。他的状况很明显需要家族办公室来进行财富规划，但他把大部分精力仍然放在事业拓展上，一直拖到四五年后的某一天，医生说他的肺部分纤维化，他才突然醒悟，于是我们才开始合作，那时他已经错过了一些机会。……作为咨询顾问，我要梳理出他们自己家族财富管理的架构和逻辑，问他今后到底要怎么走。……自己接触了大量客户，最直观的感受是，至少 2/3 的客户都没有财富观念，或者有，但很原生态，不过西方一些高净值人群对于财富理念也没有很充分的认识。”①

二、“传给谁”：天道轮回，中国家族企业屡屡走不出李渊的接班人悖论

在家业传承中，“传给谁”这个课题，始终困扰着历代君王。每个君王都期望自己的王朝能够千秋万代，但是真正交权时，君王对权柄的迷恋导致自己无法做到心如止水，在交权时也不知道该将权柄“交给谁”，于是有了李世民诛杀兄长李建成和弟弟李元吉，甚至逼迫父亲李渊退位的惨剧发生。

此次事件给后世的启发是巨大的：第一，避免王朝的更替，一个重要的因素就是选对正确的接班人；第二，作为君

① 宋双：《中盟磐合家族办公室创始人颜怀江：财富传承问题让中国顶级富豪“睡不好”》，《每日经济新闻》2015 年 6 月 29 日。

王，必须清楚的是，自己的班到底“传给谁”；第三，确定接班人选后，必须坚定不移地贯彻下去；第四，妥善处理好继承者和其他人之间的关系。

这个看似简单的问题，也同样困扰如今的家族企业创始人，他们也面临历代君王一样的艰难抉择。将家族企业指挥权交给接班人时，诸多家族企业创始人往往是优先将家族企业的指挥权交给长子，其次是次子，再次是女儿（少数也有传给女婿的）。从家族企业创始人交班的顺序来看，家族企业创始人受“家文化”的影响深刻，而且根深蒂固。

不可否认，家族企业创始人这样的交班顺序有时无疑制约了家族企业的发展。因为在整个家族企业的发展中，“立长不立次，立男不立女”的顺序并没有遵循传贤的宗旨，使得家族企业这条大船在深海航行中覆灭。

鉴于此，在家族企业的财富传承中，其目的还是提高财富传承的成功概率。因此，在财富传承规划中，首先就要搞清楚“传给谁”，同时还要关注家族成员之间的亲情、家族成员与财产之间的法律关系平衡。

玄武门事变，其实是一个较为典型的家族企业不清楚“传给谁”的传承之争案例

在大唐王朝（618—907）289 年的历史中，一个非常有趣的现象是：从唐高祖李渊创建大唐到唐玄宗李隆基登基数十年

的历史中，发生的四次较大的宫廷政变，竟然都与大唐王朝当时的皇宫城墙北面正门——“玄武门”有关。

其中，秦王李世民弑兄杀弟的“玄武门之变”妇孺皆知。尽管众说纷纭，终究不过是一个较为典型的家族企业不清楚“传给谁”的传承之争案例。

唐高祖武德九年（626年），作为家族企业的大唐王朝此刻才创办8年。跟其他家族企业一样，初创时期的大唐发展势头迅猛异常。在这背后，大唐帝国隐藏的诸多危机如同水下的冰山一样正在逐渐浮出水面。在李氏家族内部，大唐王朝创始人——唐高祖李渊，作为王朝的开国皇帝却在为由谁来接替自己犹豫不决。

按照惯例，嫡长子李建成是不二人选。长子李建成、次子李世民和四子李元吉同为唐高祖李渊原配窦皇后所生，符合中国各个朝代“立长”的传统，而且李建成没有太多的劣迹，找不出不让其成为储君的理由。

此外，中国宗法制度已经深入人心，且与儒学思想已经完全结合，成为中国传统继承的核心指导思想。学者陈元中撰文写道：“周人以‘家国同构’的政治思想为指导，创建了以嫡长子继承制和分封制为核心的宗法制度，衍生了贯彻宗法精神的组织网络、政治体制、权力分配和运行机制以及社会关系模式，并在中国古代政治体系、政治过程以及社会生活中传承和嬗变，使宗法制度精神成为观念，制度规范成为习惯，宗法制度文化成为一种重要的传统文化。”[①]

事实上，周朝创建的以嫡长子继承制和分封制为核心的宗法制度，为后来的中国帝位传承提供了直接的依据。与儒家思想结合成为中国传统文化核心的宗法制度造就了中国王朝治理和传承的延续性，但是这也不可避免地影响中国王朝帝位的传承。

李渊称帝后，在朝臣的谋划下，李建成理所当然地被立为大唐王朝的皇太子。虽然被立为太子，但是李建成并没有足以匹配的赫赫战功，加上王朝初建，其治理江山的能力、帝位继承资本的缺乏被一一质疑。史学家司马光在《资治通鉴》一书中评价道，太子建成性情松缓惰慢，喜欢饮酒，贪恋女色，爱打猎而高祖第四子齐王李元吉常有过错，二人均不受高祖宠爱。李世民功勋名望日增，高祖常常有意让他取代建成为太子，建成心中不安。

相比长子李建成，次子秦王李世民的战功就要显赫得多。隋炀帝大业十三年七月（617 年 9 月），时任太原留守、唐国公李渊在晋阳起义。在次子李世民的鼎力驰援下，617 年 11 月，李渊占领长安。

隋炀帝大业十四年三月（618 年 4 月），在江都叛乱中，隋炀帝被宇文化及所杀。于是，李渊拥立隋炀帝的孙子、元德

① 陈元中：《宗法制度文化及其价值论》，《唐山师范学院学报》2011 年第 1 期。

太子杨昭第三子的“代王”杨侑称帝，改年号为“义宁”，即隋恭帝（617—618 年在位）。杨侑称帝后，李渊自封唐王，出任大丞相。义宁二年五月（618 年 6 月），李渊逼杨侑退位，禅让称帝，定国号为“唐”，并立长子李建成为太子。

梳理大唐王朝的初创期历史发现，由于李世民功不可没，李渊也曾想让李世民成为储君。在长子李建成、次子李世民之间，选择谁作为自己的接班人，李渊犹豫不决。经过一番激烈的利弊权衡后，李渊还是偏向于选择把长子李建成作为大唐王朝的接班人。这就引发了太子李建成、次子李世民两兄弟诸多的不满。

按照惯常的嫡长子继承逻辑，既然把大唐王朝的接班人名分给予了太子李建成，那么大唐王朝这个“家族企业”就不能一分为二，财富与权力只能属于太子李建成一个人。“溥天之下，莫非王土；率土之滨，莫非王臣。”照理说，太子李建成名分已定，弟弟李世民也必须遵循这传统的逻辑，但是储君风波依旧暗流汹涌。第一，次子李世民的功绩会影响长子李建成的储君地位。第二，李建成为了巩固自己的储君地位，确保大唐未来皇位的继承人是自己，联合同样有政治野心的齐王李元吉共同谋划铲除李世民。李建成明白，要想有效地打击李世民，必须激发李元吉对李世民的不满，于是答应李元吉在自己登上皇帝宝座后，立即分封他为皇太弟。

李建成开出的丰厚条件，让本想坐山观虎斗的李元吉瞬间就倒向“太子集团”。李元吉发誓，誓死为太子李建成效力。尔后，两人各自笼络自己的党羽，组成庞大的“太子党”，共同目标就是李世民。

在“太子党”的步步紧逼下，李世民也不得不行动起来，李氏家族的储君问题成为引发“玄武门之变”的导火线。在这场纷争中，冲突的参与者不仅是“太子党”与“秦王府集团”两方，而且还渗透在后宫中。晚年的唐高祖李渊依旧宠幸众多嫔妃，诞下的小皇子近 20 个。这些皇子的母亲也争相结交年长的太子来发展和巩固其地位和权力。李建成和李元吉就曲意逢迎李渊的各位妃嫔，奉承献媚、贿赂、馈赠，无所不用其极，以求得皇帝的宠爱以为内助①，加强“太子党”的军事实力，甚至发展到在召李世民饮酒时在酒中下毒的地步②。

“太子党”的动作也让李世民警惕起来，同时也加剧了李世民争夺帝位的雄心。“秦王府集团 ”认为，李世民拥有赫赫战功，储君应该是李世民，而非李建成。另外，隋朝太子杨勇被废，晋王杨广继承大统，让“秦王府集团”找到现实案例和理论基础。当李世民屡立战功，威望在朝野中日渐增高时，李渊先后封李世民为司徒（三公之一）、尚书令（相当于宰相）、

① 参见杨友今：《大唐王朝：贞观之歌》，长江文艺出版社 2007 年版，第 76—78 页。

② 参见苏桂铭：《风流大唐：李世民卷》，凤凰出版社 2010 年版，第 124—126 页。

中书令（亦相当于宰相），乃至封无可封时，便创造了史无前例的天策上将之职授予李世民[①]，权倾朝野。在朝堂上，李世民地位仅次于唐高祖李渊和太子李建成，位列第三。

能力超群的李世民，除了赢得了唐高祖李渊的偏爱，还得到众多中层管理者的支持。第一，李世民亲民，善待支持者。第二，在秦王府中，李世民开置文学馆，延揽四方文学之士，礼遇甚隆。

正是李世民爱才有加，南征北讨时，李世民逐渐在天策府中网罗了不少股肱之臣、武将猛士；正是李世民爱才有加，这些人后来都成了李世民的谋臣策士；正是李世民爱才有加，为李世民成为大唐王朝这个家族企业的储君打下了坚实的基础。

“秦王府集团”拥有了如此众多的谋士与勇将，自然形成了一个强有力的政治集团，直接威胁到太子李建成的“太子党”。

“玄武门之变”中，一个重要的责任人就是李渊。他对储君问题优柔寡断，采取消极回避态度，这就使得政令互相冲突，加速了太子李建成和秦王李世民兵戎相见。

唐高祖武德九年（626年），太子李建成为了彻底铲除李世民的势力，联合李元吉，以及后宫妃嫔，一起在李渊身边说

① 参见崔建林主编：《大唐千古一帝唐太宗李世民》，中国戏剧出版社2008年版，第156—157页。

尽李世民的坏话，挑拨李渊与李世民之间的关系，导致李渊渐渐地猜疑李世民。

“太子党”一番操作，局势非常不利于李世民，李世民和僚属对此都忧惧万分，密谋发动“玄武门之变”。六月初四庚申日（7 月 2 日），李世民率长孙无忌等人经过玄武门而进入皇宫，把自己的亲信埋伏在临湖殿附近，将准备入朝的太子李建成和齐王李元吉射杀了。尔后声称“秦王以太子、齐王作乱，举兵诛之”，并派亲信“宿卫”高祖，迫使高祖接受了既成事实。①

六月初七（7 月 5 日），李渊不得不立秦王李世民为大唐王朝的皇太子，诏令军国庶事一切委太子李世民处决。

八月，唐高祖李渊传位于太子李世民，自称太上皇。李世民登上大唐王朝的皇位。

纵观“玄武门之变”，李渊试图在传承人的选择上依旧坚持嫡长子，结果以失败告终。

从表面上看，“玄武门之变”有四个当事人——唐高祖李渊、太子李建成、秦王李世民和齐王李元吉，但是这背后的矛盾只有一个，那就是太子李建成与秦王李世民的储君之争。作为皇帝和父亲的李渊在“玄武门之变”前后都持消极态度，齐王李元吉则站在太子一边。但是作为创业者的李渊却忽视了一

① 参见张喜洋：《贞观之治与唐太宗的任贤制度》，《陕西理工学院学报（社会科学版）》1990 年第 2 期。

个重要的事实，那就是在打天下之时曾答应李世民赢得天下后做帝位接班人。

江山已定，李渊忽视了当初的承诺，甚至将没有功劳且不具备接班能力的长子李建成立为太子。因此，李渊的失误就是打算传位给李建成。可以说，就算李建成登上帝位，也会上演朱棣赶走朱允炆的一幕。

接班人屡屡“叛逃”，默多克新闻集团的传承前路漫漫

“股神”沃伦·巴菲特（Warren E. Buffett）曾经比喻说：家族企业的传承就像是“选择 2000 年奥运游泳冠军的儿子去赢取 2020 年奥运冠军”，这是一种成功概率很小的尝试。

沃伦·巴菲特曾经的比喻还是非常恰当的。因为在 21 世纪的今天，世界各国的大亨的“王国”似乎也很难逃脱同样的命运。在这其中，美国新闻集团（News Corporation）就是其中一个。据了解，美国新闻集团旗下包括《华尔街日报》（*The Wall Street Journal*）、《巴伦周刊》（*Barron's*）、《纽约邮报》（*New York Post*）、哈珀·柯林斯出版集团、《泰晤士报》（*The Times*）、《太阳报》（*The Sun*）、《澳大利亚人报》（*The Australian*）、《每日电讯报》（*The Daily Telegraph*）等，是个庞大的传媒帝国。

时代的变迁令一些标志性公司自我洗牌，有的渐渐开始螺旋式下滑，美国新闻集团创始人鲁伯特·默多克（Rupert Murdoch）的传媒帝国危机来自以下几个方面：

第一，互联网技术的普及，传统媒体遭遇致命打击。

第二，前几年新闻集团旗下《世界新闻报》（*News of the World*）的“手机窃听丑闻事件”的余波至今犹在：

一是此次事件令新闻集团这座大厦风雨飘摇。《世界新闻报》是英国销量最大的报纸，2004 年后期该报的每日发行量达 320 万份。《世界新闻报》在最后一期说道：“在这个历史性的日子里，在出版 8674 期后，我们会想念你们，我们的 750 万读者。你是我们的生命。我们让你们哭，让你们笑，让你们惊掉下巴，告知你们，吸引你们，激怒你们。……我们赞赏高标准，我们要求高标准，却痛苦地发现，2006 年前的几年间，一些为我们工作的人或者打着我们名义的人行为不符合规范，……简单地说，我们迷失了方向。……（他人）通话遭窃听，报社为这件事真诚道歉……这种可怕的错误行为没有任何借口，给受害者带来痛苦……”

这意味着英国最畅销小报《世界新闻报》历经 168 年，已经寿终正寝，头版发出自己最后的绝唱。绝唱的悲情由此引起不少读者的共鸣，但是这不符合新闻主义的规范，这条底线是绝对不能逾越的。

二是在此次事件中，鲁伯特·默多克的接班人因为牵涉其中，不得不壮士断腕，辛苦培养的接班人不得不再次选择。

突如其来的危机，让创始人鲁伯特·默多克身心俱疲。2012 年 2 月 26 日，鲁伯特·默多克赶赴英国伦敦，亲自筹办同日创刊的《星期日太阳报》，力挽新闻集团在英国的颓势。

此行，细心的媒体记者没有发现负责新闻集团英国和欧洲事务的次子詹姆斯·默多克（James Murdoch）跟随鲁伯特·默多克视察《太阳报》总部，随行的却是鲁伯特·默多克长子拉克兰·默多克（Lachlan Murdoch）。于是媒体纷纷猜测，久不见波澜的默多克集团继承人之争再次燃起战火。

在鲁伯特·默多克的四次婚姻中，他共育有两子四女。

（1）第一段婚姻。1956 年，鲁伯特·默多克与第一任妻子帕特里夏·布克（Patricia Booker）结婚，生下长女鲁登斯·默多克（Rudens Murdoch），当时帕特里夏是一名来自墨尔本的空中乘务员，两人的婚姻只维持了 9 年。

作为接班人，鲁登斯·默多克却不直接参与鲁伯特·默多克的公司经营，不过，其夫阿拉斯代尔·麦克劳德（Alasdair MacLeod）在新闻集团担任高管。除此以外，鲁登斯·默多克的三个孩子——詹姆斯（James）、安格斯（Angus）和克莱门汀（Clementine）是默多克家族中最年长的孙子孙女。

（2）第二段婚姻。在鲁伯特·默多克与帕特里夏的婚姻面临崩溃时，鲁伯特·默多克认识了青春靓丽的女记者安娜（Anna）。经过 5 年恋爱，他们于 1967 年结婚，1998 年 4 月离婚，此段婚姻维系了 31 年，安娜分得了 12 亿美元的财产。在此段婚姻中，鲁伯特·默多克和安娜育有两男一女：长子拉克兰·默多克，做事稳重干练，是默多克理想的接班人；次女伊丽莎白·默多克（Elizabeth Murdoch），继承了鲁伯特·默多克的经营能力，排名“英国100名最有权势的女人”之首；次子詹姆斯·默多克，之前担任新闻集团美国数字出版公司的总裁。

（3）第三段婚姻。1999年，68岁的鲁伯特·默多克迎娶了30岁的邓文迪，与邓文迪的婚姻经历了最初的美好，却没有走向善终。2013年6月，默多克透露两人的“矛盾已经不可调和”，并提出离婚申请。11月，两人离婚。在第三次婚姻中，第三任妻子邓文迪为鲁伯特·默多克生育了两个女孩——格雷丝·默多克（Grace Murdoch）和克洛伊·默多克（Chole Murdoch），邓文迪所生的两个孩子只能在财产协议中享受股权分红，即对新闻集团不拥有实质性的控制权。

（4）第四段婚姻。2016年1月12日，84岁的鲁伯特·默多克在英国《泰晤士报》上宣布，他将与自己相恋数月的女友杰丽·霍尔结婚。随后于2016年3月4日（伦敦时间）举行了自己的第四次婚礼。

这就意味着鲁伯特·默多克的媒体帝国继承权之争，主要集中在第一、第二任妻子的4个子女中展开。在鲁伯特·默多克的接班人中，长子拉克兰·默多克是默多克的最理想人选。同时也是鲁伯特·默多克最宠爱的继承人。

这从鲁伯特·默多克的继承计划中就可以看出端倪。1989年，刚满18岁的拉克兰·默多克就被鲁伯特·默多克安排到澳大利亚《每日镜报》，让拉克兰·默多克在《每日镜报》实习和培训。

随后，拉克兰·默多克在鲁伯特·默多克的培养下，逐渐掌管了新闻集团在澳大利亚的全部业务。尔后，拉克兰·默多克作为新闻集团的首席运营官，接手北美地区的电视台和出版业务。

拉克兰·默多克的新闻集团继承人本来已成定局，然而，上天故意要和鲁伯特·默多克开一个不小的玩笑。顺风顺水的拉克兰·默多克到了2005年遭遇风云突变。作为新闻集团“少帮主”的拉克兰·默多克，与福克斯新闻台主席罗杰·艾勒斯（Roger Ailes）和新闻集团总裁彼得·切宁（Peter Chernin）之间的矛盾达到白热化。

之所以发生矛盾，是因为拉克兰·默多克认为，自己作为首席运营官，却没有得到管理新闻集团的相应权限，甚至觉得自己在北美新闻集团的权力被架空。此外，拉克兰·默多克与鲁伯特·默多克第三任妻子邓文迪女儿格雷丝·默多克和克洛伊·默多克在财产继承权问题上也存在诸多冲突。

心中充满委屈的拉克兰·默多克不顾鲁伯特·默多克多年的栽培，义无反顾地愤然辞职了，从美国纽约返回澳大利亚悉尼。与其他家族企业的“少帮主”一样，拉克兰·默多克深受家族企业创始人的影响，很快就创建了自己的企业，同时也像父亲鲁伯特·默多克一样开始投身于慈善事业。

2008年，拉克兰·默多克为了实现自己的媒体帝国梦，不惜找到父亲鲁伯特·默多克生意场上的死对头佩里的儿子杰米·帕克（Jamie Parker），以期与杰米·帕克联手打造属于自己的媒体帝国。

让拉克兰·默多克失望的是，这个合作意向只不过是自己一厢情愿而已，与杰米·帕克联手打造属于自己的媒体帝国的计划也就随之搁浅。雪上加霜的是，拉克兰·默多克失去了父亲鲁伯特·默多克的财力支持和高管收入。不过他依然是新闻集团董事，没有与默多克家族决裂。

此刻，《世界新闻报》的"窃听门"事件让鲁伯特·默多克心烦意乱。2011 年 10 月 21 日，在洛杉矶召开的年度股东大会上，选举新闻集团新一届的董事会成员。默多克家族拥有新闻集团约 40% 的投票权，同时得到第二大股东、拥有 7% 投票权的沙特阿拉伯王子瓦利德·本·塔拉勒·阿勒沙特（Al-Waleed Bin Talal Alsaud）的鼎力支持，鲁伯特·默多克获得将近 85% 的"选票"，毫无悬念地连任。詹姆斯·默多克和拉克兰·默多克凭借家族势力，才能勉强保住董事资格。

詹姆斯·默多克和拉克兰·默多克之所以不被认可，源于他们二人都深陷"窃听门"事件。在此次选举中，詹姆斯·默多克的"得票率"约为 65%，拉克兰·默多克的"得票率"约为 66%。这说明詹姆斯·默多克和拉克兰·默多克遭遇信任危机，只有默多克家族和瓦利德支持。

对于董事会反对詹姆斯·默多克和拉克兰·默多克事件，

咨询机构格拉斯·刘易斯公司首席政策官鲍勃·麦考密克（Bob McCormic）评论道："一名董事获得三分之一的反对票，不是件小事。"

分析师阿兰·古尔德（Alan Gould）直言，鲁伯特·默多克的支持率远超詹姆斯·默多克和拉克兰·默多克得益于自身长久以来的威望。阿兰·古尔德说道："一些人质疑鲁伯特·默多克的儿子，但认可他作为企业董事长和首席执行官的业绩。"

直接的原因是，新闻集团 2011 年连续曝出的"窃听丑闻"事件导致詹姆斯·默多克和拉克兰·默多克的遭受质疑，尤其是新闻集团旗下创刊 168 年的《世界新闻报》停刊，数十名管理人员遭到抓捕。此外，作为接班人热门人选的詹姆斯·默多克先前接受英国议会一个委员会质询，因为其陈述与公司一些管理人员的证词不符，詹姆斯·默多克不得不再次接受质询。

在《世界新闻报》的"窃听门"事件中，詹姆斯·默多克的接班之路由此中断，拉克兰·默多克再度成为鲁伯特·默多克的接班人。随后，《纽约时报》（*The New York Times*）披露了新闻集团澳洲业务的主席兼 CEO 约翰·哈廷根（John Hartingen）与拉克兰·默多克之间的矛盾。约翰·哈廷根不愿意拉克兰·默多克过多地插手澳洲事务，对此抱怨颇多。①

---

① 参见敖军：《默多克家族再陷接班人迷局》，《新闻晚报》2012 年 2 月 26 日。

面对这个绊脚石，在鲁伯特·默多克的直接干预下，满腹委屈的约翰·哈廷根被迫辞职。约翰·哈廷根的离开，为拉克兰·默多克重返新闻集团，同时也为拉克兰·默多克的接班铺平了道路。

2012年2月17日，拉克兰·默多克再次和父亲鲁伯特·默多克一起视察了《星期日太阳报》编辑部。虽然拉克兰·默多克很快返回了澳大利亚，并没有与父亲鲁伯特·默多克一起庆祝《星期日太阳报》的出版，但是媒体普遍将这一举动解读为鲁伯特·默多克试图“扶正”拉克兰·默多克的明显信号。

然而，要“扶正”拉克兰·默多克的接班人道路并非一马平川，处处平坦。第一，拉克兰·默多克创建的企业涉嫌贿赂。据媒体报道，在澳大利亚，拉克兰·默多克可能面临警方调查，主要是拉克兰·默多克创建的企业涉嫌贿赂一位澳大利亚政府官员。第二，越来越多的华尔街投资者不看好拉克兰·默多克的个人能力。第三，新闻集团70%的独立股东对拉克兰·默多克投不信任票。当拉克兰·默多克出任澳大利亚十网电视公司（Network Ten）主席后，澳大利亚十网电视公司的股票市值缩水近40%。[①]

除了拉克兰·默多克，詹姆斯·默多克也是鲁伯特·默多克的接班人选。詹姆斯·默多克是鲁伯特·默多克的次子，曾经就

---

① 参见敖军：《默多克家族再陷接班人迷局》，《新闻晚报》2012年2月26日。

读于哈佛大学，主攻电影和历史学。然而，詹姆斯·默多克没等拿到学位就在1994年辍学了。

辍学后，詹姆斯·默多克创办了一家名为“拉酷”的唱片公司，其业务主要是出版发行说唱乐的专辑。“拉酷”唱片公司的高速发展，引起了鲁伯特·默多克的注意。两年后，“拉酷”唱片公司被新闻集团收购。作为“拉酷”唱片公司创始人的詹姆斯·默多克就顺理成章地进入新闻集团，从事家族的业务。

据了解，詹姆斯·默多克曾掌管新闻集团在欧洲和亚洲的业务，2015—2019年在21世纪福克斯公司担任首席执行官，从2013年开始，在新闻集团董事会担任董事职务。詹姆斯·默多克也得到了父亲鲁伯特·默多克的重用。24岁时，詹姆斯·默多克就开始负责新闻集团在美国的数字出版业务；27岁时，詹姆斯·默多克成为新闻集团旗下亚洲星空卫视执行主席；30岁时，他就担任英国天空广播公司总裁。

在培养接班人方面，鲁伯特·默多克也在不断地反省自己的某些做法，甚至还从长子拉克兰·默多克的愤然辞职中吸取了诸多教训。

为了培养詹姆斯·默多克，鲁伯特·默多克尽量给詹姆斯·默多克放权。2007年，鲁伯特·默多克整合了新闻集团在欧洲和亚洲的业务，整合后的业务全部由詹姆斯·默多克负责。为了更好地接班，詹姆斯·默多克也开始在位于纽约的新闻集团总部安插自己的亲信。詹姆斯·默多克这样做的目的只有一个，那就是为后鲁伯特·默多克时代的接班做好铺垫。

早在预料之中的，詹姆斯·默多克的做法引发了父亲鲁伯特·默多克的诸多不满。2011 年，随着英国“窃听门”事件曝光，这根导火线就让本来积怨很深的父子矛盾一触即发。在“窃听门”事件之后，詹姆斯·默多克辞去了英国《泰晤士报》和《太阳报》的董事职务，仅保留新闻国际集团执行主席一职，但对英国业务已很少插手。[①]

在鲁伯特·默多克接班人纷争中，鲁伯特·默多克的长女鲁登斯·默多克未参与家族生意，为此媒体就报道说，长女鲁登斯·默多克接班的可能性不大。

不过，据媒体报道，谁会成为新闻集团这个媒体帝国继任人尚未有定论，但是次女伊丽莎白·默多克作为一匹“黑马”，不容忽视。

这样的观点基于 2011 年初，鲁伯特·默多克在多个场合暗示过，伊丽莎白·默多克应该结束“雪藏”，回到新闻集团家族事业中来。

没过多长时间，新闻集团就以 6.75 亿美元的高价兼并了伊丽莎白·默多克创建的电视制作公司——“闪耀”。跟詹姆斯·默多克入驻新闻集团如出一辙，这就使得伊丽莎白·默多克顺理成章地在新闻集团中效力。

① 参见金姬：《富如何过三代》，《新民周刊》2012 年第 20 期。

在英国“窃听门”事件中，詹姆斯·默多克无疑被“窃听门”丑闻打了个措手不及。然而，伊丽莎白·默多克却在公开场合毫不掩饰地指责詹姆斯·默多克败坏了新闻集团的声誉。

尽管伊丽莎白·默多克创建的“闪耀”电视制作公司业务被新闻集团收购，但是伊丽莎白·默多克却倾向于远离丑闻旋涡，没有将办公室搬到新闻集团的伦敦总部，甚至在 2011 年夏天都拒绝进入新闻国际公司董事会。

《纽约时报》援引伊丽莎白·默多克一位多年好友的观点，在英国“窃听门”事件中，“她非常机智，或者说无情地给自己披上了一层保护网”，但在接班人选问题上，“她却比她的两个兄弟更具竞争性”。不过，多年来一直疏离新闻集团的核心业务，使伊丽莎白很难在新闻集团内爬升到掌控全局的核心地位，默多克可能更倾向于让女儿担任某种创意性高管职位，负责娱乐产业的发展。[①]

当危机袭来时，创始人鲁伯特·默多克依然战斗在一线，特别是在英国伦敦亲自督办《星期日太阳报》的创刊。这无异于向外界表明，鲁伯特·默多克依然掌控着新闻集团这艘传媒业的“泰坦尼克号”。这不禁透露着更多的无奈。因为在几十年的风雨中，鲁伯特·默多克把几个孩子“发配”到他的媒体帝国的边疆地带，接受考验和磨炼，期望有一天能从中找到那

① 参见敖军：《默多克家族再陷接班人迷局》，《新闻晚报》2012 年 2 月 26 日。

个最像他的接班人。但是，这一天显然还未到来。[①]

2020 年 7 月 31 日，新闻集团宣布，当天收到了董事会董事詹姆斯·默多克递交的辞职信，该辞职随即生效。在辞职信中，詹姆斯·默多克谈道，自己辞职是因为在新闻集团旗下媒体刊登的一些内容和一些战略性决策上存在分歧。

詹姆斯·默多克的辞职原因并非空穴来风，之前媒体就报道了詹姆斯·默多克对新闻集团旗下一些媒体关于澳大利亚丛林大火和气候变化的报道异常不满。詹姆斯·默多克辞职后，新闻集团股价在 2020 年 7 月 31 日下跌 1.4%，新闻集团股价在盘后交易中显著下降 2.43%。

在接班人的选拔上，鲁伯特·默多克依旧把重点优先放在家族成员上。据《澎湃新闻》报道，当地时间 2023 年 9 月 21 日，92 岁的鲁伯特·默多克宣布当年 11 月正式辞去新闻集团和福克斯公司的董事会主席职务，成为两家公司的名誉主席。[②]

在致员工信中，鲁伯特·默多克写道："我想告诉大家，我已经决定转任新闻集团和福克斯公司的名誉主席职位……我们的公司正在蓬勃发展，我的身体也很健康。我们有充分的理由

① 参见敖军：《默多克家族再陷接班人迷局》，《新闻晚报》2012 年 2 月 26 日。

② 胡含嫣：《默多克宣布 11 月卸任新闻集团和福克斯公司董事长，长子接棒》，《澎湃新闻》2023 年 9 月 21 日。

对未来几年充满乐观，至少我个人认为如此，并计划继续参加未来的工作。”

鲁伯特·默多克正式卸任后，其长子拉克兰·默多克将成为新闻集团的唯一董事长，并继续担任福克斯公司的执行董事长兼首席执行官。在信中，鲁伯特·默多克表示：“我知道我们拥有一个真正有才华的团队，充满激情、坚守原则的领导者拉克兰将成为两家公司的唯一主席。过度的自傲和虚伪的谦逊都不值得称道，但我对我们几十年来共同取得的成就感到非常自豪，并且要感谢我的同事们。”①

三、“何时传”：贪恋权柄，把持家族企业决策大权，错过交接时机，导致 70% 的家族企业没能传到下一代

在家族企业财富传承中，创始人必须清楚“何时传”，才能使得财富传承损耗最小化。财富传承时机的选择决定财富传承的效率和成败。这需要考虑创一代的创富生命周期，二代的年龄禀赋和心智成熟程度，二代未来以及现在的婚姻家庭状况，等等，没有早晚与否、快慢与否，只有合适与否，传承的

---

① 胡含嫣：《默多克宣布 11 月卸任新闻集团和福克斯公司董事长，长子接棒》，《澎湃新闻》2023 年 9 月 21 日。

时间点和时机尤为重要。[①]

然而，一些创始人由于迷恋至高无上的“生杀大权”，一刻也不放心权柄落到他人手里，他们时刻提防他人觊觎。就像英国人类学家詹姆斯·乔治·弗雷泽（James George Frazer）在《金枝》（*Golden Bough*）中描写的那个祭司一样。

在该书中，弗雷泽是这样介绍的：

> 内米的圣林中有一棵大树，无论白天黑夜，每时每刻，都可看到一个令人毛骨悚然的人影，在它周围独自徘徊。他是个祭司，又是个谋杀者。他手持一柄出鞘的宝剑，不停地巡视着四周，像是在时刻提防着敌人的袭击，而他要搜寻的那个人迟早总要杀死他并取代他的祭司职位。这就是这儿圣殿的规定：一个祭司职位的候补者只有杀死祭司以后才能接替祭司的职位，直到他自己又被另一个更强或更狡诈的人杀死为止。
>
> 他所获得的这个极其不稳定的祭司职位却有着王的称号。然而他比任何王者都更为坐卧不安，更被噩梦所缠扰。年复一年，无论盛夏严冬，无论天晴天阴，他总得不停地独自巡视，而每当他忧心忡忡地稍憩片刻之时，便有丧命的危险，他若稍微松懈一点儿警惕，体力或防

① 参见罗义奇：《财富管理与传承：“创一代”的必经之路》，《中国城市金融》2015 年第 10 期。

身技巧稍微减弱一些，都会陷入危难之中。[①]

祭司之所以没有片刻休息，第一是自己不能退休，第二，退休就意味着自己被诛杀。虽然在家业帝国中不存在被诛杀的风险，但是作为创始人，交出权柄，就意味着自己无法再发布八面威风的命令。

这样的顾虑，导致创始人迷恋权力而不愿意退休，加上深受中国传统文化的影响，使得创始人不知道自己该“何时传”，影响了家族企业财富的传承。

始皇嬴政：迷恋权力而影响二代接班人的顺利接班

纵观中国古代史，秦朝（前221—前207年）是由战国时期的秦国发展起来的中国历史上第一个统一的封建王朝，虽然十分短暂，但是作为中国首位皇帝的秦始皇嬴政却得到了后人很高的评价——中国历史上杰出的政治家、战略家、改革家。

在秦朝的创建中，嬴政付出的艰辛和努力很多人都无从知晓，而作为质子的儿子，在赵国都城邯郸这个异国他乡度过少年时期，遭受了不知多少白眼。据《史记·秦始皇本纪》记载：“秦始皇帝者，秦庄襄王子也。庄襄王为秦质子于赵，见吕不韦姬，悦而取之，生始皇。”

① ［英］J. G. 弗雷泽：《金枝》，耿丽编译，重庆出版社 2017 年版，第 11—13 页。

或许正是这样的成长经历，导致了嬴政日后在接班人的选择上始终摇摆不定。秦庄襄王三年（前 247 年），庄襄王驾崩，13 岁的嬴政即位为秦王。从 13 岁即王位开始，39 岁称皇帝，在位 37 年，期间的酸甜苦辣只有嬴政一人知道。

为了维护这来之不易的江山，秦始皇嬴政强化皇权，试图借助“始皇帝”的宏愿，把皇位千秋万代传续下去。可惜的是，秦王朝就存在了短短十余年，其千秋万代地传承下去的梦想终究没能如愿。直接的原因是，嬴政对权力有着不可舍弃的贪婪，寻求万万岁，让帝国千秋基业长久下去，这就有了后来的寻求长生之举动。特别是在嬴政晚年，他力求“万万岁”的心情尤为迫切。第一，从民间招募方士炼丹药，以期万万岁下去；第二，让大臣寻找其他成仙之术，流传较广的传言就是徐福东游。

按照这样的逻辑推断，在嬴政的意识中，压根儿就没有想到要把帝位传给接班人。嬴政在大秦王朝接班人的问题上，既没有明确的传承计划，更别谈具体的传承时间了。在传承问题上，嬴政一边寻求“万万岁”，另一边在规划家业的有序传承——“朕为始皇帝。后世以计数，二世三世至于万世，传之无穷”。

对于后者，选谁成为“传无穷”的二世，横亘在嬴政面前，由此成为一个亟待解决的棘手难题。据史书记载，作为嬴政接班人的候选者有 20 多人，其中记载较多的只有长子扶苏和少子胡亥两个。这意味着长子扶苏和少子胡亥在嬴政诸子中最有能力、最有地位、最有可能成为皇位的继承者。

照理来讲，作为长子的扶苏，其接班的序列更加靠前，而且他的治国方略和政见独树一帜。但是这引发嬴政的强烈不满。作为王朝的开拓者，嬴政更喜欢专断严酷，主张以法治国。第一，在春秋战国阶段，法家思想已经成为主流的治国纲领性核心思路。第二，商鞅变法以来的“耕战思想”和“穷兵黩武”战略为秦王朝的统一打下了坚实的基础。第三，嬴政在统一全国的过程中，法家思想是统率统一的唯一大旗。

相比于嬴政，尽管也坚持法家思想来治理国政，扶苏的政见却要温和得多。之所以提出相对温和的政见，源于嬴政与扶苏作为两代人，其经历、教育不同。作为接班人的扶苏，在不同流派的学说中，更加热衷以儒家学说治理江山，主张以仁德治国。治国理念的不同，引发了嬴政和扶苏各自倡导的治理模式的争论。“焚书坑儒”事件后，扶苏更是直言劝谏：“天下初定，远方黔首未集，诸生皆诵法孔子，今上皆重法绳之，臣恐天下不安，惟上察之。”扶苏认为，天下虽然统一，却没有彻底安定，各种反秦力量暗流涌动，由此提出反对“焚书坑儒”“重法绳之”等政策。

扶苏的谏言让嬴政火冒三丈。嬴政偏执地认为，扶苏的治国模式可能是其性格软弱所致，于是下诏书让扶苏到基层锻炼。据史书记载，扶苏并非传言中那么懦弱，而是“刚毅而武勇，信人而奋士”，“百姓闻之贤”。当时，北方的匈奴是秦的大患，嬴政于是安排扶苏协助大将军蒙恬，一边戍边，一边修筑长城，借此培养出一个更像自己的刚毅果敢而非那个“为黎民百姓着想”的扶苏。

让嬴政欣喜的是，塞外的戍边历练了扶苏。在与匈奴的作战中，扶苏常常身先士卒，勇猛善战，以敏锐的洞察力与出色的指挥才能，立下无数显赫军功。在戍边的几年中，扶苏的能力折服了众多戍边将领。此外，扶苏爱民如子，谦逊待人，赢得了百姓的爱戴。

与哥哥扶苏相比，少子胡亥就要逊色多了。作为嬴政第十八子的胡亥，早年曾向中车府令赵高学习狱法。

在接班人的竞争中，胡亥无尺寸之功，且生性顽劣，甚至有专家撰文写道：“胡亥在秦始皇的儿子中是出名的纨绔子弟，没有什么帝王儿子的风度。有一次，秦始皇设宴招待群臣，让儿子们也参加。胡亥也遵命赴宴，但他不愿和大臣们循规蹈矩地在父亲面前喝酒，早早吃饱了便借故退席了。在殿门外整齐地排列着群臣的鞋子，因为按照当时秦的规定，大臣进入宫殿时必须将鞋子脱下放在殿门外。参加酒宴的群臣的鞋子摆放得整整齐齐，这却成了胡亥胡闹的道具。他借着酒劲，边走边随意地将群臣的鞋子踢得横七竖八。”[①]

① 张明扬：《致命的皇储》，《新世纪周刊》2014 年第 46 期。

如果由胡亥接班，群臣未必畏服，嬴政深感忧虑。在接班人的选择上，长子扶苏虽然有能力、有政见，但是过于“软弱”。而少子胡亥最得嬴政喜爱，却生性顽劣。这两位最有可能成为帝位接班人的皇子尚且如此，其他的皇子自不待言。

按照嬴政的性格，绝不会就此把储君局限在扶苏和胡亥两位上，必须要找到自己更为看好的继承者：第一，在当时，一系列的暴政即将引发严重的社会危机。第二，幼年的质子生活让嬴政缺乏安全感，决不甘心把危机四伏的、动荡的帝国交给自己都不看好的接班人。第三，让秦帝国万世传承下去，选择一位更倾向于自己的候选人。

但是嬴政的驾崩打乱了接班人安排。秦始皇三十七年（前 210 年），正在出巡中的嬴政死于沙丘。其后，赵高篡改遗嘱，胁迫丞相李斯，将胡亥立为太子，继承帝位。

胡亥继位后，赵高大权在握，挟天子以令诸侯，沿袭嬴政的暴政统治，终于在公元前 209 年将陈胜、吴广的戍边危机事件引爆，酝酿成一场“星星之火”的农民起义。其后，风起云涌的各地势力纷纷杀向都城咸阳，胡亥在赵高胁迫下自杀，卒年 24 岁。不久，刘邦攻占咸阳，秦朝就此落幕。[①]

不可否认的是，作为大一统秦朝的开拓者，嬴政的功绩是值得肯定的。不管是帝国，还是家族企业，都有一个特点，

① 参见叶钟灵：《帝王学纵横谈—亡国之君 短命王朝——秦隋二世》，《电子产品世界》2011 年第 6 期。

那就是第一代开创者不愿意交出手中的权柄，使得期望基业长青的家族企业葬送在开创者手中。这就给家族企业创始人提了醒，不管确定谁为接班人，都必须趁早，而且还必须花一定的时间和精力来培养，以适应更加复杂的环境。

纵观秦王朝的覆灭，一个重要的原因就是嬴政没有做好交班的准备。就像很多家族企业创始人一样，没有做好交班的准备。他们并不知道，正是由于他们没有做好交班的准备，给家族企业带来了混乱的创业者“身后事”；正是由于他们没有做好交班的准备，让家族企业陷入了无序管理与盲目经营的混乱中；正是由于他们没有做好交班的准备，创始人突然离世给家族企业带来了群龙无首的局面。可以说，家族企业创始人没有做好交班准备不仅难以维系家族企业的辉煌成就，同时用心血搭建的“高楼大厦”甚至可能顷刻坍塌。

“股神”巴菲特，杖朝之年，接班人计划却是一波三折，难以顺利交班

不管是君王，还是家族企业创始人，不知道何时交班的原因，主要有三个：第一，受传统文化的影响，在公开场合，很少有家族企业创始人公开讨论和制订接班人计划。主要是他们认为，制订接班计划是“逼宫”或者就意味着死亡，绝对不会轻易放权。

第二，过早交班会影响家族企业创始人的寿命。学者莱纳托·塔格利（Renato Tagiuri）和约翰·戴维斯（John Davis）

研究发现，当一位岁数较大的企业经营者认为自己需要为身后事做出各种安排而且在心理上已做好各种准备时，其寿命就会有所减少。该发现集中在51—60岁的企业家身上。已到51—60岁年龄段的企业家往往认为，交接班的时间还没有到。当超过60岁后，企业家把持权力的意愿则更加强烈。

第三，一个出色的接班人，其能力不是天生就具有的。通常，在接管家族企业前，接班人需要多年的工作实践。一般地，接班人30—40岁就要面临继承问题，就是我们常说的“中年交接”。在此阶段，由于创始人和接班人都把传承当作敏感问题，继承问题就被掩藏起来，成为一个真正的问题。

纵观诸多家族企业，何时交班依旧是一个讳莫如深的话题。然而，传承时机是有讲究的，过早或者过晚地交班，都会影响家族企业的传承质量。北京邮电大学副教授王连娟在接受媒体采访时坦言：“家族企业主的权力之恋，也是家族企业移权的一大障碍。”

对家族企业创始人来说，掌握家族企业的大权，不仅是权力、地位和荣誉的象征，更是自己半生打拼的结果。此外，新中国家族企业的发展历史短暂，市场、法律等宏观环境尚欠成熟规范，在将家族企业交给家族之外的职业经理人方面还存在诸多障碍。[①]

---

① 参见朱雨晨：《中国家族企业深陷“接班人”危机》，《法制日报》2007年9月23日。

诸多因素叠加在一起，影响了家族企业创始人明确的交班时间，何时交班也就搁置起来。殊不知，由于缺乏合理的交接班时间，诸多没有准备的交班，导致家族成员为了争夺所有权和管理权而“兄弟阋于墙”，阻碍了家族企业的成长，给整个家族亲情造成难以弥合的创伤。因此，专家建议，作为创始人，必须明确何时交班，因为在确定接班人问题上，“临危受命”是不可取的，这会给企业带来极大的不确定性，甚至是危机。①

在世界投资者中，沃伦·巴菲特就是名副其实的王者。1941 年，11 岁的沃伦·巴菲特跃身股海，购买了平生第一只股票后，创造了一个又一个奇迹，成功跨入世界财富排行榜。2020 年 4 月 7 日，沃伦·巴菲特以 675 亿美元财富，位列“2020 福布斯全球亿万富豪榜”第 4 位。

几年前，耄耋之年的巴菲特不得不起用那个热衷于农场的儿子霍华德·巴菲特（Howard Buffy）来接班。当沃伦·巴菲特向外界公布这一消息时，立刻掀起了轩然大波。

据国外媒体报道，沃伦·巴菲特在接受采访时表示，在自己死后，期望儿子霍华德·巴菲特能够接任伯克希尔·哈撒韦公司“非执行董事会主席”职务。

之所以选择霍华德·巴菲特，沃伦·巴菲特是这样解释的：

---

① 参见高寿凯：《新时期江苏民企该如何更好地传承与发展》，《中华工商时报》2011 年 8 月 31 日。

霍华德·巴菲特将会是一个非常棒的接班人，因为霍华德·巴菲特了解伯克希尔·哈撒韦公司的价值所在。

沃伦·巴菲特的解释，媒体并不买账。外国媒体直言，选择霍华德·巴菲特接班，实属沃伦·巴菲特的无奈之举。在沃伦·巴菲特的接班人顺序中，除了长子霍华德·巴菲特，以及生于 1953 年的大女儿苏茜·巴菲特（Susie Buffett），就只有热衷于音乐的小儿子皮特·巴菲特（Peter Buffet）。

据苏茜·巴菲特介绍，尽管身为沃伦·巴菲特的长女，但是并没有得到过父亲过多的特殊关爱。她回忆说，上小学时，同学们自然地讨论各自的父亲都是干什么工作的，苏茜·巴菲特对同学们说："我的父亲是一名证券分析师。"

苏茜·巴菲特介绍完父亲的工作后，引起了同学们的误会，他们都以为她的父亲是一个检修报警系统的工作人员。

小时候没能向同学们讲清楚父亲的职业，时隔多年，作为奥马哈一家针织品商店老板的苏茜·巴菲特如今向媒体坦言，自己仍不知道父亲具体在做什么工作。苏茜说："他不会在房间里走来走去，说买哪些股票最值得之类的话，我从不知道他在买什么股票，他可能问我喜欢吃什么牌子的糖果，或诸如此类的问题。"

在沃伦·巴菲特的接班人中，出生于 1954 年的霍华德·巴菲特不仅是沃伦·巴菲特的长子，而且还跟父亲很像，都戴着一副 20 世纪 70 年代风格的运动型眼镜。

据媒体报道，在沃伦·巴菲特的三个孩子中，霍华德·巴菲特无疑是“对世界最友好”的一个，因为霍华德·巴菲特不仅是伊利诺伊州的一名普通农民，而且对农业、环保、公共事业可谓倾其所有。

沃伦·巴菲特的小儿子皮特·巴菲特出生于 1958 年，热衷于音乐，如今是美国纽约的一名音乐家。

沃伦·巴菲特在接受媒体采访时客观地评价了自己的子女：“这三个孩子都很聪明，有很好的判断力，他们都是正派的好人。”

不可否认，作为家族企业创始人，沃伦·巴菲特给中国家族企业创始人做了一个榜样，那就是尽管财富上百亿美元，却不放纵子女挥霍，而是培养他们积极的人生价值观。

据国外媒体报道，在生活中，沃伦·巴菲特对他的三个孩子非常吝啬。例如，沃伦·巴菲特曾给霍华德·巴菲特买下了他现在经营的农场。霍华德·巴菲特必须按期缴纳租金，否则立即收回，这对于退学不久的霍华德·巴菲特来说，难度可想而知。

不过，越是艰难的处境，往往越能锻炼人。对于霍华德·巴菲特也是如此。沃伦·巴菲特的朋友迈克尔·尤瑞（Michael Urie）较高地评价了霍华德·巴菲特。迈克尔·尤瑞说：“霍华德非常聪明，在政治上具有高度的敏锐感，但尤为重要的是，霍华德继承了他父亲身上那种诚实、正直的美好品质。”

沃伦·巴菲特对自己的小儿子皮特·巴菲特也要求严苛，尽管知道皮特·巴菲特喜欢音乐事业，但是对他的支持也仅仅局限在精神方面。当年，皮特·巴菲特搬到密尔沃基市前，开口向父亲借钱——这是皮特·巴菲特唯一一次向父亲借钱，却被沃伦·巴菲特拒绝了。沃伦·巴菲特拒绝的理由是“钱会让我们纯洁的父子关系变得复杂”。

皮特·巴菲特非常气愤地向银行贷款。皮特·巴菲特在接受媒体采访时说：“在还贷的过程中，我学到的远比从父亲那里接受无息贷款多得多，现在想来，父亲的观点对极了。”

客观地说，沃伦·巴菲特对子女的教育还是能给诸多家族企业创始人，特别是中国某些“肇事”“飚车”的“富二代”足够多的借鉴。但是作为家族企业创始人，不光要把家族企业做强做大，关键还要尽可能地传承。

为了寻找最佳的接班人，早在 2011 年 4 月，沃伦·巴菲特就刊登了一条在全球“海选”伯克希尔·哈撒韦公司接班人的招聘广告。让业界大跌眼镜的是，沃伦·巴菲特在哥伦比亚广播公司的《60 分钟》访谈栏目中终于宣布接班人已经“尘埃落定”——霍华德·巴菲特接掌伯克希尔·哈撒韦公司，让霍华德·巴菲特管理旗下超过千亿美元的资产。

这个消息如同重磅炸弹，立即引来了全球无数人的激烈讨论。浙商研究会副会长、秘书长徐王婴在微博上发表评论，赞同巴菲特的做法："为什么选定务农的儿子作为接班人？虽无法猜想老巴的心思，但有一点是可以肯定的：作为世界第二富豪之子，能够气沉丹田，耕种在玉米和大豆的田野上，其定力和境界一定可以。"

事实上，沃伦·巴菲特这样的做法并不是家族企业特例。沃伦·巴菲特有其远见，独具慧眼，因为沃伦·巴菲特只让长子霍华德·巴菲特作为伯克希尔·哈撒韦公司的非执行董事，而不是CEO来掌管未来的伯克希尔·哈撒韦公司，这体现了中美之间的文化差异。业内人士也强调："现在中国许多民企老板直接把公司传给下一代，或者女婿，巴菲特的做法与他们还是明显有不同的。"

外界对沃伦·巴菲特的质疑并没有停止，不过，沃伦·巴菲特选择霍华德·巴菲特出任伯克希尔·哈撒韦公司董事长职位并非意气用事，肯定是经过深思熟虑的。

沃伦·巴菲特在接受媒体采访时谈道："选择霍华德出任伯克希尔·哈撒韦公司董事长不仅要使公司文化不变，并表示剩余工作至少将分给两个人：一个是行政总裁，另一个是负责处理投资的人或集团。就对慈善事业的热情而言，霍华德应是一个好的接班人。"

2021年5月，全球最富有的人之一、91岁的"股神"沃伦·巴菲特再次公布了自己的"接班人"姓名——公司现任副董事长格雷格·埃布尔（Greg Abel）。沃伦·巴菲特说道："董事会一致认为，如果今天我出了什么事，那么明天早上接替我的将是格雷格。”

美国《华尔街日报》曾赞誉格雷格·埃布尔为“精明的交易者”。2013 年，沃伦·巴菲特也曾表示：“格雷格打来电话时，我总是会抽出时间，因为他能给我带来很棒的想法，他的思维和商业方法真的很有创新性。”

消息一出，一石激起千层浪：第一，沃伦·巴菲特终于公开了自己的接班人。第二，沃伦·巴菲特终于放弃了子女接班。第三，职业经理人接班依旧还是西方家族企业接班的主流。第四，91 岁的“股神”沃伦·巴菲特终于要交班了。

2021 年 5 月 3 日，沃伦·巴菲特接受美国财经媒体 CNBC 采访时承认：“董事们一致同意，如果自己卸任，将由伯克希尔非保险业务的副董事长格雷格·埃布尔接任 CEO。”

至此，沃伦·巴菲特的交班计划似乎已经接近尾声，但格雷格·埃布尔真的是伯克希尔·哈撒韦公司的接班人吗？这并非最后的定论，至于谁来接班伯克希尔·哈撒韦公司，依旧尚待观察。

第三章 “鸟笼陷阱”：缺乏“财富”传承规划意识，不清楚怎么传，结果导致财富传承原地打转

在家族企业财富的传承中，一些创始人一方面非常想把家族企业财富传给接班人，另一方面，却因为自身的原因陷入“鸟笼陷阱”不可自拔，最终自己成为财富传承的绊脚石。

“鸟笼陷阱”是美国哈佛大学教授、心理学家威廉·詹姆斯（William James）探究的一个心理现象，又称“鸟笼逻辑”。

威廉·詹姆斯在研究中发现，当某人在偶然间得到一个物件后，后续将添加更多与之相关的物件，这就是“鸟笼陷阱”。威廉·詹姆斯举例称，C 赠送给 A 一个鸟笼，刚开始时，这个鸟笼会闲置在 A 家里一段时间。其后，A 为了发挥这个鸟笼的效用，通常就会购买一只鸟，再购买一些鸟食、鸟用具，而不是把鸟笼丢弃。这个结果表明，A 得到鸟笼后，不但没有扔掉鸟笼，相反却被鸟笼异化，最终成为鸟笼的“俘虏”。

家族企业财富的传承方面也是如此。不管创始人 30 岁、40 岁，还是 50 岁，抑或 60 岁，媒体和相关人等都会重复问关于“您什么时候退休”的问题。不管创始人如何回答，或者

回答多少遍，这样的问题会被一直问下去，直到自己真正离开权力中心。从这个角度来分析，在很多创始人心中，当被问及财富传承时，他们心里已经挂了一个鸟笼，然后在传承的路上不由自主地向鸟笼中填满相关的东西。

之所以会发生这样的事情，缘自每次被媒体采访，或者被业内人士提及，甚至会很惊讶地问创始人的财富传承是如何做的，或者把怪异的目光投向“财富传承”这个“空鸟笼”。

当创始人不再忍受每次都需要解释的麻烦后，创始人也不会放弃“财富传承”这个“鸟笼”，而是为了更好地财富传承添置更多的相关服务来使用“鸟笼”。经济学家解释说，这是因为购买一只鸟比解释为什么有一个空鸟笼要简便得多。即使没有人来问，或者不需要加以解释，“鸟笼效应”也会造成一种心理上的压力，使其主动去买来一只鸟，与笼子相配套。[①]

一、“仓促交枪与仓促接枪”，财富仓促传承，创始人和接班人两方都没准备好

家族企业财富传承过程中往往会遇到一种情形：家族企业创始人非常重视财富的传承，不是安排接班人到名校镀金，

① 参见晶晶：《打破“鸟笼逻辑”怪圈》，《发明与创新（大科技）》2010年第8期。

就是聘请知名培训师驻训，甚至安排接班人到海外留学。但是创始人忽略了一个大问题：没有真正地做好财富传承规划，一旦自己突然离世或者突然缺位（例如触犯法律被捕），导致仓促传承，创始人和接班人两方都没准备好。

例如，2003—2005年3年时间里，山西海鑫钢铁集团前董事长李海仓、均瑶集团公司前董事长王均瑶等人先后辞世，拉开了中国家族企业财富混乱的传承序幕。3年后，涌金集团前董事长魏东自杀再度引发争议。

《上海证券报》报道称，2008年4月30日，时任涌金集团董事长魏东自杀，“国金证券”和“九芝堂”当日均临时停牌，原因是这两家上市公司均由涌金系控制。

魏东自杀事件再度引爆财富传承问题，一个重要的原因是，伴随标志性企业家的突然离世，这些企业尚未准备好的“替补总裁”们进入了一个相当微妙的危机与变革时代。就像球场上每一个主力球员背后都会有一个替补球员以备不时之需一样，企业也需要一个替补总裁，以充当紧急情况下的接替者，完成公司管理经营过渡的平稳执行。[①]然而，遗憾的是，这些创始人的突然缺位暴露出一个致命问题，接班人“临危受命”往往容易导致家族企业这艘大船由于没有经验丰富的船长而沉没于海底。

---

① 参见姚音：《企业家意外离世 “群龙无首”下接班人危机再现》，《上海证券报》2008年5月7日。

仓促的交班和同样仓促上阵的接班，蝴蝶效应加剧财富传承危机

在家族企业财富传承中，“怎么传”让创始人犯愁。在中国家族企业中，创始人大都很想把家业传给接班人，由此围绕传承进行各种尝试。在此期间，创始人往往把家族企业这艘大船的方向盘握在自己手中，等到自己生命终结时，才算真正地放手。

此刻，接班人虽然重担在肩，但是由于“临危受命”、匆忙接班，后续的问题往往引发“蝴蝶效应”。

1963 年，美国气象学家爱德华·罗伦兹（Edward N. Lorenz）在自己的研究论文中写道：“一个气象学家提及，如果这个理论被证明正确，一只海鸥扇动翅膀足以永远改变天气变化。”

这就是蝴蝶效应的最初版本。随着时间的推移，爱德华·罗伦兹觉得海鸥的美感和想象力不够，于是在自己其后的演讲和论文中摈弃了之前的海鸥，而用更加具有诗意的蝴蝶。爱德华·罗伦兹讲道：“一只南美洲亚马孙河流域热带雨林中的蝴蝶，偶尔扇动几下翅膀，可以在两周以后引起美国得克萨斯州的一场龙卷风。”①

能够让美国得克萨斯州吹起一场龙卷风，是因为蝴蝶翅

① 参见付玉辉：《互联网传播蝴蝶效应和社会结构变迁》，《互联网天地》2012 年第 3 期。

膀的正常起落引起身边的空气流动，形成微弱的气流。当这些微弱的气流再次聚集时，又一次导致自身四周的空气流动，引起一个又一个的连锁反应，最终引爆了从量变到质变的临界点。

爱德华·罗伦兹告诫称，即使是不起眼的一次翅膀扇动，都可能引发一连串的巨大反应。当大家似乎要忘记爱德华·罗伦兹的告诫时，一场空难引爆了企业传承的危机。

2004 年 11 月，56 岁的上海复旦复华科技股份有限公司前副董事长兼总经理陈苏阳出差包头。此行主要是为了处理分公司的业务，原计划于周六与同事一同返回上海，但是由于陈苏阳尚未处理完分公司的业务问题，便改乘周日航班返回上海，不料遭遇不幸。

21 日 8 时 21 分，从内蒙古包头飞往上海的 MU5210 航班发生事故。共 55 人在事故中丧生。其中，机组人员 6 名，乘客 47 名，以及 2 名地面人员。

一场意外空难，意味着一个传奇故事的终结。

1984 年 11 月，陈苏阳等 6 名青年教师敏锐地觉察到改革开放将如火如荼地进行，于是开始兼职创业，主要通过技术咨询、技术服务方式等积累原始资本。这样的兼职创业模式到 20 世纪 90 年代依旧盛行。在《华为传：1987—2020》一书中，笔者就介绍过中国人民大学六位教授的创业经历：1995 年 7 月，正值学校暑假期间，困惑的华为创始人任正非意外地遇到了来自中国人民大学工业经济系、劳动人事学院和计划统计学院的6位老师——彭剑锋、黄卫伟、包政、吴春波、杨杜、孙健敏结伙出去做咨询，他们在深圳的第一家咨询企业是深圳宝安集团。吴春波教授曾介绍称：“人大教授，平均年龄35岁，四位博士，两位硕士。六人的关系很复杂，归纳起来讲是通过纵横交错的同学、同事、老乡和队友（学校武术队）网络连接起来的，这是一个自组织团体，没有机构，没有注册，没有公章，连皮包公司都不如，说白了就是拉帮结伙外出挣钱的合伙人。”

为了更好地开拓业务，陈苏阳等6名青年教师共同创办了复旦大学科技开发公司。1992年7月，由于复旦大学科技开发公司上市的需要，在改制过程中，将复旦大学科技开发公司更名为上海复华实业股份有限公司。1993年1月5日，公司股票在上海证券交易所正式挂牌上市，这是全国科技界和中国高校第一家股票上市公司[①]，同时也开创了中国大陆地区第一家高校上市的公司。

在陈苏阳不幸罹难前，上海复旦复华科技股份有限公司第一大股东是上海复旦大学，持有上海复旦复华科技股份有限公司共8625万股，占总股本的32.7%。据媒体披露，以陈苏阳为首的管理层对复旦复华有着很强的控制力，在包括控制权

① 参见志韬：《复旦复华高层包头遇难 公司稳定位置待人接替》，《21世纪经济报道》2004年11月26日。

等很多问题上，他与复旦大学有过分歧，但始终没有被罢黜，足以显示其人在公司的根基之深厚。[①]

得知陈苏阳不幸罹难，上海复旦复华科技股份有限公司立即启动应急程序。时任复华证券事务部主任李小荪在接受媒体采访时表示，上海复旦复华科技股份有限公司已经启动了应急程序，在第一时间就派专人到包头去处理陈苏阳的善后事宜，但是陈苏阳的追悼会何时开还得商定。李小荪在接受媒体采访时还表示，陈苏阳总经理此次去包头，主要还是为了商谈与项目有关的事宜。

在中国大陆地区许许多多早期校办企业创业者中，陈苏阳是为数不多的既能打江山又能守江山的创业者。

在时任复星集团副董事长梁信军看来，这主要是因为陈苏阳低调、务实的作风，他对于在媒体上抛头露面没有太大的兴趣，却埋头于实业，而且善于协调学校、企业、政府部门之间的关系。[②]

然而，陈苏阳的不幸罹难，还是给上海复旦复华科技股份有限公司带来了诸多危机。在媒体的披露中，时任复华证券事务部主任李小荪始终不愿透露上海复旦复华科技股份有限公

---

① 参见黄俊峰：《总经理陈苏阳罹难　复旦复华前途蒙上阴影》，《中国证券报》2004 年 11 月 23 日。

② 参见魏宗凯、周凯：《复华低调总经理陈苏阳遭遇空难英年早逝》，《新闻晨报》2004 年 11 月 23 日。

司在接班人方面的计划。据李小苏介绍，一切以公告为准。

分析人士表示，作为公司的主要创始人，陈苏阳的不幸去世将给复旦复华的发展前景蒙上一层阴影，但不会改变公司基本面稳定向好的趋势。[①]

这样的观点得到了有关券商的赞同，他们在接受媒体采访时认为，上市公司老总发生不测的情况不是第一次了，像前几年青岛啤酒老总彭作义游泳时溺水身亡事件，并未给青啤造成长期不利影响。

仓促接班，增加家族企业传承的诸多风险

很多家族企业创始人陷入“鸟笼陷阱”，一个重要的原因就是缺乏对接班人有步骤、有计划的培养。一旦创始人突然辞世造成仓促交班，必然导致接班人仓促接班，增加家族企业诸多风险。作为“一把手”的创始人，一举一动都会影响整个企业管理团队和运营格局，甚至是牵一发而动全身。由此，企业家的个人风险很可能演变为企业一场大的风波。[②]因此，作为创始人，必须尽早做好交接班的准备。

反观欧美国家，当家族企业创始人或者 CEO 突然辞世后，

① 参见黄俊峰：《总经理陈苏阳罹难 复旦复华前途蒙上阴影》，《中国证券报》2004 年 11 月 23 日。

② 参见姚音：《企业家意外离世 “群龙无首”下接班人危机再现》，《上海证券报》2008 年 5 月 7 日。

接班人经常会采用专业团队的模式，即接班人与一个庞大的专业团队共同经营家族企业。这支主要以律师、会计师等专业人士组成的专业团队，可以帮助像李兆会这样羽翼未丰的雏鹰安全度过这段充满风险的过渡期，确保企业平稳转入新的接班人手中，同时也可以尽可能避免接班人陷入李兆会等人面临的内部“政治斗争”。①

再看世界500强的接班人计划，这些企业就做得非常到位，例如麦当劳公司。2004年4月19日，麦当劳首席执行官吉姆·坎塔卢波（Jim Cantalupo）因心脏病发作逝世。坎塔卢波病故后不到两个小时，麦当劳董事会就迅速地作出了新的任命决定：43岁的澳大利亚人、现任公司首席运营官查利·贝尔（Chalie Bell）为该公司新的首席执行官。公司还任命74岁高龄的现任董事会召集人安德鲁·麦克纳（Andrew McKenna）担任非执行董事长。

对于吉姆·坎塔卢波的病逝，安德鲁·麦克纳说道：“他的病逝对我们整个麦当劳系统都是个重大损失，同时向吉姆的妻子约安和他的家庭表达深切的关怀和慰问。吉姆是个了不起的人，他对工作倾注了巨大的精力和热情。他对麦当劳系统影响深远。”

2005年1月17日凌晨，出任首席执行官仅几个月的查

① 参见张建华、薛万贵：《富过三代》，机械工业出版社2008年版，第35—37页。

利·贝尔因癌症在家乡澳大利亚悉尼病逝，年仅 44 岁。痛失贝尔后，吉姆·斯金纳（Jim Skinner）接替了他的 CEO 权杖。

短短的几个月，两任首席执行官相继辞世。但完善的接班人计划让麦当劳安然度过危机，顺利地向前发展。

2012 年 3 月 21 日，美国麦当劳公司宣布，首席执行官吉姆·斯金纳定于同年 6 月退休，公司总裁兼首席运营官唐·汤普森（Don Thompson）将接任他的职位，将从 2012 年 7 月 1 日起正式接任麦当劳 CEO 一职。以此为鉴，中国家族企业创始人必须随时随地找好自己的接班人，一旦出现意外情况，接班人随时可以接替。

不可否认，出现这样的问题，主要还是由于不同民族有不同的文化，中国家族企业创始人深受传统文化的影响，都希望自己“万寿无疆”，自然认为立遗嘱是不吉利的象征，甚至是在诅咒自己。

相反，在西方国家，这样的意识是没有的，自然也不会抵触遗嘱文化，再加上西方国家立遗嘱由来已久，也是非常普遍的社会行为。许多西方人在孩子刚出生时就立好遗嘱。海外企业家也早早就在拥有资产的时候立下遗嘱，随时防备死亡的意外降临和万一的发生。[①]

不可否认，作为家族企业创始人，必须随时做好接班人

---

① 参见张建华、薛万贵：《富过三代》，机械工业出版社 2008 年版，第 35—37 页。

的准备，就像接力赛一样，这样才能真正保证“基业永续”，如果中间缺少接棒人，那么“基业永续”就成为一句空话。因此，作为创始人，如果计划将家族企业打造成百年老店，就必须随时做好有人能接班的准备。

业内专家建议，当子女还年幼时，创始人首先考虑的接班人可以是配偶、兄弟姐妹，甚至是自己的父母；当创始人子女长大成人时，创始人也就做好了子女全面接班的准备。

我们来看一个简单的案例：

对于18岁的张鹏飞来说，在父亲张贤瑞意外去世的那一刻起，自己就毫无选择地肩负起温州泰昌集团生存和发展的重大使命。

原本打算出国留学的张鹏飞，也不得不终止梦想。其后，温州泰昌集团进行权力交接：第一，成立战略领导小组，由家族成员和关键职业经理人组成，主要负责战略决策。第二，让张鹏飞观察和学习。第三，张鹏飞逐渐掌权，职业经理人退出战略领导小组，张鹏飞兼任总经理，并设三名副总分别负责行政、财务、销售。第四，分工明确，职业经理人主管温州泰昌集团具体的经营，涉及温州泰昌集团公司资产的情况必须经张鹏飞本人才能决定。

这样的案例举不胜举。当企业创始人突然辞世时，为什么同样的遭遇，有的企业能够化险为夷，有的企业却蒙受巨大损失？而有的企业混乱不堪，甚至业绩下滑，有的企业却平稳过渡，稳健前行？差距在于，企业是否能在这个最为动荡和脆弱的时刻，迅速做好继任者的安排。那些有继任计划的公司能够很快实现平稳过渡，而没有继任安排的公司往往是匆忙上阵、疲于应付。①

二、共管模式、设立分支机构、委派、投资多元化等接班人培养模式

破解“鸟笼陷阱”，最好的办法就是及早地培养接班人。一般地，家族企业通常有以下几种接班人培养模式——共管模式、设立分支机构、委派、投资多元化、其他。

1. 选择几位预定接班人实行“共管模式”

共管模式是及早培养接班人的一个常用手段。当采用“预定”接班人实行“共管模式”几年后，最终公开正式的接班者人选。这样的培养模式就意味着，预定接班人乃至家族成员中都知道谁有可能成为接班人，同时也需要制定相关的规则——通过赛马相马，能力强的候选者获胜，而非创始人偏重谁。

通过竞争赛选接班人，不管谁来领导家族企业前行，家族成员也都心服口服，当遭遇重大危机事件时，全新的管理层处理起来相对得心应手。此外，避免了同室操戈、反目成仇的

---

① 参见姚音：《企业家意外离世 “群龙无首”下接班人危机再现》，《上海证券报》2008 年 5 月 7 日。

事情发生。

2. 在家族企业中设立分支机构

为了有效而妥善地处理家族企业财富的继承问题，有的家族企业创始人通过设立分支机构的方法，充分地让接班人在家族企业分支机构中积累实战经验。等到锻炼成熟以后，创始人才把家族企业管理的权力移交给接班人。具体的操作是，创始人新上马一个全新的业务，或者重组一部分家族企业业务，组建一个独立的工厂或部门，再让目标候选接班人接管，对新部门或者新业务担负权责，自负盈亏。①

3. 委派

什么是委派呢？就是家族企业创始人在不影响家族企业主业的情况下，或者在条件允许的情况下，并购其他企业。然后，委派目标候选人经营，给予财力、人才等资源支持，或由家族全体成员出资，新组建一个企业，委派目标候选人经营管理。

通过委派这种模式，让目标候选人把个体命运与家族全体成员的命运紧紧联系在一起，增强其自豪感、责任感和压力感，进而培养目标候选人对家族企业经营的巨大价值和不同寻常的意义：一方面平衡目标候选人只想争夺第一把交椅的“野心”，尽可能地驱散角逐中浓烈的火药味；另一方面，间接

---

① 参见唐慧：《民营企业“富二代”家庭教育问题与对策分析》，《现代商贸工业》2010 年第 18 期。

培养目标候选人的能力。

4. 投资多元化

什么是投资多元化模式呢？指为了更好地传承家族企业财富，以及让接班人更为顺利地接班，创始人专门开辟一块完全与传统业务不同的业务给接班人经营，或者让接班人在不同的行业中创业。当接班人把“增量业务”规模做大后，其相关的管理层团队也构建起来，既锻炼了相关的企业运作经验，同时也帮助接班人搭建了自己的管理层团队。①

经过多轮竞争后，业绩卓越的接班人正式接管家族企业母公司，其他的投资板块继续由其他家族成员负责，最大限度地创造家族财富。

例如，新希望集团创始人刘永好的女儿刘畅从海外留学归来后，刘永好就没有让刘畅参与饲料业务的管理，而是安排刘畅拓展风险投资和基金业务。

除了刘畅，在刘氏家族，东方希望集团董事长刘永行（刘永好二哥）的儿子刘相宇从美国加州大学米歇尔商学院毕业归来后，刘永行同样没有让其参与管理，而是出资让刘相宇创建上海纬度商贸有限公司，经营食品生产加工。②

企查查数据显示，上海纬度商贸有限公司创建于 2001 年 1 月 9 日，详细情况见图 3–1。

---

① 参见田炜华：《家族传承的三种模式》，《IT 经理世界》2004 年第 8 期。

② 参见田炜华：《家族传承的三种模式》，《IT 经理世界》2004 年第 8 期。

基本信息 12　法律风险　经营风险　经营状况　企业发展　知识产权　新闻公告　历史信息 VIP

营业执照信息　发生变更时通知我　企查查

法定代表人	刘 刘相宇 关联12家企业 >	登记状态	注销	成立日期	2001-01-09
注册资本	100万元人民币	实缴资本	100万元人民币	核准日期	2001-01-09
统一社会信用代码	-	组织机构代码	-	工商注册号	310115000598216
纳税人识别号	310115703140288	进出口企业代码	-	所属行业	批发业
企业类型	有限责任公司(自然人投资或控股)	营业期限	- 至 2016-01-30	登记机关	浦东新区市场监管局
人员规模	-	参保人数	0	所属地区	上海市
曾用名	-	英文名	-		
企业地址	浦东新区唐山路65号207室　查看地图　附近企业				
经营范围	饮料、保健食品、粮食(限零售)及制品、副食品、其他食品(除烟酒)、食用油(限零售)、饲料、五金交电、建材、化工原料(除危险品)、针纺织品、文体办公用品、日用百货的销售。				

图 3-1　上海纬度商贸有限公司注册信息

企查查数据还显示，刘相宇持股 10%，东方希望企业管理有限公司持股 90%，见表 3-1。

表 3-1　上海纬度商贸有限公司股东信息

序号	股东（发起人）	持股比例	最终受益股份	认缴出资额（万元）	认缴出资日期	实缴出资额（万元）	实缴出资日期
1	东方希望企业管理有限公司	90.00%	90.00%	90	2001 年 1 月 8 日	90	2001 年 1 月 8 日
2	刘相宇	10.00%	10.00%	10	2001 年 1 月 8 日	10	2001 年 1 月 8 日

从上海纬度商贸有限公司股东信息不难看出，作为创始人，在采用投资多元化模式来培养接班人时，还必须将领导力培养向其他家族投资事业引导。

5. 其他

除了上述四种方法，在家族企业传承中，还有借助家族办公室、家族导师制度、家族信托、传统的商科教育等培养接班人。

在上述几种模式中，不管采用哪一种模式，或者多种混用模式，都离不开创始人制定一套科学、合理的接班人培养规划方案，即接班人的培养问题尽早提上议事日程，有计划、有步骤地实施。步骤如下：

（1）选择几个候选接班人作为下一代继承人。（2）为候选接班人提供一套全面的接班拓展计划。这个计划主要包括培训、自我学习、管理指导、沟通、业绩评估、克服接班人自身的弱点，以及制订雇用非家族员工等计划。（3）为候选接班人提供管理家族企业的机会。当然，在授予候选接班人必要的家族企业权力的同时，也承担相应的职责。（4）让候选接班人制订家族企业管理方面的各项计划，并对过去和现在的经营状况进行现实的评估。（5）提供足够家族企业权力移交的时间，明确家族企业权力继承过程之中和之后的责任，安排考验的时间以及落实现阶段的任务。

中篇

家族企业财富传承遭遇哪些难题

未来 10 年，我国民营企业中将有 80% 以上的家族企业面临着传承难题，这不仅关乎企业的存亡，更影响着中国民营经济的稳定与发展。目前国内的现实是，一些资产规模较大的家庭，由于缺少必要的资产保全措施，兄弟姐妹同室操戈、夫妻之间反目成仇，不但影响了感情，更重要的是，直接阻碍了企业快速的成长与发展。家族财富金融业务就是通过良好的制度设计，规避各种纷争带来的风险，使得家族财富顺利传承和过渡，获得更好的发展。而这种金字塔的顶层设计在国内具有巨大的潜在市场。

——蓝源资本集团董事长　廖文剑

第四章　深受“宗族家文化”影响，许多家族企业创始人在交班问题上思维较为僵化

改革开放40多年中，汹涌澎湃的上市浪潮席卷中国民营企业，其中，中国家族企业不知不觉在中国经济中写下了重要的一笔。然而，中国大陆地区的家族企业却正在走向一个新的十字路口：两代人财富与权力的交接。

在这个十字路口，几十年高速发展的家族化管理的困窘也在日益凸显。在中国大陆地区，创始人在选择接班人时，往往会“坚守圣训，传子不传贤”。

选择“子承父业”的换帅模式固然没有错，但是作为创始人必须清楚的是，如果儿子既有较高的接班意愿，又有管理家族企业的能力，那么“子承父业”的模式当然比去聘用职业经理人要好。但是必须避免在“子承父业”的过程中同室操戈。否则“子承父业”之时，也将是兄弟之间同室操戈的开始，这无疑会给可持续发展的家族企业增加隐患。

一、“传亲不传贤”有助于降低家族企业的代理成本，但是不会解决接班人的代理能力问题

在中国家族企业的财富传承中，最让家族企业创始人头疼的问题，莫过于把家族企业的财富顺利地传给接班人。

按照惯常的传承模式，创始人选择接班人的模式只有两种：一种是家族后代，一种是职业经理人。[1]在上述两种接班模式中，创始人采取由家族后代成员接班的方式当然无可厚非，也没有什么不妥之处，只要家族后代成员能力足够即可。另外，加上中国浓厚的“打虎亲兄弟，上阵父子兵”“子承父业”“肥水不流外人田”的传统文化观念，不管是家族企业的经营方向，还是创始人的财富，在继承时，创始人都倾向于选择自己的下一代。

不管是宗馥莉还是刘畅的顺利接班，一系列成功的家族企业案例，更让业界认为“子承父业”是中国绝大多数家族企业创始人的最优选择。同时也表明，“子承父业”是目前最稳定的财富交接模式。

“新中国成立 70 周年经济社会发展成就系列报告”显示，从登记注册类型看，1996 年，中国共有私营企业 44.3 万家，2017 年增加到 1436.9 万家，增长了 31.4 倍，年均增

① 参见马可佳：《未来 10 年 300 万家民企将面临接班换代难题》，《第一财经日报》2010 年 11 月 23 日。

长 18.0%，私营企业占全部企业数量的比重从 16.9% 增加至 79.4%。从控股情况来看，2017 年，私人控股企业 1620.4 万个，占全部企业 89.5%。这其中，80% 以上的企业都是家族企业。在这些家族企业中，90% 以上的创始人都选择了“子承父业”的换帅模式。

“传子不传贤”导致决策品质相对低下，家族企业走向衰败

1994 年 1 月 18 日，在华为的内部杂志《华为人》上刊载了一篇署名任正非的《赴美考察散记》文章。

在文中，华为创始人任正非毫不讳言此行的目的：“三年前还年销售 35 亿美元的美国知名的王安电脑公司，为什么现在宣布破产保护？日本三菱这么强大的集团，为何会退出电脑生产？带着这样的疑问，我前往美国考察。”[①] 任正非提及的王安电脑公司，是华人王安创建的一家公司，此前不仅可以与美国国际商用机器（IBM）分庭抗礼，而且还叱咤于美国电子市场。

在这里，我们简单介绍一下王安。1920 年 2 月 7 日，王安出生在江苏省昆山市。1940 年，20 岁的王安毕业于国立交通大学电机工程专业。1945 年，25 岁的王安就读于哈佛大学

① 任正非：《赴美考察散记》，《深圳特区科技》1996 年第 4 期。

应用物理学。1948年，王安获得哈佛大学应用物理博士学位，拥有34项磁芯内存领域专利。

1948年，王安就职于霍华德·阿肯（Howard Aiken）的哈佛计算实验室。随后，王安发明“磁芯记忆体”，大幅度提升了电脑的储存效能。1951年，凭借600美元的启动资金，王安创办了王安实验室（Wang Labortories）。

1956年，王安把磁芯记忆体的专利权，以50万美元的价格出售给IBM。实现了财富自由的王安，更加雄心勃勃。1964年，王安研发出当时最新技术的桌上电脑，由此开始书写王安电脑公司的传奇故事。

其后的20多年间，王安不断推陈出新，王安电脑公司的业绩蒸蒸日上。20世纪80年代中期，王安电脑公司达到了鼎盛时期，年销售收入高达30亿美元，拥有3.15万名员工。王安的个人财富达到20亿美元，成为美国十大富豪之一。

辉煌的顶点后，王安电脑公司便开始下滑，直到申请破产保护。一个如日中天的跨国公司，为什么会跌落谷底呢？原因就出在创始人王安身上。在20年多的经营中，王安电脑公司的产品开发主要得益于王安深厚的技术背景，同时王安对市场的设备需求有着和其他创业家一样的敏锐度，其洞察能力也较强。

王安电脑公司最初的辉煌也证明了王安的能力。当然，事必躬亲的结果是：第一，王安事无巨细的管理，导致授权不足。在王安电脑公司，除了一些重要的管理职能，比如发布正式的财务报表等外，其他所有重大公司事务皆由王安拍板定案，最多时，直接向王安汇报工作的多达 150 人。

第二，强势的王安，出色的能力让下属心悦诚服，但是随着王安电脑公司的高速发展，王安渐渐老去，必须解决接班问题。

在公司治理方式上，王安的思维深受中国传统观念影响。“因为我是公司的创始人，我要保持我对公司的完全控制权，使我的子女能有机会证明他们有经营公司的能力。”在谈及公司未来管理方式时，王安如是说。身处日新月异的美国电子行业，王安没有接受“专家集团控制，聘用优才管理”的现代企业治理模式，而是要延续传统的中国家族管理方式。20 世纪 80 年代初，王安长子王烈被王安指定为公司的继承人，这使得王安家族外唯一有可能影响王安决策的员工约翰·坎宁安不得不“让位”离开。当时很多人认为，约翰·坎宁安是能够引导王安公司迈进 21 世纪的最佳人选。但他不是王安家族的成员。[①]

在关乎重大战略问题上，一向决策在手的王安绝对不会让控制权旁落。对此，财经作家吴晓波写道：“梳理王安电脑发展史，选择接班人和产品迭代、企业转型这两个重要节点，决定了这家企业的命运走向。在这两个最终关乎生死的时刻，

① 参见田甜：《王安家族：接班不安》，《中国慈善家》2014 年第 5 期。

每遇意见相左，王安都坚持了自我决策，不大听得进旁人的建议。王安的司机有一天听到他在汽车里和人通话，不知为何谈崩了，他生气地说：‘我现在都这么有钱了，我想干什么就干什么。’大家长式的明快决断，帝王式的管理架构，在王氏早期的运用非常得力。但到了王氏后期，由于缺乏有效而平等的沟通和民主议事机制，错误的决策无法得到制止，最终导致了大溃败。王安的一名下属曾回忆说，在王安的脑海里，这家公司是我的，其他的人，都只是帮忙做事的手下，我一手打下的江山，留给谁肯定是我说了算。”[①]

在王安主政期间，实行唯才是举的用人策略。鼎盛时期，王安麾下人才济济，有被称为“三剑客”的考布劳、斯加尔、考尔科，他们的研发创造为公司带来几十亿美元的利润。后来成为思科 CEO 的约翰·钱伯斯（John Chambers）当时也在王安公司任职，却只是一名地区公司的负责人。1986 年，邓小平在人民大会堂会见王安，邓小平握着王安的手，赞赏地说：“你在美国很出名，现在是家大业大。这可是你自己奋斗出来的啊！”[②]

但是，在选择谁来掌管王安电脑公司的问题上，王安没

---

① 吴晓波：《华人首富王安家族大败局：祸起“长子接班”》，新浪财经，2019 年 5 月 9 日。

② 参见《华裔电脑巨头的倒下——王安电脑》，新浪财经，2021 年 11 月 10 日。

有选择约翰·钱伯斯等职业经理人，而是偏向于选择自己的儿子王烈。

1986 年 11 月，受到中国领导人接见回到美国后，王安宣告退居二线，同时不顾众多董事和部属的强烈反对，任命儿子王烈为公司总裁，“他是我的儿子，他能够胜任”[①]。又安排幼子出任王安传播公司总裁，这让公司上下大失所望。

众多董事和中上层领导者强烈反对的理由是，不同于王安，王烈仅仅是一名训练有素的数学家，既非一名优秀管理者，又非一名优秀技术者。这样的观点直接击中了王烈的要害，后来的事实证明了众多董事和中上层领导者的判断。王烈担任总裁后，研发部门的业绩表现过于平淡。吴晓波写道：“王安的大儿子，既没有他对技术的精通，也缺乏了父辈的雄风。至王安电脑破产，王烈向董事会承诺的十项新产品研发，无一兑现。”[②]

此外，有望成为王安电脑公司掌舵人的两员得力大将哈罗德·科佩尔（Harold Koplow）和约翰·坎宁安（John Cuningham）因为王烈担任总裁相继离任。

据了解，20 世纪 80 年代早期，因为能力出众，约翰·坎

① 吴晓波：《华人首富王安家族大败局：祸起“长子接班”》，新浪财经，2019 年 5 月 9 日。

② 吴晓波：《华人首富王安家族大败局：祸起“长子接班”》，新浪财经，2019 年 5 月 9 日。

宁安曾暂时被提拔为王安电脑公司总裁。为了让王烈接班，在王安的直接干预下，约翰·坎宁安的总裁之职就让给了王烈。

哈罗德·科佩尔、约翰·坎宁安等相继离开王安电脑公司，使得王安电脑公司流失了一大批管理精英。这就导致了王安电脑公司元气大伤，特别是哈罗德·科佩尔，他曾提出“终端服务器网络”，这就是现代工作站的原型。

面对前瞻性战略规划，以技术起家的王安却拒绝采纳哈罗德·科佩尔的产品研发建议，失去了从小型机与数字处理领域而成为商务计算市场有力竞争者的机会。

核心人才的流失，以及王烈自身管理才能的匮乏，加上缺乏父亲王安果断的气魄，同时还不了解王安电脑公司的业务，担任总裁后不久，王烈的领导能力令董事会大失所望。

此外，更大的风暴即将来临，在王烈主政的一年多时间里，急剧恶化的财务状况让王安电脑公司雪上加霜。1988 年，亏损额竟然高达 4.24 亿美元。

1989 年，王安电脑公司陷入了现金流断裂的困境。面对危机，王烈拿不出像样的可行策略应对，只是盲目地乐观——“我们拥有 30 亿美元的年销售收入，绝不可能垮台”。

后来的事实却证明，王烈的盲目乐观大错特错了。深陷巨额债务困境的王安电脑公司资产缩水严重，将近全部资产 25% 的巨额损失正在袭来。

四面楚歌，王烈的“垓下”乌云密布，王安电脑公司不得不面临违反银行债务协定的风险。即使王安电脑公司能够成功重组巨额债务，也会锐减其规模，更为严重的是，王安电脑公司可能会失去继续从事电脑行业的机会。

1989 年 9 月，深感大厦将倾，病危中的王安不得不作出一生中非常纠结的决策——亲自宣布儿子王烈辞去王安电脑公司总裁一职，外聘美国通用电气公司（General Electric Company，GE）前总裁理查德·米勒（Richard Miller）担任王安电脑公司总裁。

之所以选择理查德·米勒重整旧山河，是因为理查德·米勒拥有成功拯救濒危公司的记录。不管是病重的王安，还是董事会，都非常期待理查德·米勒的再次翻盘。

遗憾的是，由于对电脑行业缺乏足够了解，理查德·米勒这次辜负了病重的王安及其王安电脑公司董事会的重托。

当理查德·米勒无法实现其承诺时，王安电脑公司之前在客户中积累的声誉由此受损。1990 年 3 月 24 日，70 岁的王安因癌症去世。王安病逝后，王安电脑公司的情况更加不理想，不仅逐渐失去了市场占有率，还逐渐失去了顾客对王安电脑公司东山再起的信心。

1992 年 6 月 30 日，王安电脑公司发表财务报告显示，王安电脑公司的年终盈利降至 19 亿美元。随着盈利的降低，王安电脑公司的股票市值也随之下跌，从 56 亿美元股票市值跌至不足 1 亿美元。1992 年 8 月，王安电脑公司不得不宣布破产。就这样，这个曾经让王安引以为傲的、辉煌灿烂的电脑帝国，就以如此黯淡无奈的尾声落寞地降下了帷幕。

对于这一不幸的悲剧，全世界的华人都深感震惊。《华尔街日报》总结说：“王博士是一个了不起的发明家，但绝不是一个杰出的经营者。一个辉煌灿烂的‘帝国梦想’破灭后，竟是一个多么黯淡无奈的尾声啊！”[①]

并非每个家族企业的子女都能胜任核心岗位，当遇到无法胜任时，创始人必须寻求另外的交接班模式

在家业传承过程中，创始人的核心思维注重血缘而非家业，导致自己热衷于坚守“传子不传贤”的旧俗。这就是王安电脑公司这艘大船沉没的原因。

时隔多年，我们再次剖析王安电脑公司的案例，依然具有标杆意义。第一，王安电脑公司曾是全球知名品牌。第二，创始人王安创造了华人的财富神话。第三，尝试东方思维传承，结果以失败告终。第四，在职业经理人制度完善的美国，依旧钦定自己的儿子作为接班人。第五，当接班人偏离轨道时，没有修正，接班人最终成为掘墓人。第六，优秀的职业经理人也无法挽救被冰山撞破的大船。

接班人使创始人一手缔造的企业帝国，在短短不到 6 年

① 《王安电脑的兴衰史》，新浪财经，2019 年 6 月 1 日。

时间就陷入破产的境地。

当然，我们不能苛求王安电脑公司必须选择职业经理人来完成传承，因为王安本人无法突破自身的瓶颈。也就是说，再一次让王安选择，王安还是会坚持自己的选择，这是个人思维的禁锢。

接班、寻找职业经理人、出让“三选一”时，绝大多数创始人都会选择前者，其次会选择第二个选项，迫不得已时，才会选择后者。原因是创始人对接班人的信任度、失败容忍度都远远大于职业经理人。①

创始人这样的选择并非毫无道理，原因是“传子不传贤”“传亲不传贤”的传承模式有助于降低家族企业的代理成本，但是不会解决家族企业接班人的代理能力问题。

这主要缘于：第一，中国传统文化中，以父亲为中心，以嫡子继承为基本原则在中国延续了数千年。要维持家族的延续，一脉相传，儿子就要传承父辈的事业，并将之发扬光大，提高家族的社会地位。如果大权旁落在外人手中，则被认为是“将祖宗的家业败坏在自己的手上”。②

这正是导致许多家族企业创始人热衷于“坚守圣训，传

---

① 参见龙金光：《传承与接班人：300万民企的现实焦虑》，《南方都市报》2010年11月30日。

② 参见冯承介：《中国家族企业传承现状初探》，《现代经济信息》2012年第3期。

子不传贤”的一个重要原因。

在很多家族企业创始人创业过程中，大多数创业者都付出了难以想象的艰辛。就像浙江商人一样“白天当老板，晚上睡地板”的辛苦劳作，一步一步地把家族企业的规模逐步扩大，成为整个家族光宗耀祖的榜样，有的家族甚至将其写进家谱，重重地歌颂一番。

在这样的背景下，作为家族企业创始人，把自己经营的企业拱手让给外人来经营，几乎是不可能的事情。

第二，子承父业传承方式的信誉度较高，可以降低家族企业的信誉成本。由于目前中国的职业经理人市场还不够完善，一种对职业经理人的道德规范还没有形成，委托人与代理人之间的信息不对称，将来代理人可能会违背道德规范，对委托人做出不利的行为，伤害整个家族的利益。所以选择非家族成员，确实存在着一种信誉道德风险。到目前为止，大多数家族企业在选择接班人问题上首先考虑的还是自己的子女、有血缘关系的亲属。①

这样的思维无疑在阻碍着家族企业的传承，毕竟并非每个家族企业的子女都能胜任核心岗位，当遇到无法胜任时，创始人必须寻求另外的交接班模式，否则一味地采用“传亲不传贤”的传承模式，必然使得家族企业陷入成长困境，甚至还可

---

① 参见冯承介:《中国家族企业传承现状初探》,《现代经济信息》2012 年第 3 期。

能导致家族企业衰亡。

二、“打虎亲兄弟，上阵父子兵”“子承父业”的核心逻辑不过是传承法则的僵化

在人类变迁的进程中，个体根本无法抵抗猛兽的袭击，要想生存和繁衍下去，人类原始的组织协作就开始了。经过长年累月的发展，最终形成了以族群为单位的宗族社会。

族群的首领意识到，提升族群自身的竞争力，就必须强化族群成员内部的忠诚度和团队协作能力，由此形成了“打虎亲兄弟，上阵父子兵”的宗族文化。此后，宗族组织经历数千年，依旧牢不可破。在很多地方宗族中，异姓互相排斥，宗族、村寨间的仇杀、械斗频繁，甚至出现异姓绝不通婚的现象。

虽然今天的宗族文化在城市已经淡化，但是在南方的农村依旧盛行。在南方诸多村落，大量的家谱和宗祠依旧影响着一代又一代人。这为剖析家族企业财富传承中因为信奉“打虎亲兄弟，上阵父子兵”“子承父业”导致失败提供了一个新视角。

受“宗族家文化”的影响，许多家族企业创始人在传承问题上思维较为僵化，死守“打虎亲兄弟，上阵父子兵”“传子不传贤，传亲不传贤”的“圣训”，结果导致家族企业财富传

承失败。

职业经理人缺乏信托责任，导致很多家族企业更是宁愿把家族企业交给子女也不交给职业经理人

中国家族企业创始人之所以不愿意把家族企业败落在儿孙手中，更不愿意把家族企业败落在自己手中的原因是，接班人的选择既关乎财富的传承，也关乎事业的延续。因为赋予了多层使命，所以变得格外沉重。①

当接班人不愿意接班或者“屡屡败家”时，创始人就不得不拿出各种各样的方法来应对这并不期望出现的局面。

在某集团，创始人设立了“败家子基金”。究其原因，是谁也不愿意看到企业败落在接班人手上。然而，另一个问题同样困扰着家族企业创始人，那就是职业经理人缺乏信托责任，特别是在“陈黄事件”之后，很多家族企业更是宁愿把家族企业交给子女也不交给职业经理人。

可能读者非常不理解，一方面要设立“败家子基金”，另一方面又要交班给子女。也就是我们常常看到企业家一面竭力回避接班人的敏感话题，另一面又不得不苦苦寻觅合适的接班人。②

不管是“传亲不传贤”，抑或设立“败家子基金”，还是

① 参见刘庆：《接班人培养要趁早》，《瞭望东方周刊》2013年第5期。

② 参见刘庆：《接班人培养要趁早》，《瞭望东方周刊》2013年第5期。

交给职业经理人打理，总之交班这个目标是共同的。改革开放以来，虽然市场经济逐渐代替了传统计划经济，但是，由于市场经济的时间短，机制很不健全，尤其是诚信缺失，许多经理有才“无信”，导致民营企业家惧怕将企业交给“职业经理”管理。这是中国民营企业创始人“传亲不传贤”的主要原因。[①]

事实证明，家业传承本身就是一个复杂的系统工程，涵盖方方面面，除了接班人的能力，兴趣、使命感、责任感、视野等因素也会影响接班的成败。为了成功传承“衣钵”，许多创始人很早就把子女送到发达国家的大学接受先进的商科教育，期待他们学成归来，继承家业。但是很多接班人因为在海外接受了西方的价值观，根本无意接班或者没兴趣接班。

当然，这只是其中一小部分，大部分还是愿意肩负重担，只不过接班的形式不同。为了解决接班问题，创始人始终都在围绕家族企业的传承展开相应的应对措施——立贤还是立亲，企业传承与产业升级，管理权与所有权是否应该分离，以及传承后如何保障家族利益。对于家族企业创始人而言，究竟立贤还是立亲？这是传承过程中首先需要面对的问题。

对于这个问题，大多数家族企业创始人的第一个想法就是“立亲”，毕竟子承父业，天经地义。王安曾多次说道：“作为创始人，我对公司有完全的控制权，我的子女也有机会证明

① 参见单东：《要重视民营企业的传承问题》，《中国改革报》2007 年 6 月 13 日。

他们管理公司的能力。”

在美国企业界，子承父业同样是人之常情。福特汽车创始人亨利·福特等一大批美国企业家，都是这样的选择。据了解，很多传承百年的美国家族企业集中在金融、汽车、能源三个行业。有学者撰文指出：“这些领域里，家族的声望和社会影响力可以传承，资源不会轻易流失，继承者只要不犯大错误，就能守业。IT 行业则全然不同，这个行业变化快，人才多，竞争激烈。”①

对于接班问题，北京海川视野管理咨询有限公司董事长郑敬普在接受媒体采访时坦言：“我主张孩子接班，举贤不避内。让子女接班教育成本最低，沟通方便，一个职业经理人需要磨合很长时间，自己的孩子这种磨合就相对容易；另外如果第二代接班，即使失败，创始人对其的容忍度远比对经理人的容忍度要高。”

郑敬普的观点很能代表时下家族企业创始人的看法。茅理翔说：“假如中国的职业经理人阶层比较成熟了，中国的法律相对健全了，我也希望企业能够主动地引进职业经理人。到那时，我可以退下来做董事局主席，儿子可以做董事长，再高薪聘请一位总经理，同时，还可以设立几名独立董事，共同参与企业决策，使我们的企业更加富有活力。”

① 陈光：《令 IBM 恐慌的王安，最终“败给”了亲儿子》，《界面新闻》2015 年 7 月 23 日。

从很多家族企业来看，家族企业创始人传给有血缘关系的亲属仍然是家族企业传承方式的主流模式。但不可忽视的是，在立亲过程中面临的家族内部争斗以及继承人是否有足够能力等问题都令人头痛不已，更何况立亲的方式很有可能造成企业“一言堂”的状况，不利于企业发展。[①]

立贤还是立亲？日本百年老铺兼顾任人唯贤和任人唯亲的另类选择

在儒学文化圈中的日本，家族企业之所以能够长寿，一个重要的原因就是，创始人或者家业持有者能够超越血缘关系选择有能力的继承者，放弃血缘关系的狭隘思维，强化专业化能人的传承作用：第一，能人勇于开拓和创新，提供极致的产品和服务。第二，改良产品和服务质量，提升其在用户中的忠诚度和认同度。

在传承中，确保家业长盛不衰，财富拥有者选择与自己没有任何血缘关系的能力卓著者接管和继承家业，只不过改姓即可，这种继承制度在全球都十分罕见。

这样的继承制度，最早可以追溯到日本明治维新时期。因为重商的原因，日本家族企业得到了空前发展，规模迅速扩大，加上日本家族成员的联系十分脆弱，责任和义务也不强，

① 参见付云：《全球接班人培养大扫描——立贤还是立亲？也许是家族传承最纠结的问题》，《经理人》2012 年第 9 期。

在家庭成员的选择上，尤其财富继承，并非一定要有血缘关系，有的甚至“宁愿把继承权传给外人，也不传给能力低的亲生儿子”。

日本大藏省前副财务官船桥晴雄就曾坦言：“中国和日本的社会结构不同。中国以‘气’的延续为前提，看重血缘关系。家族成员须有亲近的血缘关系，拥有共同祖先的若干家族又组成宗族。宗族即为中国社会的基本组成单位。而日本则是以‘家’的延续为优先。‘家’是一个事业共同体，只要能够让‘家’延续下去，即使毫无血缘关系的养子也可以继承家业。”[①]

这样的做法在日本非常普遍。仅仅在日本明治维新时期，这种“宁愿把继承权传给外人，也不传给能力低的亲生儿子”的继承方式，其比例达到25%—35%。日本人这样做的原因很简单：配偶关系和血缘关系结成的群体，只是“家”的一个具体特征，而非全部。在日本家族成员的“非血缘关系”中，“非生物性父子关系”与“生物性父子关系”拥有同样的法律效力。所谓的“亲子”关系，主要有如下两种存在形式：

第一，养子。在日本的“亲子”关系中，父子关系并不局限在血缘方面，即使是生物性的儿子，也不是百分之百地就继承父祖家业的。一旦认定养子作为亲子，那么“生物性儿子”就丧失了继承的资格。此刻的养子就可以继承家长的财富、领导地位。

---

① 参见［日］船桥晴雄：《日本长寿企业的经营秘籍》，彭丹译，清华大学出版社2011年版，第78—80页。

从这个角度来讲，在日本家族企业传承中，生物性的血缘关系不是“家”的唯一纽带，可以根据家业经营的实际需要，进行人为调整。[①]竹内利美以《宽政重修家谱》为依据，调查了128家大名家族共3023名男性成员，结果显示，在江户时代的早期，大名家的男子有8%—9%给人当养子。在中期，养子的数量大幅度提升。1741年（宽宝元年）至1794年（宽政六年），养子的数量已经达到31.3%。[②]

第二，婿养子。在日本家族制度中，超血缘关系的第二种“亲子”关系就是婿养子。日本《明治民法》规定，只有家族成员成年，才有收养养子的资格，同时也规定，一旦生育有儿子，那么就不能再收养养子，但是可以将女婿作为养子。在收养婿养子方面，《明治民法》则没有限制。

在家业传承中，婿养子的传统做法是：如果家族企业创始人认为自己的儿子无能力接管企业，或者不愿意接管家族企业，家族企业创始人通常会在公司年轻人中物色一个能力最强的未婚男青年。经过一段时间的考察，通常就会把自己的一个女儿嫁给该青年。当女儿、女婿结婚满一年后，家族企业创始人再举行仪式，把女婿正式收养为自己的儿子，让其改姓成为

① 参见刁振东、张广学：《试论日本武士家训形成及其影响——以中日两国家族制度和家训的差异为视角》，《东北亚论坛》2008年第1期。

② 参见李卓主编：《日本家训研究》，天津人民出版社2006年版，第99—101页。

家族企业创始人的养子。以后，婿养子正式掌管家族企业，从而成为家族的掌门人。例如：

（1）安田财阀。安田善次郎作为安田财阀创始人，尽管自己有儿子，但是为了更好地把家业传承下去，选择了婿养子作为自己的继承人。

（2）松下电器。松下电器公司的创始人松下幸之助，将松下电器交给了婿养子松下正治（本姓平田）。

（3）三井集团。成立于1673年的三井集团，为日本的经济作出了卓越贡献，甚至成为近代日本经济的支柱。在传承方面，其中几位掌门人就是三井家族的婿养子。

（4）丰田汽车。丰田汽车的创始人丰田佐吉有亲生儿子，但是丰田佐吉选择将整个家业交给婿养子丰田利三郎（丰田利三郎本姓儿玉）掌控。

在日本长寿企业中，很多企业都是养子继位，在家族企业传承中，婿养子同样如此。[①]

1918年，松下幸之助创建松下电工株式会社，经过数十年的发展之后，接班的问题就开始考验松下幸之助。松下幸之助也意识到，松下电器需要有人来继承。尽管松下幸之助只有一个女儿，但这并不妨碍接班人的选择。为此，松下幸之助创办PHP研究所，其目的是培养接班人。其接班人松下正治是

① 参见王振昌：《外国家族企业怎样选接班人》，《董事会》2006年第12期。

女婿，收为养子后改姓松下。

1961 年，65 岁的松下幸之助辞去了社长（总裁），担任会长（董事长）至 1973 年。此后松下幸之助担任董事会顾问，把松下电器的会长之位传给了婿养子松下正治。

松下幸之助把会长之位传给松下正治，主要是基于松下正治的能力。生于 1912 年的松下正治 1940 年入职松下电器，在 1961 年接任松下电器社长之前，其经营能力一直得到松下幸之助的认可。如松下正治曾致力于海外网点的建设，为松下电器打开国际市场奠定了坚实的基础。

1977 年，松下幸之助放弃家族传承思想，没有选择此前一直作为第三代接班人培养的松下正幸（1946 年出生，松下正治的长子），而是选择了山下俊彦出任松下第三任社长。1986 年，山下俊彦转任会长，谷井昭雄出任社长，松下电器的会长和社长两个最高职务都开始由外姓和经理人担任。在 1996 年的《财富》世界 500 强榜上，松下电器高居第 19 名，比通用电气还高 1 名。到了 2000 年后，松下电器的社长为中村邦夫，会长为森下洋一，都属于实权人物，松下幸之助的孙子松下正幸只担任副社长。[①]

在日本，家族企业创始人选择婿养子的事例不胜枚举。日本三井集团创始人三井高俊就非常精辟地说：“我宁可要女儿而

① 参见王振昌:《外国家族企业怎样选接班人》,《董事会》2006 年第 12 期。

不要儿子，因为有了女儿我可以选择我的儿子！”的确，三井高俊的这句话高度概括了日本家族企业通过婿养子找继承人模式的精髓之处。日本家族企业采用婿养子模式至少有如下三个好处：

第一，继续利用“家”的传统力量，围绕血缘进行延伸、扩大。女婿加养子要优于单纯的女婿、养子关系，由于信任的基础被强化，由婿养子接管家族企业，背叛的概率会小，其可能产生的问题会低于把家族企业委托给一个不相干的人去管。[①]

第二，保证接班人的能力。把婿养子考虑为家族企业接班人，无疑把接班人的选择范围扩大了。接班人不仅可以在亲生儿子中挑选，还可以在家族企业中物色贤能的年轻人，这就更能保证家族企业接班人的能力和品质。

第三，给亲生儿子带来竞争压力，逼着亲生儿子奋发向上。把血缘之外的婿养子作为接班人无疑加剧了竞争，这就让亲生儿子在继承家业上存在变数，从而逼着亲生儿子奋发向上。在这种背景下，即使家族企业最终由亲生儿子接管，“富过三代”的概率也相对会高很多。

日本这种婿养子制度有效地解决了家族企业传承的问题。家族企业创始人，或者传承者正是通过仪式把女婿收为养子，起到一个“双保险”的作用，选出了既靠得住，又是最有能力的接班人。

---

① 参见陈志武：《24 堂财富课：陈志武与女儿谈商业模式》，当代中国出版社 2009 年版，第 78 页。

可能读者会问，日本企业采用婿养子传承制的实际效果到底怎样呢？来自加拿大阿拉伯塔大学兰德尔·莫克（Randall Morck）教授和他的同事就为此专门做了一个研究，课题是日本企业在第二次世界大战之后，究竟是哪种类型的企业业绩最好？主要研究方向有如下三类：（1）企业的掌门人是家族企业创始人的亲子，就像中国的很多家族企业一样；（2）企业的掌门人是外面请来的职业经理；（3）由婿养子管理的企业。

兰德尔·莫克教授和他的同事通过大量数据研究，日本三类企业业绩顺序是：（1）业绩最好的是婿养子管理的企业；（2）业绩相对较好的是职业经理人管理的企业；（3）业绩最差的是亲子管理的企业。

婿养子给企业贡献了最好的经营业绩，也有效地传承了家族企业。著名经济学家陈志武撰文说：“日本家族企业有时让‘女婿养子’接班，而且，这种企业的平均业绩最好。只是那样让做女儿的牺牲太多，好像女儿就成了实现家族企业传承的工具，父亲看上有出息的小伙子，管她喜不喜欢，必须为了家业而嫁给他。”①

作为中国女性的陈笛（陈志武的女儿）认为为了家族企业的传承，女性的牺牲可能很大。她说：“那真是贬低婚姻的价值，把爱情从婚姻中剥离得太多，使婚姻、家庭变得那么功

① 陈志武：《24堂财富课：陈志武与女儿谈商业模式》，当代中国出版社2009年版，第79页。

利，似乎过于冷冰冰的。”[①]

不过，陈志武却认可了日本婿养子接班家族企业的积极作用，他说：“婚姻作为经济交易的手段，不只是在传统中国，过去全世界都如此。在个人层面，婚姻是‘养子防老’、经济互助目的的基础，也是农业生产单位的起点，对企业、特别是家族企业，婚姻也是很重要的促进增长的工具。日本企业主除为找接班人而去物色‘女婿养子’之外，婚姻经常是让企业做大、做强的手段。丰田汽车集团的成功过程中，丰田家族通过婚姻跟两位日本前首相（中曾根康弘和鸠山一郎）和七家大财团攀上亲，包括三井家族、普利司通公司的石桥家族。韩国最大的30家财团之间，通过掌门家族之间的联姻，形成了纠缠不清的家族网，这种广义家族网络就是生意网。最大的韩国家族企业——三星集团，是1938年由李秉哲创办，之后，他办起了韩国第一家糖厂、第一家毛纺织厂、世界规模最大的肥料厂。李秉哲通过让女儿嫁给另一韩国企业——LG半导体公司总裁，也就是LG集团总裁的弟弟，把韩国两大财团绑在一起。他们的子女、兄弟姐妹再通过联姻把其他财团、政客家族也带进网络。”[②]

---

① 陈志武：《24堂财富课：陈志武与女儿谈商业模式》，当代中国出版社2009年版，第80页。

② 陈志武：《24堂财富课：陈志武与女儿谈商业模式》，当代中国出版社2009年版，第80页。

第五章　不管是王朝的更替，还是家族企业的接班，“分家文化”都容易导致“同室操戈”

中国社会深受传统文化的熏陶，一部分家族企业创始人通过宗族关系团结一切有利于共同生产和经营的家族力量，以获得更好的生存和发展。在这些宗族力量中，有的门庭显赫，有的荣辱与共。正如《诗经·小雅·常棣》所言：“兄弟阋于墙，外御其务（侮）。”这句话的意思是，兄弟间虽然矛盾重重，在面对共同的敌人时，往往会同仇敌忾、共同御敌，以此维护宗族的整体利益。

追溯中国数千年的历史，成百上千的显赫家族、皇室宗亲在纷争的传承中，兄弟阋墙似乎成为常态。在打江山或者宗族的功名追逐过程中，一旦外部矛盾急剧增加，兄弟间的内部矛盾也就被搁置，兄弟间不仅是最亲密的伙伴，同时还是自己最信任的亲人。

然而，一旦外部矛盾不再显著时，兄弟间的内部矛盾就可能被引爆，最终反目成仇、对簿公堂。即使在当下，当家族财富完成原始积累后，原本相安无事的兄弟间的内部利益争夺就难以避免，例如两次陷入兄弟之争的李锦记。

一、“兄弟阋墙”，罪魁祸首就是“诸子均产”

在中国历史上，兄弟阋墙而导致的纷争不胜枚举。在家族企业的传承中，兄弟阋墙的争斗也影响了家族企业的传承。

一般地，兄弟阋墙的原因无外乎以下几个：第一，心生嫉妒，由此产生诸多的分配不公平错觉；第二，经营思路和价值观存在重大差异；第三，权力欲望的膨胀和抵制不住利益的诱惑。在李锦记的家业传承中，曾经的“诸子均产”产生的战略性分歧，导致了兄弟之间的利益大战。

135 年的李锦记两次“兄弟阋墙”，上演现实版的豪门争斗

超过百年历史的中国家族企业，香港李锦记集团就是其中一家。1888 年，李锦裳创建李锦记。按照这个时间推算，到 2023 年，李锦记的历史已有 135 年。

1888 年，李锦裳在珠海市南水镇开了一间小茶肆。有一次，李锦裳在熬蚝的过程中，由于大意，意外地把一锅蚝给熬干了，一层香气扑鼻的深褐色汤汁十分诱人。

李锦裳由此得到了蚝油的熬制技巧。在喜食蚝油的珠海，其市场需求是很大的。于是，李锦裳不再经营茶肆，转型熬

制蚝油，把自己的铺子起名“李锦记”，由此设立李锦记蚝油庄。

时局动荡，1902 年，李锦棠把李锦记总部迁至澳门，建立横跨广东及香港的分销网络。1932 年，第二代领导人李兆南把李锦记总部迁往香港，从此扎根香港。此外，李兆南重新设计了李锦记的商标及标签，令李锦记的品牌形象更加突出。

凭借严格的品质管理和强大的市场拓展能力，从 20 世纪 70 年代起，李锦记迅速建立起一个蜚声海内外的酱料王国，畅销产品达 60 种，分销网络遍布世界五大洲 80 多个国家和地区，真正实现了“有华人的地方就有李锦记产品”。[①] 李锦记与同珍酱油、淘大和八珍并称香港四大酱园家族。而且李锦记在第四代家族成员的领导下蒸蒸日上，焕发出勃勃生机。

然而，这家百年老店也没有避免家族争斗、兄弟反目。1971 年前后，李锦记遭遇了一次较大的危机——李氏家族发生了第一次内乱。

跟其他家族企业创始人一样，创始人李锦裳去世时，将股份分给了自己的三个儿子——长子李兆荣、次子李兆登、三子李兆南。

作为第三代家族企业接班人的李文达（李兆南儿子），为

① 参见华晓晶：《基于“过程观”视角的浙江省家族企业代际传承模型的研究——香港李锦记集团成功传承的启示》，《读写算（教育教学研究）》2015 年第 50 期。

了提升李锦记的市场占有率，建议改变李锦记公司的产品策略，适当研发一些低价产品，试图扩大李锦记在香港及其他中低端市场的销量。

李文达的产品策略随即遭到大伯父李兆荣、二伯父李兆登，及其堂兄弟们的极力反对。双方僵持不下，隐藏在李锦记中的诸多矛盾日益激化。

双方开始各自的动作。1971 年，大伯父李兆荣和二伯父李兆登商量决定，两兄弟联手并购李兆南在李锦记所持有的股份。

几轮交锋后，经过协商，以及从顾全家族的大局出发，大伯父李兆荣和二伯父李兆登最后决定放弃收购李兆南在李锦记的股份，最终移民，离开香港。

对于此次纷争，《光彩》在 2016 年第 9 期就有相关披露："李锦记的传承也不是一帆风顺，其间伴随着两次分家的痛苦经历。第一次分家是在李锦记创始人李锦裳辞世后，当时公司股份由其三个儿子：李兆荣、李兆登和李兆南各得到三分之一。但在发展过程中，家族成员对企业发展的看法产生了巨大分歧：李兆荣、李兆登认为企业已经发展得相当好，不应该再冒风险进行扩张；而三子李兆南和长孙李文达则对公司未来的发展信心十足，并制定了雄心勃勃的计划，提议改变现有的产品策略。这一提议遭到了李兆荣、李兆登以及堂兄弟们的反对，双方僵持不下，矛盾日益激化。42 岁的李文达在准备退居幕后的父亲李兆南的支持下，收购了两位叔叔李兆荣、李兆登的所有股份，并接手管理公司。李文达为此承担了巨额债务，公司第一次出现了负资产。兄弟不和在李兆南心中造成了巨大的冲击，从此兄弟间不再来往。”[①]

1972 年，第三代李锦记接班人李文达，协助父亲李兆南最终以 460 万港币并购了大伯父李兆荣和二伯父李兆登的股份，并接管了李锦记，出任公司主席一职，正式成为李锦记第三代掌门人。

在李兆南的二子六女中，有六个姐妹没有参与家族企业的管理。李兆南退休后，李文达邀请原本从事金融服务行业的弟弟李文乐共同管理李锦记。

李文达制订了业务方针及拓展策略，使集团业务日益扩大。在李锦记的推动下，平价蚝油成为市场新风向，李锦记也凭借熊猫牌在美国市场站稳了脚跟。“1972 年后，所有的行家，我做什么，大家都跟着做。”李文达颇为自豪地讲道。对于商业的成功之道，李文达也有一番心得：“如果说，我的一生能做成了几件事情，那一定是有运气和智慧的因素。用一句老话来总结这个智慧，就是‘作事惟思利及人’。用现代的话语来讲，就是‘做事先思考如何有利于我们大家’。”[②] 李锦记

① 石海娥：《李锦记永续经营“神话”》，《光彩》2016 年第 9 期。

② 小食代：《李锦记掌门人李文达去世，曾为香港第三大富豪，一生如此传奇》，《界面新闻》2021 年 7 月 29 日。

的快速发展证明了李文达当初的判断是准确的。之前达官贵人方能消费得起的蚝油，此后遍及美国、欧洲、东南亚等地，成为大众生活的必需品。

然而，高速发展的李锦记依然没能把隐藏的矛盾尘封起来。仅仅10年后，李锦记当年的问题再次出现。

1980年后，李文乐因病长期不能参与李锦记的日常经营，要求李文达创建股份有限公司，并提出将自己的股权出售给李文达，退出李锦记。

李文达接受了李文乐的建议，只是股份转让价格太高，李文达拒绝了该建议。1986年，李文乐起诉了李文达。《家族企业》杂志披露："李锦记的第二次分家，从1984年到1986年，双方争执对峙了近两年时间，双方各自聘请知名律师打官司。李文达一方由高汉钊律师楼代表，李文乐一方则是找了廖陈林律师事务所。双方律师阵容都很强大，李文达为了这场官司，更不惜重金请出三位御用大律师（现称资深大律师），由大名鼎鼎的施伟贤（John Swaine）领军，李文乐一方也毫不示弱，请出两位御用大律师督阵。李文乐在法庭上表示，他反对李锦记耗资3000万购入大埔工业村地皮，认为公司财务上根本不堪重负，所以要求清盘，以免利益受损（Affdavit Verifying Petition of Lee Man Lok, 29 October 1985），其他诉求包括争议公司的资产总值与查账细节等，双方之后进行了多次攻防较量。”[①]

在法院的协调下，同年，李文达耗资 8000 万港币并购了弟弟 40% 的股权。在当时，数千万元港币的厂房建设资金尚在筹措当中，又加上 8000 万港币的并购款项，李锦记顿时雪上加霜。李文达在内忧外患下，不得不把几个在国外留学的子女召回，艰难渡过了该难关。[②]

对于此次难关，《光彩》杂志有过详细的介绍：“10 年过去了，李锦记内部又生变故。李兆南共有 8 个子女，6 个女儿无意于事业，长子李文达继承了家业，另一个儿子李文乐则从事金融服务工作。李兆南退休后，李文达邀请李文乐一起管理公司，同时给了弟弟相当可观的股份并委以重任，希望他能够和自己同心协力打理蒸蒸日上的公司。但到了 1986 年，由于对企业发展看法不同，身染疾病的弟弟提出退休，弟媳提出巨额的股权变现要求，李锦记面临着又一次分裂，这几乎和他们的父辈如出一辙。妯娌不和，兄弟反目，冲突逐渐升级，对峙旷日持久，直至诉诸法律，李锦记甚至被法院责令停业半年。最终，李文达通过变卖家产并举债收购了李文乐的股份，完成了第二次分家。尽管第三代长子李文达最终获得了公司的所有权，但是从弟弟手中购回股权代价巨大，从此两家关系剑拔

---

① 郑宏泰、高皓：《李文达与李锦记的故事（上） 遭逢“家变” 祖业得保 李文达挽救李锦记》，《家族企业》2019 年第 4 期。

② 向忠诚：《李锦记家族宪法》，《商界：评论》2014 年第 8 期。

弩张，不再往来，家族矛盾导致李锦记第二次濒临失败的边缘。”[①] 经过两次“兄弟阋墙”，李锦记元气大伤。

“家族宪法”：未竟的事业，李锦记的一个传承实验样本

经过两次内斗，李文达不得不重视财富的传承问题，避免内斗的再次发生，李文达安排四个儿子均分总股份中的一部分股份，李文达的女儿则通过其他方式继承财富。即分配到各个子女头上的股份，将来则按各自子女的多少继续均分下去，子女即使不参与经营，也可继承股份。这样，就避免了父辈祖辈那样的利益争斗。[②]

除了解决“权力”“利益”方面的问题，李锦记也试图解决家族成员的角色问题。在通常的家族企业中，家族成员拥有“家族成员”“股东”“董事”“管理层”这四个角色。由于家族成员把家族问题和企业问题合二为一，往往为了企业问题争吵不休，不仅影响了家族成员的亲情关系，也影响了家族企业长远发展的经营决策。

鉴于此，李锦记成立家族委员会。其后，家族成员只有在公司董事会上才能讨论李锦记的企业经营；家族成员讨论家族事宜，只有在家族会议上方可进行。李锦记这样做的好处

① 石海娥：《李锦记永续经营“神话”》，《光彩》2016 年第 9 期。
② 参见向忠诚：《李锦记家族宪法》，《商界：评论》2014 年第 8 期。

是，尽可能地将家族企业的经营决策与家族事务分开，事实上是一种现代公司治理方式。双方互不干扰，既保证了家族对企业的完全控制，又为社会资源如职业经理人的进入敞开了大门。

在这里，我们分享2007年李锦记的一次家庭聚会。

2007年9月17日15点，李锦记家族成员齐聚香港私人游艇会（Royal Hong Kong Yacht Club）码头，他们将在自家的游艇上召开一季度一次的家族会议。

此次家族会议的议程共四天，与会成员为全部家族成员，他们分别是：李锦记董事局主席李文达及其夫人，五个子女及其配偶，下一代子女。

按照“家族宪法”，家族会议必须遵循《李锦记家族宪法》的规定——“李锦记家族委员会”是整个家族最高权力机构，企业利益小于家族利益，定期召开家族会议……

关于开会的内容，《李锦记家族宪法》也有相关规定，即使家族成员在全球任何角落，都必须及时赶回来参加家族会议，尽可能地不迟到。

按照此次日程，李氏家族成员陆续抵达。

14：43，李文达的女儿莫李美瑜抵达香港私人游艇会码头，率先登上游艇。

14：50，李文达的长子李惠民登上游艇。

14：50，尽管此刻突然下起细雨，李文达和妻子如期登上游艇。

15：00，李文达的三子李惠雄、五子李惠森先后登上游艇。

15：02，李文达的四子李惠中冒着大雨匆匆赶到，家族成员鼓掌欢迎，李惠中上前与家族成员双手依次击掌。

李惠中因迟到两分钟，按规定罚款2000港币，且必须当场缴纳。于是，李惠中掏出2000港币放到一个箱子里。

随后，家族成员再次整齐地、有节奏地鼓掌，会议就这样启动了。

此次家族会议由李惠森主持。在一块大大的提示板上，李惠森写下“爽指数”三字，以及“压力指数”“健康指数”等字样后，大声问李文达：“大李先生，今天你爽吗？”

李文达会大声回答“爽”或是“有点爽”“不爽”等答案。其后给自己的指数评分，分值在1—10分。家族成员都必须给自己的指数评分。当各项指数分评完后，家族成员坦诚地彼此分析“爽”和“不爽”的原因。

按照会议日程，在会议第一天，家族成员都会介绍自己、孩子和家庭近三个月的情况；第二天、第三天，讨论各项家族建设的议题；第四天，向参会配偶和子女通报前三天会议内容及其他方面情况，以便他们“心一致，行动一致”。在四天的会议中，绝不谈工作。亲人相聚，只谈家族理念，谈家族发展和个人生活学习的心得体会，谈14个第五代传人甚至第六代

传人的教育、培训……[1]

一般地，在中国大陆地区，“企业永续”是创始人一心追求的目标。然而，李锦记的传承人却与众不同，他们追求“家族永续”。在李锦记传承人看来，一旦盲目追求企业永续，容易把个人和企业利益放到家族利益之前，这样的做法可能会让家族成员因为利益而四分五裂，企业永续将会遭遇前所未有的困难；一旦追求家族永续，“我们 > 我”，倘若家族成员团结和睦，企业也必然得到永续发展。

2002 年开始，李文达开始着手解决接班问题。借鉴海外经验后，以李文达和妻子以及五个子女为核心成员，创建“家族学习与发展委员会”，下辖“家族业务”“家族办公室”“家族投资公司”“家族慈善基金”“家族培训中心”五项。此外，制定《李锦记家族宪法》，定期召开“家族会议”，保证家族和企业的基业长青。

在李氏家族，《李锦记家族宪法》的制定使得家族发展有“法”可依。由于《李锦记家族宪法》仅限家族成员可知，媒体的披露也仅仅是一部分。根据《商界（评论）》的披露，内容有如下几点：

第一，公司治理。李锦记集团坚持家族控股，具有血缘关系的家族成员才能持有公司股份；下一代无论男女，只要具

---

① 参见向忠诚：《李锦记家族宪法》，《商界：评论》2014 年第 8 期。

有血缘关系，就具有股份继承权；董事局一定要有非家族人士担任独立董事；酱料和保健品两大核心业务的主席必须是家族成员，主席人选每两年选举一次；集团董事长必须是家族成员，CEO 可以外聘。

第二，接班人培养。对于是否接手家族生意，下一代拥有自主选择权。后代要进入家族企业，必须符合三个条件：（1）至少要读到大学毕业，之后至少要在外部公司工作 3—5 年；（2）应聘程序和入职后的考核必须和非家族成员相同，必须从基层做起；（3）如果无法胜任工作，可以给一次机会，若仍旧没有起色，一样要被炒鱿鱼；如果下一代在外打拼有所成就，李锦记需要时可将其“挖”回。

第三，家族会议。每 3 个月召开一次家族会议，每次 4 天。前三天家族委员会核心成员参加，后一天家族成员全部参加。会议设一主持人，由委员会核心成员轮流担任。

第四，家庭内部规范。不要晚结婚，不准离婚，不准有婚外情；如果有人离婚或有婚外情，自动退出董事会；如果有人因个人原因退出董事会或公司，股份可以卖给公司，但仍然不离开家族，仍是家族委员会成员，参加会议。

第五，家族成员退休规定。家族成员年满 65 岁时退休。

第六，家族宪法修改和决议执行。宪法内容的制定和修改，必须经家族委员会 75% 以上通过；一般家族事务的决议超过 51% 就算通过。①

从《商界（评论）》披露的“家族宪法”内容来看，李锦记的家族成员试图用“我们 > 我”的利益文化下平衡权力、利益和各自家族成员的角色。

在李锦记，“解决问题最好的办法是在问题出现之前就把它解决掉”。其价值观是“我们 > 我”。在李锦记的官网上，我查阅到“务实、诚信、永远创业精神、思利及人、造福社会、共享成果”的“李锦记的企业核心价值”，见图 5–1。

图 5–1　李锦记的企业核心价值

针对李锦记的“家族宪法”，“李锦记家族事务总监”黄秉玉说道：“另一种情况是，家族第五代兴趣广泛，有的人对慈善有兴趣，将来他就可以去做家族基金，不参与企业的经营，但一定还是家族成员，参加家族委员会和家族会议。……这就不像以前，离开公司就等于离开了家族。”

① 参见向忠诚：《李锦记家族宪法》，《商界：评论》2014 年第 8 期。

二、分家意味着家族企业资产被分为几个等份，企业规模自然在瞬间变得弱小

不管是王朝的更替，还是家族企业的接班，为了利益而同室操戈的事情随时都在发生。例如，2007 年 4 月 3 日，素有“小甜甜”之称的亚洲女首富、华懋集团主席龚如心在香港养和医院病逝，享年 70 岁，留下的巨额资产超过 400 亿港元。巨额遗产花落谁家，各个媒体都在不遗余力地报道。

如前所述，诸子女均分是导致中国家族企业“富不过三代”的一个重要原因，同时也是导致“兄弟阋墙”的一个重要原因。因为在分家的过程中，继承者为了得到更多的利益，会尽可能地主张自己的权利。

在很多家族企业中，分家都是家族企业创始人或者接班人不得不面对的痛苦。

分家后家族成员各自组建公司，加剧了家族企业之间的互相竞争，使得产业秩序重整并引发混乱

对于任何一个组织而言，分家就意味着组织的规模被削弱。在家族企业分家中，这个道理同样适用。分家意味着家族企业资产被分为几个等份，其规模自然在瞬间变得弱小。

在一些家族企业中，分家后，家族成员各自组建公司，加剧了家族企业之间的互相竞争，这就可能导致产业秩序重整

并引发混乱，这也说明家族企业存在弊端。其实，家族企业在一定层面上充斥着强烈的家族文化特征。当创业企业达到一定规模后，家族企业创始人由于历史的局限，没有制度化和社会化，家族成员之间就不可避免地为了财产而同室操戈。

在当前的中国大陆地区，其良好的商业环境下促使不少家族企业高速发展，而有不少家族企业已经拥有大量资产。然而，由于这些家族企业仍然采用家族式管理，特别是在内部管理上非常不规范，尤其是家族企业的股权并没有在法律层面上得到明晰的处理，使得家族内部的关系非常稚嫩和脆弱，同室操戈的事情也就随时可能发生。

经过家族企业创始人多年不懈的努力后，某集团在当地已经成为数一数二的规模企业，家族资产更是达到数十亿元。

然而，平静的生活随着创始人的去世顿起波澜，曾经一片团结和睦的气氛已经不复存在，家庭成员的遗产之争一触即发，家族内部的矛盾也不可调和。

作为创始人，他曾经带领集团创下了一个又一个辉煌战绩。跟中国其他家族企业创始人一样，他年事渐高，但依然经营着集团。

这为家族企业的危机埋下了伏笔。作为接班人的长子认为，既然父亲年岁已高，就应该退下来。他对父亲的很多战略决策都持有不同的看法，甚至开始抵触父亲的决定。在这样的背景下，长子与父亲的矛盾开始激化。

长子越是抵触父亲的决定，父亲也就越看他不顺眼，越来越不满意。

在父亲看来，长子不为自己着想，甚至不会从父亲的角度考虑，也不从家庭利益考虑。他甚至还认为，长子不是一个妥当的接班人选。

在慎重考虑之后，创始人决定把女儿定为集团的接班人。去世之前，创始人特地立下遗嘱，主要有以下四点：

第一，指定女儿继承自己在集团中持有的45%股份，并接替自己，担任集团董事长职务。

第二，自己以及其他个人财产，均由女儿依法负责分配。

第三，家族企业的现董事会及领导班子成员必须以家族为重，协助女儿做好他未做完的事业，把集团打造成为百年企业。

尽管创始人考虑得非常周详，但是他去世不久，生前所做的努力便化为泡影。

创始人去世后不久，以长子为首的家族成员便开始行动起来，以各种理由集体反对和阻挠遗嘱，尤其是让女儿作为接班人接任。

为了获得更多的筹码，其家庭内部甚至发生“逼宫”。在集体逼宫下，被钦定为接班人的女儿不得不作出让步——宣布向以长子为代表的家族成员转让自己持有的全部股份，并退出家族企业。

在这一起同室操戈中，女儿只好退让——转让股份，退出家族企业。被废掉的“太子”此刻胜出，最终成为集团的新当家人，出任该家族企业董事长。

家族利益纷争告一段落，然而家庭成员之间的内部矛盾并未因此而解决。长子出任集团董事长时，创始人的小儿子病逝了。

在纷乱的丧葬后，小儿子的子女们向他们的大伯父提出自己的条件：（1）继承父亲在企业的股份；（2）参与管理。

然而，让小儿子的子女们没有想到的是，他们提出的建议遭到大伯父的断然拒绝。不仅如此，大伯父还把在家族企业内部工作的侄子侄女都解聘了。

被解聘的侄子侄女不可能就此罢休。他们知道，该家族企业内部管理存在不透明和模糊性，股权和管理权继承问题并没有明确的说法，这给了他们为自己的权益而战的机会。脆弱的亲情此刻已经不堪一击，家族矛盾也因此而进一步激化。

在小儿子的子女们为权益争斗的过程中，创始人的妻子也去世了。去世之前，她也留下了遗嘱。

在遗嘱中，她把自己持有的近 30% 的家族企业股份全部留给长子——第二代掌门人继承。

有了第一次“逼宫”的经验，家族成员再次“逼宫”，希望现任掌门能够依照上一次的惯例，采取退让方式转让持有的股份，并退出家族企业，以维护家族的团结和企业的稳定。

历史却没有按照他们预想的去书写——新任掌门拒绝了他们的提议，甚至态度非常强硬，称绝不会妥协。

几次协商都没达成，长子表示，坚决按照遗嘱办理。其他家族成员不得不选择与长子对簿公堂，以诉讼程序来解决继承权问题。

对于任何一个家族企业而言，家族企业的未来不可能完全由家族企业创始人带到百年老店的目的地，只能依靠未来的接班人。因此，家族企业创始人在考虑选谁来做接班人之前，接班人在哪儿，以及怎样找到接班人确是绕不过去的问题。在上述这个案例中，不管是家族企业创始人，还是他的妻子，都为了家族企业能够基业永续而努力过。

但不可否认的是，仅仅考虑了家族企业“百年老店”的长远未来，考虑了“权力”的有效集中始终是不够的。在考虑百年老店时，还必须有效地解决好中国几千年来的“分家文化”和财富公平分配的问题，必须有效地解决好接班在其他子女中赢得共识与赞同的问题，这样才能避免兄弟姐妹成仇的不幸局面。

创始人在进行企业传承时没有处理好后代的财产分配问题，因为“家族”性利益相争，导致传承失败

对于家族企业创始人来说，家族企业的交班就像一场与家族以外任何人无关的独自修行。在这条悲欣交集的道路上狂

奔，必须精心准备，才能在路的尽头得到自己期望的收获。

在家族企业交班这条修行的道路上，有的人由于各种各样的原因，加剧了家族成员各方的利益争夺，结果就使得家族企业创始人在交班和接班人接班的过程中，竟然在利益相争时搞垮了家族企业。

家族企业接班造成的倒闭时有发生。一家曾在业界知名的塑料公司就是一个典型的案例。该家族企业就是由于没有解决好接班问题而垮掉了。

媒体报道显示，该家族企业是某省一家知名的企业，董事长是创始人老马，总经理是老马的女儿。

20 世纪 90 年代，该家族企业曾向国外出口数量巨大的牙刷制品，规模越做越大。由于老马一直体弱多病，该企业的具体管理和经营基本上都是女儿负责。为此，老马女儿被当地称为“女强人”。

老马多病，却在接班的问题上始终没有明确的安排，这就为后来“同室操戈”埋下了隐患。老马病逝后，两个儿子开始抢分财产。他们认为，天下是父亲打的，也有自己一份，最终，好端端的企业在亲人反目的拉锯战中，怆然关门。老掌门退位前后，兄弟姐妹为了利益反目成仇的例子还有很多。[1]

家族企业在交接班的过程中垮掉，这并不是个案。为什

① 参见王俊伟、王海圣、焦素芳：《中国 2/3 民企富二代接班将现问题：虎父多养犬子》,《河南商报》2010 年 5 月 28 日。

么家族企业总是出现“匆忙交班，兄弟阋墙”的问题呢？这主要是因为家族企业创始人没有处理好财产分配问题，结果出现了利益纷争从而搞垮企业。

就像之前案例中的家族企业，在创始人健在的时候，创始人和妻子两位老人不曾和子女真正坐在一起，彻彻底底、明明白白地探讨家族财富和家族企业的问题，仅仅通过一份遗嘱，糊里糊涂地把财产作了一个分配，以致他们病逝以后子女究竟如何继承财产，能否参与企业管理都成了说不清楚的问题。后来女儿选择退让和息事宁人，也是典型的中国传统家族文化的产物，是不得已而为之的选择。

上述案例警示中国家族企业创始人，由于家族企业有其必然的“家族”性，特别是在家族企业创业初期，企业规模小，其核心成员基本上都是以血缘、亲缘为纽带的家族成员，创业者作为核心，拥有天然的家长权威，依靠家长权威的家族式管理即可保证家族企业顺利运转，甚至可以“边吃晚饭边开董事会”。同时，家族企业在发展初期，能够提供的剩余索取权和剩余控制权总量相对较小，也就是企业应得权利供给较少。此种状况下，家族企业内部各方为分享利益成果、争取应得权利的矛盾冲突不会太尖锐，强调家长权威、亲情原则的家庭伦理能有效协调家族成员的利益矛盾。[1]

---

① 参见王殿元、王忠孝：《浅谈家族企业的优势与劣势》，《北方经贸》2006 年第 10 期。

然而，一旦家族企业发展达到一定的规模，或者家族企业创始人突然辞世，就必须规范家族企业的管理。因为随着家族企业的成长，其内部会形成各种利益集团，由于夹杂复杂的感情关系，使得领导者在处理利益关系时会处于更复杂，甚至是两难的境地。企业领导人的亲属违反制度时，管理者很难像处理普通员工那样一视同仁，这就给企业内部管理留下了隐患。①

这样的问题往往导致家族企业在交接班问题上遇到重大危机，或者不确定性。当然，如果家族企业创始人只有独子，那比较好办一些，只要独子继承父业就可以了。如果兄弟姐妹共同创业，就可能带来第二代集体继承问题。如果没有能力驾驭复杂的家族关系，一旦家族内部矛盾激化，将会使整个企业分裂。这往往是很多创业者没有注意到的，也是家族企业交接班瓶颈的一个重大问题。

① 参见王殿元、王忠孝：《浅谈家族企业的优势与劣势》，《北方经贸》2006年第10期。

第六章 “伤不起”，企业家婚变引爆财产纠纷、股权争夺、家族成员对立危机，经营风险倍增

婚变本属于个人私域，由于明星等被赋予公众人物身份而不能回避其引发的相关舆情危机，其中涉及代言产品、巨额财富、子女抚养权等诸多问题，引起公众的高度关注和讨论，甚至一度被舆论用放大镜观察。

与娱乐明星相比，企业家离婚更容易成为热点话题。究其原因，企业家的婚变不仅是“家务事”，还牵扯到巨额财富分割、家业传承、未来中长期的战略规划等。例如，就拿亚马逊创始人、集团董事会执行主席杰夫·贝索斯（Jeff Bezos）与麦肯齐·贝索斯（Mackenzie Bezos）来说，他们结婚一年后成立了亚马逊，功成名就后，昔日的恩爱夫妻分道扬镳。2019年1月9日，54岁的杰夫·贝索斯和48岁的麦肯齐·贝索斯在推特上宣布两人离婚。

推文说道，我们想让人们意识到我们生活中的一个最新发展。我们的家人和亲密的朋友都知道，经过长期的爱的探索和尝试，我们决定离婚，以朋友的方式继续我们共同的

生活。

这对携手 25 年，一起创立亚马逊的夫妇最终因为杰夫·贝索斯的婚内出轨而结束了婚姻生活。人们称之为“史上最贵离婚”。最终麦肯齐·贝索斯获得大约 4% 的公司股份（二人共同持有的亚马逊股份的 1/4），当时价值超过 350 亿美元（约合人民币 2500 亿元）。而杰夫·贝索斯得到两人共同所有的《华盛顿邮报》、太空探索公司 Blue Origin 的持股，及 3/4 的亚马逊持股。①

除了杰夫·贝索斯的婚变，美国当地时间 2021 年 5 月 3 日，微软联合创始人比尔·盖茨（Bill Gates）和妻子梅琳达·盖茨（Melinda Gates）双双发文官宣离婚同样引起轰动。

在推文中，比尔·盖茨和梅琳达·盖茨二人表示，在经过了许多思考以及对关系的尝试之后，我们作出了结束婚姻的决定。在过去的 27 年当中，我们抚养了三个孩子，并且建立了一个覆盖全世界，意图让所有人都过上健康充实生活的基金会。我们仍然分享着基于上述信念的使命，并且将继续在基金会当中共同工作，但我们不再相信在生命的下一段还能一起成长。在我们开始这段新的生活时，希望能给予我们的家庭空间和隐私。

不难看出，企业家们的婚变，引发媒体和研究者的驻足

---

① 参见孙文轩：《贝索斯卸任 CEO 要登月、办报 接任者贾西将把亚马逊带往何方？》，《新京报》2021 年 2 月 7 日。

远观，其离婚事件带来的多方面启示正在影响中国企业界。

一、企业家婚变可能影响整个企业的发展，甚至加剧企业的经营风险

上述企业家婚变仅仅是冰山一角，企业家的离婚事件屡屡发生，以下是2009—2022年部分企业家的离婚案例，见表6-1。

表6-1　2009—2022年部分企业家的离婚案例

离婚时间	涉及企业	男方	女方	离婚方式	婚姻维系	离婚情况
2009	贵州益佰制药	叶湘武	窦启玲	协议离婚	20多年	男方以9903万的价格带走集团子公司97.02%股权
2009	土豆网	王微	杨蕾	起诉离婚	1年零3个月	女方获得700万美元的现金补偿。换回土豆的上市
2011	万科	王石	王江穗	协议离婚	36年	女方分得7处房产，约亿万财产
2011	泰康人寿嘉德拍卖	陈东升	陆昂	—	20多年	女方获得嘉德的一半股份
2011	海鑫钢铁集团	李兆会	车晓	协议离婚	1年零3个月	据称女方分得3亿巨额补偿
2012	龙湖地产	蔡奎	吴亚军	起诉离婚	20年	女方拿到200亿的财产
2013	疯狂英语	李阳	Kim	起诉离婚	8年	女方获得财产折价1200万
—	蓝色光标	孙陶然	胡凌华	协议离婚	—	女方获得蓝色光标4.59%的股权，市值1.68亿

续表

离婚时间	涉及企业	男方	女方	离婚方式	婚姻维系	离婚情况
—	TCL	李东升	洪燕芬	协议离婚	—	女方分得约 1.2 亿元
2017	梦洁家纺	姜天武	伍静	协议离婚	20 多年	男女方分别持有梦洁家纺 13.37%、10.76% 的股份
2020	康泰生物	杜伟民	袁丽萍	协议离婚	20 多年	女方持康泰生物 24% 的股份，市值 235 亿元
—	当当网	李国庆	俞渝	诉讼离婚	20 多年	—

资料来源：《企业家离婚案例数据报告（2009—2019 年 vs 2020—2022 年）》, 2023 年 3 月 23 日。

梳理发现，企业家离婚的原因如下：第一，婚姻是企业家个人的“家务事”。第二，一部分企业家致富后，心态和财富观发生改变，夫妻之间的旧有矛盾冲突显著，导致离婚。

《企业家离婚案例数据报告（2009—2019 年 vs 2020—2022 年）》显示，在近三年数据中，婚姻维系时间在 10 年内的案例有 29 件，占比约 36%；持续 10 年以上的案件有 52 件，占比约 64%。见图 6–1。[①]

① 参见法米罗团队：《企业家离婚案例数据报告（2009—2019 年 vs 2020—2022 年）》, 2023 年 3 月 23 日。

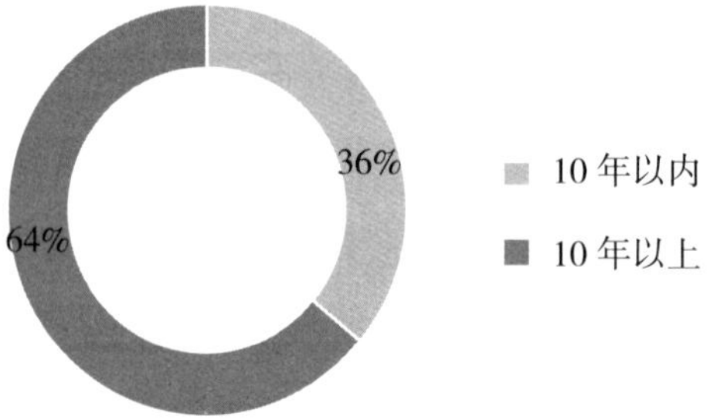

图 6–1　近三年企业家婚姻存续时间

资料来源：法米罗团队：《企业家离婚案例数据报告（2009—2019 年 vs 2020—2022 年）》，2023 年 3 月 23 日。

《企业家离婚案例数据报告（2009—2019 年 vs 2020—2022 年）》还显示，在过往十年数据中相对应的数据则为 37 件占比约 34% 和 73 件占比约 66%。在婚姻维系时长方面，近年来呈现略微下降趋势。见图 6–2。[①]

在企业家离婚案件中，“性格不合”已超越“家庭琐事”，成为企业家离婚的主要原因。《企业家离婚案例数据报告（2009—2019 年 vs 2020—2022 年）》显示，根据过往十年数据，在已知离婚原因的案例中，企业家因家庭琐事争吵而离婚的案件占比约为 57%，系导致企业家离婚的首要原因，其余原因分别为婚外情及不正当关系、性格不合、经营问题、家庭暴力等，见图 6–3。而近三年，“性格不合”则成为企业家离婚的主要原因，占比约为 60%，其余原因分别为婚外情及不正当

① 参见法米罗团队：《企业家离婚案例数据报告（2009—2019 年 vs 2020—2022 年）》，2023 年 3 月 23 日。

关系、家庭琐事、经营问题、家庭暴力等原因。[1]

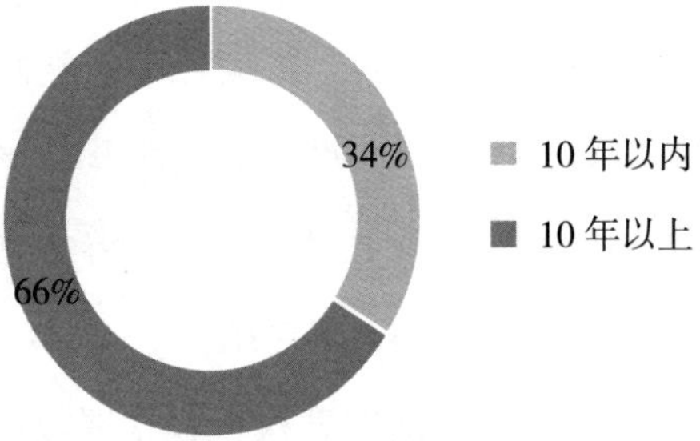

图 6–2 过往十年企业家婚姻存续时间

资料来源：法米罗团队：《企业家离婚案例数据报告（2009—2019 年 vs 2020—2022 年）》, 2023 年 3 月 23 日。

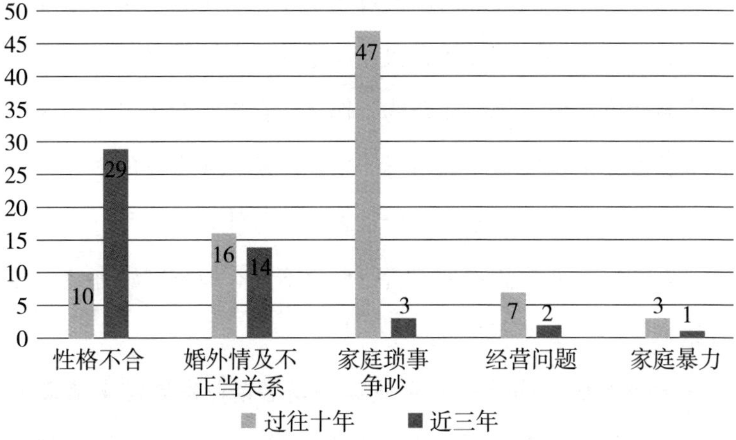

图 6–3 过往十年与近三年企业家离婚原因对比

资料来源：法米罗团队：《企业家离婚案例数据报告（2009—2019 年 vs 2020—2022 年）》, 2023 年 3 月 23 日。

① 参见法米罗团队：《企业家离婚案例数据报告（2009—2019 年 vs 2020—2022 年）》, 2023 年 3 月 23 日。

众所周知，因为“性格不合”导致的企业家离婚，其原因与企业家群体的年龄结构变化有关，年轻群体更易于冲动结婚，婚前缺乏足够了解，再加之对于企业家来说，经营企业就如同养育婴孩，全身心投入事业是每位企业家的显著特征，而正因为婚后忙于企业经营而疏于培养、磨合、维系夫妻感情，最终亦易于导致婚姻走向终结。

多年前，海尔前首席执行官张瑞敏就谈过此问题。他说：“没有几个企业家的婚姻家庭是圆满幸福的。”在张瑞敏看来，为了企业的生存和发展，企业家往往呕心沥血，无暇顾及家庭。另外，不难发现，无论是过往十年，还是近三年，婚外情及不正当关系仍然系导致企业家离婚的主要原因之一。从企业家自身角度出发，繁忙复杂的工作往往会使企业家对于和谐温馨的家庭氛围具有更高的情感需求；再从企业家身份的社会影响来说，其吸引到的不只是投资者，还可能是投其所好的第三者。在内需与外惑的双重因素驱使之下，企业家因婚外情而导致婚姻结束的事件便时有发生。[①]

大量案例证明，多起企业家婚变给企业发展带来诸多不确定性。《企业家离婚案例数据报告（2009—2019 年 vs 2020—2022 年）》显示，在 77 件案例中，有 61 件案例系女方为原告主张离婚或离婚后财产分割，其中女方为企业家或从事其

---

① 参见法米罗团队：《企业家离婚案例数据报告（2009—2019 年 vs 2020—2022 年）》，2023 年 3 月 23 日。

他职业的案例合计 49 件，占总数的 80%；女方为无业的案例为 12 件，占比 20%。与该变化趋势相呼应的是，经过数据对比，我们发现近年来企业家离婚案件中无业女性的比例亦大幅下降。在过往十年数据中，男方为企业家而女方无业的案件有 39 件，占比约 34%，而在近三年数据中，女方无业的案件仅 15 件，占比约 19%。见图 6-4。①

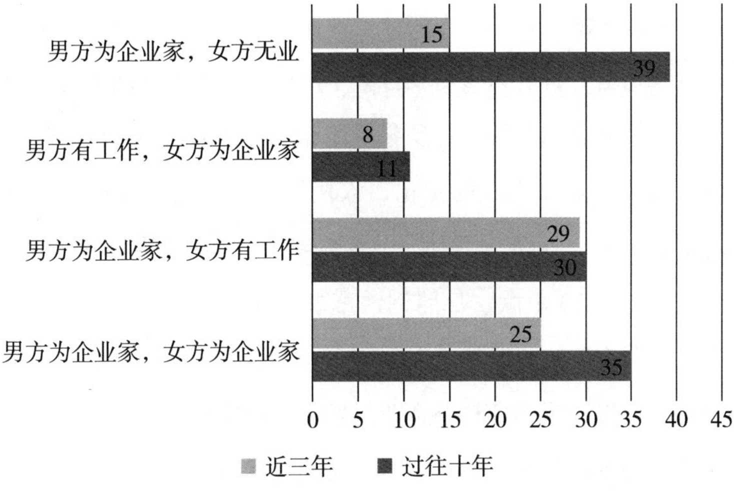

图 6-4　过往十年与近三年离婚案件双方职业变化对比

资料来源：法米罗团队：《企业家离婚案例数据报告（2009—2019 年 vs 2020—2022 年）》，2023 年 3 月 23 日。

法米罗团队研究发现，上述变化与企业家群体趋于年轻

① 参见法米罗团队：《企业家离婚案例数据报告（2009—2019 年 vs 2020—2022 年）》，2023 年 3 月 23 日。

化有关。经数据统计，企业家离婚案件中“70后”“80后”为主要群体，“90后”企业家人数日渐上升。由于年龄结构发生变化，企业家群体的婚恋观也产生相应变化，女企业家的配偶通常亦为企业家或从事其他职业，该特征并无变化，而男企业家的配偶无业的情况却大幅减少，究其原因，在于社会需求不同以往以及相应社会观念的进步，社会经济发展的客观规律内在地导致对劳动力需求的增加，我们的社会需要女性从家庭事务中解放出来，进而女性的经济思想更加独立与成熟，更多的女性有机会、有能力参与到社会生产中去，夫妻共同参与公司经营、持有公司股权这一现象可能在未来将会愈加普遍。①

鉴于企业家婚姻的变化，人民网舆情监测室分析师李陶蔚撰文写道：“从赶集网创始人杨浩然、真功夫创始人蔡达标，到土豆网CEO王微、日照钢铁董事长杜双华……企业家婚变引发的财产纠纷、股权争夺，给企业发展带来新的风险。企业家婚变何以能影响到整个企业的发展？而这种婚变引发的经营风险又该如何规避？舆论在感叹企业家离婚‘伤不起’之余，也对其中反映出的民营企业深层次管理问题进行了反思。”② 在李陶蔚看来，企业家婚变可能影响整个企业的发展，甚至加剧企业的经营风险。

---

① 参见法米罗团队：《企业家离婚案例数据报告（2009—2019年vs 2020—2022年）》，2023年3月23日。

② 李陶蔚：《企业家婚变：民企经营新风险》，新浪网，2011年9月21日。

二、在风险投资进入前，股东与配偶、公司、其他股东等签署相关协议，规避婚变带来的风险隐患

众所周知，作为一名自然人，不管是企业家，还是创业者，其婚姻的延续还是结束都是个人自由，不能道德绑架他们的婚姻必须延续，而应根据他们自己的实际情况作出决策，尽可能不影响财富的传承。

《深圳商报》就此问题发表评论道：“由情而生的家庭恩怨为何扩大衍变成为经济事件，这或许正是中国企业治理结构走向成熟的必经阶段。问题的症结不是大企业容不下夫妻，是大企业容不下老板之间讲夫妻感情。夫妻关系的职业化是小作坊向大企业转变中必须过的一道坎。”[①]

风险管理专家陈晓峰在接受《华夏时报》采访时坦言，真功夫创始人蔡达标离婚纠纷“无疑是一场家族企业公司治理败局的经典教材”[②]。

在陈晓峰看来，因家族的“血亲”和“姻亲”建立起来的“内部权威”，在管理实践中很大程度上维系着家族企业的公司治理。一旦创始人发生婚变，则“牵一发而动全身”。此刻，

---

① 李陶蔚：《企业家婚变：民企经营新风险》，新浪网，2011 年 9 月 21 日。

② 陈晓峰：《企业家婚变：民企风险管理之殇》，《华夏时报》2011 年 4 月 15 日。

家族企业所有的公司治理元素都会因此发生剧变。

中央电视台财经频道评论员马光远在接受《央广经济之声》采访时也持类似观点："婚变本身导致上市计划的推迟，事实上是企业向公众公司转变的过程中，没有很好地处理管理权限的问题。现在很多家族企业并没有处理好婚姻问题，而且在处理婚姻后续事件中也缺乏一些智慧。决定上市，肯定要想到很多风险，所以这跟他们最终的股改过程，跟他们对问题本身不重视有很大关系。事实上，很多家族企业要想上市，未来都要考虑到婚变问题，一旦婚变，无论企业控制权、管理权还是股权结构，都会受到困扰，这个困扰本身应作为常规风险，在交易中逐步体现。"

不管是《深圳商报》、陈晓峰，还是马光远，都指出了家族企业创始人婚变给企业带来的诸多不确定风险。

面对如何避免婚姻变局给家族企业带来消极影响的新课题，一些观点认为，通过"财产约定"的方式来保证家族企业的做法相对比较理智。

在《每日经济新闻》的报道中，多数法律界人士从专业的角度建议家族企业创始人，减少离婚对企业的负面影响最好的办法就是未雨绸缪——在结婚时就签订婚前财产协议。不过，这只针对功成名就的企业家，在刚刚创业尚未做大的情况下，谈财产分割显然是不现实的。此刻，依然需要依靠夫妻合伙人之间的团结奋斗。

也有媒体引用上海沪家律师事务所的一份报告：“创业者要注重对各自的婚前财产进行明确约定，在界定婚前财产后要进行必要的公证或约定，明确婚前财产的范围。特别是在风险投资进入公司是（时）或者上市前，股东与配偶、公司、其他股东等签署相关协议，以保障公司及相关利益主体的权益，规避因为企业家婚姻变局而带来的风险隐患。”①

尽管这些方式能够为家族企业创始人的婚变避免一些负面影响，但笔者还是倾向于，作为家族企业创始人，不管企业做到多大规模，婚变的事情还是要慎重，毕竟在创业之初，谁也没有想到创业一定能成为亿万富豪。

陈晓峰建议家族企业创始人：“虽然，婚姻法规定，在夫妻关系存续期间所获得的财产，应该属于夫妻共同所有。但是，我想也不能够‘死板’地认为，企业家婚姻发生变局时，就要必然对企业家所掌控的家族企业进行分割，如此，将不利于企业的稳定，并将带来很多的社会问题。我想，为避免家族企业因为可能发生的婚姻变局而给家族企业带来消极影响，可以通过‘财产约定’来解决包括家族企业在内的财产问题，这是一个比较理智的做法。”②

陈晓峰补充说道：“值得注意的是，这里说的是‘财产约

---

① 李陶蔚：《企业家婚变：民企经营新风险》，新浪网 2011 年 9 月 21 日。

② 陈晓峰：《企业家婚变：民企风险管理之殇》，《华夏时报》2011 年 4 月 15 日。

定’，而非说的是‘产权约定’，因为产权问题不能够一刀切。另外，对于准备上市的家族企业，尤其要注意签署相应的股东与配偶，以及股东与其他股东，股东与公司之间的相应协议，保障公司及相关利益主体的权益，规避因为企业家婚姻变局而带来的风险隐患。”[①]

① 陈晓峰:《企业家婚变：民企风险管理之殇》,《华夏时报》2011 年 4 月 15 日。

下篇

家族企业财富的传承路径

当前各种传统金融机构和工具，主要是解决家族金融资产的传承这一个问题。而真正家族传承其实包括四个维度：管理权传承（标志是CEO/总裁的传承）、治理权传承（标志是董事长的传承）、股权传承（标志是控股股权的传承）和财富传承（标志是家族金融资产的传承）。

——清华大学五道口金融学院全球家族企业研究中心主任　高皓

第七章　家族办公室
——传承财富，传承精神

随着改革开放的深入，中国数十年经济的迅猛发展，给规模庞大的企业家群体创富提供了条件。2019 年 11 月 14 日，中信银行和胡润研究院联合发布的《进取·使命·思变——2019 解码中国“新生力”白皮书》数据显示：（1）连续 5 年上榜者达到 971 人，占榜单总人数的 51%，他们平均年龄 57 岁，平均财富从 5 年前的 73 亿元增长至 2018 年的 123 亿元，年均增长 10 亿元。（2）连续 10 年上榜者 456 人，占 24%，平均年龄 59 岁，平均财富从 10 年前的 59 亿元增长到 2018 年的 167 亿元，年均增长 11 亿元。（3）连续 15 年上榜者达到 63 人，仅占 3%，平均年龄 62 岁，平均财富从 15 年前的 23 亿元增长至 2018 年的 329 亿元，增长超过 10 倍，年均增长 20 亿元。

部分亿万超级富豪为了传承自己的财富，以及保证规模庞大的可投资资产，把目光转移到家族办公室上，这也促进了中国家族企业办公室如雨后春笋般悄然兴起。

京华世家家族办公室创始人李群说道：“改革开放四十年来，中国翻天覆地的经济发展，造就了全球最大规模的富豪群体之一。如今，这批第一代或第二代企业家面临着三种难题，分别是企业转型升级、新老交班和财富传承。如果这么多民营企业得不到有序传承，那么中国将会面临巨大的社会问题。”①

一、家族办公室的缘起与发展

随着中国家族财富的聚集，以及高净值财富人群的增加，尤其是一些富裕家族财富意识的觉醒，一些中国家族企业创始人开始频繁地接触家族办公室，寻找合适的财富管理模式，以此来解决家族企业财富的传承问题。

在探索财富传承方面，创始人选择家族办公室的一个直接原因就是其自身的属性。家族办公室以专家顾问团的形式，为财富家族提供更贴心的诸如“资产管理”“遗产规划”“日常财务”“企业管理”“上市咨询”“子女教育”等服务，在解决家族生意发展的金融服务问题的同时，也帮助家族成员进行财富管理。

家族办公室作为舶来品，进入中国相对较晚，但是在西方出现得很早。据了解，家族办公室最早可以追溯到古罗马时期的大“Domus”（家族主管）以及中世纪时期的大“Domo”（总管家）。

① 杨群：《受中国富豪圈青睐的家族办公室，究竟让财富传承还是毁灭》，《中国新闻周刊》2020 年第 5 期。

随着工业革命的发生，西方财富开始聚集，由此诞生了现代意义上的家族办公室。19 世纪中期，一些抓住产业革命机会的财富大亨为了更好地管理和保护自己家族的财富和广泛的商业利益，于是整合金融、法律和财务等方面的专家只为某一个家族提供服务，这就是最早的单一服务的家族办公室（Single Family Office，SFO）。

洛克菲勒家族：家族办公室的首创者和实践者

1839 年 7 月 8 日，约翰· 戴维森·洛克菲勒（John Davison Rockefeller）出生在美国纽约州哈得逊河畔的一个名叫杨佳的小镇，家境较为贫寒，在家中六个孩子中排行第二（4 个兄弟姐妹，以及另外两个非婚生姐妹）。

约翰· 戴维森·洛克菲勒的祖辈来自法国南部，源于逃避当时的政治迫害，与其他到北美淘金的欧洲人一样，毅然冒险到新大陆闯荡。到了约翰· 戴维森·洛克菲勒时，已经闯荡了好几代。

约翰· 戴维森·洛克菲勒的父亲威廉·埃弗里·洛克菲勒（William Avery Rockefeller）是一个卖假药的“江湖郎中”，任性而又以自我为中心，甚至还犯了重婚罪。

因为父亲的品行问题，约翰· 戴维森·洛克菲勒对他始终保持较远的距离。威廉·埃弗里·洛克菲勒曾说：“我一有机会就骗我儿子。我要他们精明点儿。”

虽然品行不端，但是威廉·埃弗里·洛克菲勒却是一个很讲求实际的人，在教育孩子时总是强调，只有劳动才能给予报酬，而家里的任何劳动，他都制订了一套标准，孩子们可以按照这套标准获得相应的劳动报酬。

约翰·戴维森·洛克菲勒的母亲伊丽莎·戴维森（Eliza Davison）是一名虔诚的浸信会基督教徒。她勤快、节俭、朴实，家教严格，生活自律，并对约翰·戴维森·洛克菲勒从小灌输节俭、勤奋等观念。

约翰·戴维森·洛克菲勒的整个童年都是在艰苦和缺乏父爱的环境中度过的。由于父亲长时间不回家，为了保障一家人的生活，约翰·戴维森·洛克菲勒不得不经常到当地的百货店赊账。

节俭的少年时代生活让约翰·戴维森·洛克菲勒养成了成人后的“寡欲”性格。约翰·戴维森·洛克菲勒曾说：“浪费是最大的犯罪。”

作为家中长子，约翰·戴维森·洛克菲勒学会了父亲讲求实际的经商之道，又学会了母亲精细、节俭、守信用、一丝不苟的长处，这为他日后的发迹打下了坚实的基础。

例如，约翰·戴维森·洛克菲勒有一个记账本，详细地记录了自己具体的干活次数，以及干活的明细，以此向父亲索要相应的劳动报酬。不仅如此，他还把自己劳动所得的钱积攒下来，以贷款的形式提供给当地农民，赚取利息收入。

又如，约翰·戴维森·洛克菲勒在草丛中发现火鸡的巢里有小火鸡，于是把小火鸡带回家中将其饲养。在感恩节时，他才出售火鸡，小赚了一笔。

约翰·戴维森·洛克菲勒的做法得到父亲的认可："人生只有靠自己，做生意要趁早，只有钱才是最牢靠的。"

虽然此种教育方式过于偏激，但是对于年幼的约翰·戴维森·洛克菲勒来讲，却让他受益匪浅，甚至影响了他的一生。

1853 年，约翰·戴维森·洛克菲勒的家搬到了俄亥俄州的克里夫兰。1855 年，约翰·戴维森·洛克菲勒从克里夫兰高级中学毕业。同年，约翰·戴维森·洛克菲勒付费到福尔索姆商业学院设在克利夫兰的分校就读。只学了三个月，他就决定放弃考大学。

约翰·戴维森·洛克菲勒开始找工作时并不顺利，于是他翻开克利夫兰的工商企业名录，仔细寻找出有相当知名度的公司，记录在自己的应聘手册中。约翰·戴维森·洛克菲勒给自己寻找工作的标准是："我去铁路公司、去银行、去批发商那儿找工作，小铺小店我是不去的。我可是要干大事的。"

1855 年 9 月 26 日上午，约翰·戴维森·洛克菲勒走进了一家从事农产品运输代理生意，名叫休伊特 – 塔特尔（Hewitt & Tuttle）的公司，该公司需要一个簿记员。接见约翰·戴维森·洛克菲勒的是公司总经理亨利·塔特尔（Henry Tuttle），经过询问和考察，亨利·塔特尔决定录用约翰·戴维森·洛克菲勒，但是要请示一下董事长艾萨克·L. 休伊特（Isaac L. Hewitt），让约翰·戴维森·洛克菲勒下午再来一次。午饭后，约翰·戴维森·洛克菲勒如约见到了艾萨克·L. 休伊特。艾萨克·L. 休伊特经过仔细观察了解后，尤其是看到约翰·戴维森·洛克菲勒写得一笔好字，点头说道："那就留下来试试吧。"

就这样，约翰·戴维森·洛克菲勒经过六周的艰苦求职后，终于在休伊特－塔特尔公司开始了自己的第一份工作——簿记员。

此后，约翰·戴维森·洛克菲勒把这个日子当作自己人生的喜庆纪念日，甚至把它作为第二个生日来庆祝。约翰·戴维森·洛克菲勒说道："就在那儿，我开始了学做生意的生涯，每周工资是 4 美元。"

1857 年，约翰·戴维森·洛克菲勒成为休伊特－塔特尔公司的主任簿记员，年薪也从 300 美元涨到了 600 美元。

约翰·戴维森·洛克菲勒出色的工作让艾萨克·L. 休伊特刮目相看。约翰·戴维森·洛克菲勒不仅工作认真到位，而且账簿也做得清清楚楚，没有丝毫差错。

约翰·戴维森·洛克菲勒入职第三年时，收集到英国即将发生饥荒的信息。他意识到机会来了，自作主张收购了大量食品。艾萨克·L. 休伊特对约翰·戴维森·洛克菲勒的鲁莽行为大为恼火。然而事后证明了约翰·戴维森·洛克菲勒敏锐的商业洞察力。没过多久，英国发生饥荒的新闻传到美国。休伊特－

塔特尔公司由于货物采购充足，获得了巨额利润。马上，19岁的约翰· 戴维森·洛克菲勒在当地成为街头巷尾谈论的话题人物。

1858年，此前一举成名的约翰· 戴维森·洛克菲勒不再满足做主任簿记员，主动辞掉了工作，认识了与他有相同工作经历的英国人莫里斯·B. 克拉克（Maurice B. Clark）。

1858年3月18日，约翰· 戴维森·洛克菲勒向父亲借了1000美元，与莫里斯·B. 克拉克合伙成立了“克拉克 & 洛克菲勒经纪公司”，开始独立经营农产品转售的生意，把美国西部的谷物、肉类出售到欧洲市场，由此开始了自己的创业之路。

在经营中，约翰· 戴维森·洛克菲勒雄心勃勃，同时又言而有信，想方设法让自己取信于人。莫里斯·B. 克拉克说道：“他（约翰· 戴维森·洛克菲勒）有条不紊到极点，留心细节，不差分毫。如果有一分钱该给我们，他必取来。如果少给客户一分钱，他也要客户拿走。”

传记作者艾伦·纳文斯（Allan Nevins）的说法印证了莫里斯·B. 克拉克的说法：“洛克菲勒的巨大财富不是从别人的贫困得来的。他不是像陨石那样的破坏一切而前进，而是经过四分之一个世纪的大胆冒险，在一个许多资本家都不敢踏入的新兴危险领域中冒险。他也有努力的员工，更有比过去美国工业家们更为睿智而有远见的计划。1894年，石油的商机并不比钢铁，银行，或铁路来得多。这位巨人聚集他的财富，又顾到别人的利益，这是最挑战我们传统认知的地方。我们有很多的证据显示，洛克菲勒始终如一的做法是给竞争对手合理的补偿，可能是现金可能是股票，让他们退出。公平地说，一个公正的历史学家应该认为洛克菲勒比卡内基对竞争者更为仁慈。我们可以得到这个结论：他的财富跟和其他同时代的巨富们相比，是最不肮脏的。”①

传记作者荣·切尔诺（Ron Chernow）也给予约翰·戴维森·洛克菲勒较高的评价：“他（约翰·戴维森·洛克菲勒）最让我们思考的原因以及他为何永远引起世人如此矛盾反应的原因——就是，他好的一面实在好到不能再好，但坏的一面很坏，异常冷静。历史很少出现这样的人物。”②

的确，在商业机遇面前，约翰·戴维森·洛克菲勒有其独特的过人之处。19 世纪 50 年代，美国宾夕法尼亚州地区已经发现了石油。石油的发现一度成为淘金的热点，成千上万的淘金者蜂拥而至。一时间，宾夕法尼亚的土地上井架林立，原油产量暴涨。

对于新发现的石油，约翰·戴维森·洛克菲勒非常冷静，并没有盲目上马，而是亲自考察石油产地。考察开采现场后，

① 《洛克菲勒家族铁血发家史：控制石油　就控制了所有国家》，新浪网，2017 年 3 月 21 日。

② 《洛克菲勒：逆天改命的一生》，腾讯网，2021 年 9 月 25 日。

他发现了繁荣后面隐藏的危机。

哪里有危机，哪里就有机遇，1861 年美国南北战争爆发也是如此。与其他受到战争影响的商人相比，约翰·戴维森·洛克菲勒更是踌躇满志，如同上满了发条的钟表一样运行。第一，他迅速地办理了大额贷款。第二，他囤积许多战时必需的货物。他因此赚得盆满钵满。战争带来的不仅仅是这些，当时铁路建设风起云涌，石油需求量大增，约翰· 戴维森·洛克菲勒等待已久的机会终于来临了。

1863 年，克拉克 & 洛克菲勒经纪公司转向石油提炼投资，并揽入了另一位合伙人——化学家塞缪尔· 安德鲁斯（Samuel Andrews），合资在克利夫兰建立炼油厂，把西部的石油运到纽约等东部地区。在石油工业产业链中，勘探石油等工作被称为“上游工业”，精制和销售属于“下游工业”。随着下游工业的兴盛，克利夫兰出现了 50 多家炼油厂。28 岁的约翰· 戴维森·洛克菲勒决定垄断“下游工业”。约翰·戴维森·洛克菲勒热衷于公司间的联合，为了实现自己垄断的理想，联合了两位资金雄厚、信誉很好的投资合作者。

1864 年，约翰· 戴维森·洛克菲勒与劳拉·斯佩尔曼（Laura Spelman）结婚，两人是之前在商业学校的班上认识的。婚后，他们生育了四个女儿和一个儿子，唯一的儿子小约翰·戴维森·洛克菲勒也将在日后继承他的大部分事业。

1865 年，约翰· 戴维森·洛克菲勒和莫里斯·B. 克拉克在经营战略上发生了严重的冲突。于是，约翰· 戴维森·洛克菲勒大量借债筹措现金，在拍卖会上以 72500 美元成功买下莫里斯·B. 克拉克持有的全部股权，并将公司名称改为 Rockefeller & Andrews。

1866 年，约翰· 戴维森·洛克菲勒将弟弟威廉·洛克菲勒（William Rockefeller）揽入自己公司，成为“上阵亲兄弟”的生意伙伴。

1870 年 1 月 10 日，约翰· 戴维森·洛克菲勒和弟弟威廉·洛克菲勒共同创建了一家资本额为 100 万美元的名叫标准石油公司的新公司。身为公司创始人和总裁的约翰· 戴维森·洛克菲勒获得了公司最多的股权，时年仅 30 岁。

1872 年，约翰· 戴维森·洛克菲勒吞并了俄亥俄地区的 20 多家炼油厂，控制了俄亥俄州 90% 的石油业务，同时，约翰· 戴维森·洛克菲勒还掌控了该州的主要输油管道以及宾夕法尼亚州的全部油车。同时，约翰· 戴维森·洛克菲勒又接管了新泽西州铁路公司的终点设施。

1880 年，标准石油公司炼的油占全美的 95%，还控制了美国的一些主要铁路干线。热衷于垄断的约翰· 戴维森·洛克菲勒并不满足在克利夫兰的垄断，还觊觎控制整个美国石油，甚至全世界。

一次偶然的机会，约翰· 戴维森·洛克菲勒看到一篇公开发行的刊物文章写道：“小商人时代结束，大企业时代来临。”

敏锐的约翰·戴维森·洛克菲勒洞察到，商业世界的垄断将成为商业竞争的前沿范式。他对该文予以了较高的评价，同时还以高达500美元的月薪聘请文章的作者塞缪尔·多德（Samuel Dodd）作为公司的法律顾问。

据了解，塞缪尔·多德是一位年轻的律师。入职后，塞缪尔·多德依据《英国法》中的信托制度，提出“托拉斯”这个垄断组织的概念。

托拉斯，直译为商业信托（business trust，原意为托管财产所有权），垄断组织的高级形式之一，是指在同一商品领域中，通过生产企业间的收购、合并以及托管等形式，由控股公司在此基础上设立一巨大企业来包容所有相关企业来达到企业一体化目的的垄断形式。通过这种形式，托拉斯企业的内部企业可以对市场进行独占，并且通过制定企业内部统一价格等手段来使企业在市场中居于主导地位，实现利润的最大化。①

与卡特尔相比，“即那种各自独立的企业为了掌握市场而在生产和销售方面结成联合战线的方式，其垄断性要强得多”。

1882年1月20日，约翰·戴维森·洛克菲勒召开“标准石油公司”股东大会。此次“受托委员会”由9人组成，掌管所有标准石油公司的股票和附属公司的股票。约翰·戴维森·洛

① 参见企观国资：《1963年尝试中国版托拉斯（国企简史之八）》，澎湃新闻，2021年4月11日。

克菲勒名正言顺地当选为该委员会的委员长。

其后，受托委员会发行了70万张信托证书，约翰·戴维森·洛克菲勒等4人拥有46万多张，占总数的2/3。就这样，约翰·戴维森·洛克菲勒得偿所愿地创建了一个史无前例的联合事业——托拉斯。它拥有了14家公司，包括俄亥美孚石油公司，拥有其他26家公司的一部分。该托拉斯规定，在纽约、新泽西、俄亥俄和宾夕法尼亚设立以“美孚”命名的子公司，把活动集中在自己所在的州。

在托拉斯结构下，约翰·戴维森·洛克菲勒合并了40多家厂商，垄断了全国80%的炼油工业和90%的油管生意。托拉斯迅速在全美各地、各行业蔓延开来，在很短时间内，这种垄断组织形式就占了美国经济的90%。很显然，洛克菲勒成功地造就了美国历史上一个独特的时代——垄断时代。这种结构过于强有力，由此促进了当时的反托拉斯运动。约翰·戴维森·洛克菲勒直到20世纪初，一直控制着市场。

19世纪80年代，约翰·戴维森·洛克菲勒向西欧和中国扩大海外市场，美国的工艺已使标准公司的产品优于欧洲的产品，因而标准公司赢得了欧洲大部分地区的煤油市场。标准公司在拓展中国市场时，是通过赠送煤油灯来拓展一个全新的蓝海市场，一共送掉了几百万盏廉价的油灯，让中国用户购买标准公司的煤油。凭借先进的技术，标准公司一步一步地把石油市场从欧洲扩展到亚洲，进而扩展到全世界。在占领市场的同时，约翰· 戴维森·洛克菲勒利用国外廉价的劳动力，掠夺国外石油资源，从而获取高额垄断利润。

1884 年，约翰· 戴维森·洛克菲勒把标准公司总部由克利夫兰迁到纽约，成全世界最大的石油集团企业。

1888 年，标准石油公司设立了它的第一个海外分支机构——英美石油公司，这家公司很快垄断了英国的石油生意。

1890 年，洛克菲勒公司又在不来梅成立了德美石油公司，负责德国市场。约翰· 戴维森·洛克菲勒在鹿特丹还建了一个石油输送站，签订了一个向法国供应全部所需原油的合同，约翰· 戴维森·洛克菲勒买下了荷兰、意大利石油公司的部分股份；同年，标准石油公司已经控制了全美 88% 的炼油产量。随着洛克菲勒“石油帝国”实力的迅速增长，其触角也伸展到金融、公用事业和一些工业部门。

1892 年，法院裁定美孚石油托拉斯为非法垄断企业，约翰· 戴维森·洛克菲勒被迫将财产转到各分公司名下，但仍由原董事会集中经营。

1896 年，约翰· 戴维森·洛克菲勒退休。

1899 年，约翰·戴维森·洛克菲勒又将分公司联合成立新泽西美孚石油公司。

1904 年，标准石油更是占据了全美 91% 的炼油产量和 85% 的销售量。约翰· 戴维森·洛克菲勒凭借庞大的石油帝国和巨大金融实力做后盾，大大加强了其在美国金融界的地位和影响。此后，洛克菲勒财团和花旗银行、大通曼哈顿银行等四家美国银行以及三家保险公司组成美国七大金融核心机构，这七大机构控制了美国银行资产的 12% 和保险业资产的 26%。洛克菲勒财团向美国各个领域蔓延，甚至能影响和左右美国政治。①

1910 年，约翰· 戴维森·洛克菲勒的个人财富已达 10 亿美元。1928 年，约翰· 戴维森·洛克菲勒荣登《时代周刊》封面人物。亚非拉地区的石油开采成为约翰· 戴维森·洛克菲勒财富的主要来源。1935 年，约翰· 戴维森·洛克菲勒控制了海内外大约 200 家公司，资产总额达到 66 亿美元，他的私人财产也超过了 15 亿美元，成了名噪世界的“石油大王”。

约翰·戴维森·洛克菲勒，与诸多创富家族一样，在财富传承方面进行了探索。

1882 年，约翰·戴维森·洛克菲勒建立了首个家族办公室。通过家族办公室，约翰·戴维森·洛克菲勒除了有效地用于慈善之外，大部分财富传承给了自己的儿子、唯一继承人——小约翰·戴维森·洛克菲勒（John Davison Rockefeller，Jr.）。

在传承财富方面，小约翰·戴维森·洛克菲勒继承了父亲优良的财富管理传统，分别在 1934 年、1952 年设立一系列信托，把财富传给妻子、子女和孙辈。具体的做法是，洛克菲勒家族通过信托委员会和别名“5600 房间”的家族办公室传承

① 参见王嫱：《约翰·洛克菲勒：19 世纪第一个亿万富翁》，《新民周刊》2022 年第 24 期。

和管理经营，约翰·戴维森·洛克菲勒当年积累的财富已经成功地传递到家族第六代成员。

查阅资料发现，1917 年是约翰·戴维森·洛克菲勒财富传承的一个重要节点。这一年，约翰·戴维森·洛克菲勒已经 78 岁。在之前，他已经累计给予子女价值 3500 万美元的资产。

同年，约翰·戴维森·洛克菲勒唯一的儿子——小约翰·戴维森·洛克菲勒 43 岁，个人资产累计达到 2000 万美元左右。在当时，美国人的年平均工资才 800 美元。在接下来的 6 年内，小约翰·戴维森·洛克菲勒传承了父亲总价值近 4.7 亿美元的股票。这意味着，此刻的小约翰·戴维森·洛克菲勒已经名副其实地成为世界上拥有 5 亿美元资产的富豪。

在这一系列的财富传承中，触发约翰·戴维森·洛克菲勒加快步伐的缘由有两个：第一，“拉德洛事件”成为小约翰·戴维森·洛克菲勒人生的重要转折点。在威廉·莱昂·麦肯齐·金（William Lyon Mackenzie King，三度担任加拿大总理，在位时间长达 21 年，是英联邦历史上在位时间最长的一位总理。其肖像印于加拿大 50 元钞票上）的帮助下，面对严峻形势，小约翰·戴维森·洛克菲勒却坚毅果断，由此证明他有能力管理家族财富。此次事件改变了约翰·戴维森·洛克菲勒的财富传承路径——在“拉德洛事件”之前，约翰·戴维森·洛克菲勒曾打算把绝大部分财富捐献给慈善事业。

关于“拉德洛事件”，约翰·戴维森·洛克菲勒的孙子洛克菲勒三世在《洛克菲勒回忆录》一书中写道：

"拉德洛大屠杀"——这是后来历史书上的用词——是美国劳工史上最负盛名（或者说最臭名昭著）的事件之一，也是我的家族史上最重要的事件之一。

拉德洛是科罗拉多州南部的一个煤矿小镇，那里的科罗拉多燃油与铁矿公司（Colorado Fuel and Iron，CF&I）——祖父在该公司拥有将近 40% 的股份——经营着几座煤矿和其他设施。早已退休的祖父仍然持有许多公司的大量股份，但是他将那些股份看成是证券领域的被动投资，平时并不密切关注其管理情况。父亲在 CF&I 的董事会任职，但是，公司的会议在纽约举行，而他从来没有考察过公司在科罗拉多州的经营情况。

1913 年 9 月，矿工联合会（United Mine Workers）所代表的科罗拉多州南部矿区——包括科罗拉多燃油与铁矿公司在内——的 9000 多名矿工举行罢工，提出了若干项条件，包括工资、劳动时间、安全条件以及——最重要的是——对工会的认可。几个月来，罢工工人与各公司雇用的警卫之间的暴力事件，迫使科罗拉多州州长调来了国家警卫队。整个冬季，形势进一步恶化。1914 年 4 月 20 日，公开的战争爆发了。在罢工工人与卫兵的激战中，有 11 名妇女和儿童在燃烧的小帐篷里窒息而死，双方有几十人在该事件发生后的几天里或死或伤，最后迫使威尔逊总统（托马斯·伍德罗·威尔逊，Thomas Woodrow Wilson）派遣联邦军队强行镇压。[①]

对于“拉德洛事件”，即使是约翰·戴维森·洛克菲勒的孙子在评述该事件时，也称之为“一场可怕的悲剧”。1914 年 4 月 21 日，《纽约时报》进行了相关报道：“今天在拉德洛地区发生罢工的煤矿工人与科罗拉多国民警卫队成员之间一场长达 14 小时的战斗以希腊罢工工人领袖路易斯·泰克斯被杀，拉德洛的帐篷群落被焚毁而告终。”

4 月 22 日，《纽约时报》报道了该事件的相关进展：“在拉德洛地区洛克菲勒控股的科罗拉多燃料与钢铁公司地界发生的政府军队与煤矿工人之间长达 14 小时的激战中，已知 45 人死亡（其中包括 32 名妇女和儿童），20 人失踪，20 多人受伤。拉德洛已是一片被烧焦的废墟，下面埋葬着工业冲突历史上空前恐怖的故事。当火焰烧过的时候，躲在为了保护自己不受来复枪火力攻击而挖的掩体里的妇女和儿童们，像困在陷阱里的老鼠一样死去。在今天下午挖开的一个坑里面发现了 10 名儿童和两名妇女的尸体。”

约翰·戴维森·洛克菲勒和小约翰·戴维森·洛克菲勒父子

---

① ［美］戴维·洛克菲勒：《洛克菲勒回忆录》，曹彦博译，中信出版社 2004 年版，第 20 页。

都被牵扯到此次事件中。示威游行的人群聚集在约翰·戴维森·洛克菲勒居住的西五十四大街住所外，斥责洛克菲勒家族在“拉德洛事件”中的暴行。

约翰·戴维森·洛克菲勒的孙子直言，此次事件源于小约翰·戴维森·洛克菲勒处置不力。他写道：“在拉德洛惨案前和惨案后，父亲参加了调查科罗拉多州局势的几个国会委员会。起先，他采取了反对罢工工人的强硬立场。毫无疑问，那是受了（科罗拉多燃油与铁矿公司的头儿）盖茨的影响，因为盖茨认为，那些罢工工人比无政府主义者强不了多少。”

“拉德洛惨案”的发生超出了小约翰·戴维森·洛克菲勒的判断，于是质疑盖茨的策略和方法。其后，小约翰·戴维森·洛克菲勒开除了盖茨，启用艾维·李（Ivy Lee）。艾维·李认为，彻底地解决矿工们不满的根源，重新树立洛克菲勒家族的形象，需要保留一位劳工专家。

在艾维·李的建议下，小约翰·戴维森·洛克菲勒聘用了威廉·莱昂·麦肯齐·金。威廉·莱昂·麦肯齐·金的解决办法如下：第一，在科罗拉多燃油与铁矿公司实施了一个“行业代表计划”。第二，威廉·莱昂·麦肯齐·金和小约翰·戴维森·洛克菲勒到科罗拉多州与矿工们会谈，甚至和矿工的妻子们一起跳舞。

在艾维·李和威廉·莱昂·麦肯齐·金的鼎力帮助下，小约翰·戴维森·洛克菲勒解决了“拉德洛事件”的后续问题。

约翰·戴维森·洛克菲勒的孙子直言，“拉德洛事件”对小约翰·戴维森·洛克菲勒的影响很大。他写道：

> “拉德洛事件”标志着父亲进入了人生的一个新阶段。虽然无论从才华还是从意愿上说，他都不是个商人，但是他表现出了自己的能力和勇气。给祖父印象最深刻的一定是父亲在非常严峻的情形中表现出来的性格中的坚毅和果断。
>
> “拉德洛事件”以及后来发生的一切似乎让祖父相信了，他的儿子完全有资格肩负管理他那巨额财富的职责。从1917年开始，祖父逐渐将自己的剩余资产转给了父亲——当时大约有5亿美元，相当于今天的100亿美元。父亲立刻着手重新调整自己的生活，以便承担起巨额资产带来的责任。[①]

1916—1917年，美国政府三度上调遗产税税率，从最初的10%上调到25%，加速了约翰·戴维森·洛克菲勒的财富传承进度。随着遗产税率的大幅度上调，约翰·戴维森·洛克菲勒觉察到，美国政府还有可能在未来继续上调遗产税税率和征收馈赠税，约翰·戴维森·洛克菲勒加快了自己财富传承的速度。

后来的事实证明了约翰·戴维森·洛克菲勒的判断，1924

① ［美］戴维·洛克菲勒：《洛克菲勒回忆录》，曹彦博译，中信出版社2004年版，第21、22页。

年，美国政府首次开征馈赠税，最高税率达到40%。在此之前，赠予是不需要纳税的。这意味着约翰·戴维森·洛克菲勒在1917—1922年的6年间传承给小约翰·戴维森·洛克菲勒的4.7亿美元财富都不用纳税。

在发达国家，遗产税征收都非常高。公开数据显示，美国、法国、英国、日本、韩国、德国等国家和地区的遗产税税率，通常在40%—60%。英国40%，法国45%，韩国50%，日本55%。

较高的遗产税税率导致不少继承者由于无法支付遗产税税款，不得不放弃继承父辈的巨额遗产。例如，美国传媒大亨赫斯特，在美国加利福尼亚中部圣米湾内建造了一个地中海风格的城堡，共花费28年时间，耗资1.65亿美元。据了解，该城堡庄园共有165个房间，被誉为美国最贵、最奢华的富人城堡。让赫斯特没有想到的是，他去世后，由于继承者交不起巨额的遗产税，只能将城堡捐赠了出去。

在洛克菲勒家族的财富传承中，除了家族办公室，继承者小约翰·戴维森·洛克菲勒还通过家族信托解决财富传承。在家族信托中，信托资产的主要组成是约翰·戴维森·洛克菲勒传承给小约翰·戴维森·洛克菲勒的石油股票，这也正是洛克菲勒家族财富能够传承至今的一个重要原因。

1934年，60岁的小约翰·戴维森·洛克菲勒为妻子以及6个孩子（最大的是女儿，其余是5个男孩）设立家族信托，把1800万美元分配给妻子，把1600万美元分配给6个孩子。

1952年，78岁的小约翰·戴维森·洛克菲勒为他的孙辈设立了家族信托，注入自己的部分财富（“1952年信托”的具体资产数额不详，相较于“1934年信托”，其金额要少一些）。

这两次家族信托，受益人都是小约翰·戴维森·洛克菲勒的后代，一份信托协议对应一个受益人，每份信托的本金自动传给其受益人的子女。其中，家族信托的受益人未满30岁时，只享有分红收益，绝对不可以动用本金。当年满30岁后，虽然可以动用本金，但前提是必须征得信托委员会的同意。

在财富的传承安排中，小约翰·戴维森·洛克菲勒却不同意妻子和女儿动用家族信托的本金，在任何条件下也不可以，只能获取收益。约翰·戴维森·洛克菲勒作为家族信托的委托人，其形式是不可撤销信托，即信托协议不可以被更改或终止，除非受益人同意。这意味着，委托人把资产注入信托之后，即在法律上完全失去该资产的所有权以及控制权，这样可以在有效避税的情况下，把家族财富至少传至第四代。[①] 在“1934年信托”中，大通国民银行作为受托人；在“1952年信托”中，受托人是富达联盟信托（Fidelity Union Trust）。

在洛克菲勒家族的财富传承中，作为信托资产的实际受托人的信托委员会发挥了非常关键的作用。小约翰·戴维森·洛克菲勒的儿子戴维·洛克菲勒（David Rockefeller）就抱怨过信托委

① 参见许东升:《我国家族信托监管法律制度研究》，硕士论文，西南大学，2015年。

员会强大的财富处置权力。当处理有关洛克菲勒集团的事项时，信托委员会可以绕过公司董事会，直接向管理层传达指示并得到执行。直到 1974 年洛克菲勒家族应要求提供给政府一份文件，才显示了家族信托资产当时的情况。①

根据相关资料显示，当时洛克菲勒家族的信托总资产价值达到 7 亿美元，包括 1934 年的 6 亿美元资产，以及 1952 年的 1 亿美元资产，其中股票资产占 90%。虽然受托人对洛克菲勒家族的信托资产进行了分散化投资，但是石油资产的比例仍然较高，占到股票资产的 44%。

比尔·盖茨：瀑布投资家族办公室，分散投资，保证财富增值

1995 年 7 月 17 日，39 岁的微软创始人比尔·盖茨成为世界首富，拥有 129 亿美元资产。同年，微软销售收入达到 59 亿美元，员工人数 17801 名。

然而，人们却对比尔·盖茨的财富管理机制知之甚少，据了解，微软股票仅占比尔·盖茨个人财富的 1/8。

在其他财富方面，比尔·盖茨拥有的财富分为三块：第一，拥有四季酒店 45% 的股份。第二，拥有加拿大国家铁路、卡特彼勒、沃尔玛、联邦快递等企业的数量较大的股票。第

① 参见赵涛：《海外家族信托的理论与实践及其对中国的启示》，博士论文，中国社会科学院研究生院，2017 年。

三，拥有加州、伊利诺伊州等地至少10万英亩的农田。

在这四块财富中，通过家族办公室的打理，比尔·盖茨的财富得到大幅度增值。

2020年4月7日，美国《福布斯》杂志发布全球亿万富豪榜，亚马逊创始人杰夫·贝索斯以1130亿美元身家位居第一，比尔·盖茨以980亿美元位列第二，LVMH掌门人伯纳德·阿诺特（Bernard Arnault）以760亿美元排在第三，见表7–1。

表7–1　福布斯2020全球富豪榜（前15名）

排名	姓名	财富（亿美元）	财富来源	国家和地区
1	杰夫·贝索斯	1130	亚马逊	美国
2	比尔·盖茨	980	微软	美国
3	伯纳德·阿诺特及家族	760	LVMH	法国
4	沃伦·巴菲特	675	伯克希尔哈撒韦	美国
5	拉里·埃里森	590	软件	美国
6	阿曼西奥·奥特加	551	Zara	西班牙
7	马克·扎克伯格	547	Facebook	美国
8	吉姆·沃尔顿	546	沃尔玛	美国
9	艾丽斯·沃尔顿	544	沃尔玛	美国
10	罗伯·沃尔顿	541	沃尔玛	美国
11	史蒂夫·鲍尔默	527	微软	美国
12	卡洛斯·斯利姆·埃卢及家族	521	电信	墨西哥
13	拉里·佩奇	509	谷歌	美国
14	谢尔盖·布林	491	谷歌	美国
15	弗朗索瓦丝·贝当古·迈耶斯及家族	489	欧莱雅	法国

资料来源：福布斯中国官网。

回望比尔·盖茨的财富创造历史就不难发现，比尔·盖茨的财富增值，家族办公室的功劳不小。

1975年，心有猛虎的比尔·盖茨认为，自己在哈佛大学的求学对编程和算法毫无帮助，毅然从哈佛退学。在此阶段，比尔·盖茨遇到了保罗·艾伦（Paul Allen）。1979年，比尔·盖茨和保罗·艾伦创建微软公司，持股比例分别为60%和40%。

1986年3月13日，微软在美国纳斯达克上市，比尔·盖茨和保罗·艾伦分别持股45%和15%。当时其净资产仅200万美元，当天的股价仅为0.08美元。

微软上市时，微软股票占据比尔·盖茨99%的财富。其后，比尔·盖茨遵循法律，合理地减持微软股票，打造自己的个人财富管理体系。为了让财富管理更加有效，比尔·盖茨借助外援。1994年，比尔·盖茨聘请迈克尔·拉尔森（Michael Larson）为其筹建并营运一家名叫瀑布投资（Cascade Investment）的家族办公室。

据了解，瀑布投资非常低调，甚至很多人都不知道这家财富管理机构，其投资特点如下：第一，把投资重点集中在美国、加拿大等国的运输、零售、通信、娱乐、餐饮、金融与保险等领域；第二，增加了对中国等新兴国家的零售业、汽车制造业、娱乐、互联网、通信等的投资比重。

家族办公室筹建后，比尔·盖茨把减持微软股票套现获得的现金注入瀑布投资。迈克尔·拉尔森将注入的资金分散投资在两块：第一，股票、债券、私人股权的投资；第二，金融资产、铁路、酒店、房地产等实物资产的投资。

在瀑布投资的打理下，比尔·盖茨的财富暴涨了数百倍。彭博社 2016 年 8 月 19 日的数据显示，比尔·盖茨的个人财富达到了 900 亿美元，约占美国 GDP 的 0.5%，超越了世界上 162 个国家及地区的 GDP。

2020 年，比尔·盖茨在福布斯世界富豪榜上排第二名，财富达到 980 亿美元。排在第一的是亚马逊创始人贝索斯，财富达到 1130 亿美元。

我们记住比尔·盖茨巨额财富的同时，也要了解了比尔·盖茨引领的全球信息技术革命，以及他对公益事业的开创性贡献。

2000 年，比尔·盖茨成立比尔与梅琳达·盖茨基金会（Bill and Melinda Gates Foundation），这是全球最大私人慈善基金会，总部设在美国西雅图。基金会在比尔·盖茨和夫人梅琳达·盖茨以及沃伦·巴菲特的指导下，由首席执行官马克·苏斯曼（Mark Suzman）管理。截至 2020 年 12 月 31 日，比尔与梅琳达·盖茨基金会已成为全球第二大慈善基金会，拥有 519 亿美元的资产。为维持慈善基金会的地位，基金会每年必须捐赠其全部财产的 5%，2020 年度，此基金会的捐赠和直接慈善费用约 58 亿美金。

反观比尔·盖茨的财富管理，家族办公室就起到了非常重要的作用：第一，把比尔·盖茨通过微软公司创造的财富进行投资增值；第二，在家族办公室的财富管理中，通过基金会捐赠其财富，做到了财富与慈善的最大结合。

二、中国家族企业需要什么样的家族办公室

据了解，为创富家族提供较为广泛的、高度专业化的定制服务，家族办公室做得相对较早。其服务由涉及不同领域行业的专家组成，监督及管理整个家族的财务、健康、风险管理、教育发展等，以协助家族获得成功以及顺利发展为目标，同时家族办公室有着公正的意见和客观性，他们与家族的其他顾问提供的服务的整合与协调，为同一个家族的几代人提供高度个性化的服务。[①]

由此提升了家族财富的传承概率。清华大学五道口金融学院全球家族企业研究中心主任高皓说道：“超级富豪成立家族办公室希望可以实现财富传承，然而财富毁灭的程度更加高。即使家族信托或许将财富传承成功率提高 10%—20%，但依旧难以改变‘富不过三代’的困境。”[②]

① 参见周蕾：《陈一心家族基金新掌门炼成记》，《家族企业杂志官网》2015 年 6 月 5 日。

② 参见杨群：《受中国富豪圈青睐的家族办公室，究竟让财富传承还是毁灭》，《中国新闻周刊》2020 年第 5 期。

中国家族企业需要什么样的家族办公室

在财富传承中，目前的中国本土市场，银行业无法提供给超级富豪定制化服务，期望出现更多的管理机构参与财富传承。

北京大学光华管理学院副院长金李在接受《中国新闻周刊》采访时分析指出，家族办公室之所以被创富家庭率先接受，原因有三：第一，很多富豪家族财富足够支持家族办公室设立的支出；第二，私人银行服务越来越难以满足超级富豪的需求；第三，很多原本私人银行、会计师事务所、律所的专业人才，看到条件成熟纷纷跳出来，愿意为超级富豪提供专业的家庭办公室服务。①

根据目前掌握的信息，中国本土家族办公室有如下三类：

第一，创富家族创始人更好地规划家族财富，亲自牵头创建家族办公室。例如，万达创始人王健林创建了家族办公室——普思资本。

第二，一部分大型财富管理企业或者律师事务所等机构有针对性地解决高净值人群的“健康生活、税务筹划、家族信托等”需求，以此提升小众客户的忠诚度。例如，歌斐家族办公室、恒天家族办公室、宜信财富家族办公室等。

---

①　参见杨群：《受中国富豪圈青睐的家族办公室，究竟让财富传承还是毁灭》，《中国新闻周刊》2020 年第 5 期。

第三，一部分曾在传统金融机构、财富管理企业中就职的出色的优秀骨干，受到大型机构自身的束缚，无法真正以客户需求为中心，由此创建家族办公室。

之所以创建家族办公室，是因为家族办公室可以切割家族与家族企业利益，以及家族成员与家族整体利益。

第一，对家族与家族企业利益进行有效切割，有效规避家族成员之间的日常事务影响家族企业的经营决策。其用意就是试图把家族内部矛盾做好一道坎，隔离由此引发的诸多风险。作为财富管理的家族办公室，可以站在家族利益的立场，有序地进行财务规划。即使家族企业遭遇破产，家族办公室也可以有效地阻隔其风险，比如家族办公室管理的信托资产在法律上是完全独立的，无须进行破产清算。

第二，对家族成员与家族整体利益进行有效切割。当家族企业创始人发迹后，创始人是这个家族的财富创造者，拥有绝对权威。但是家族成员二代，由于亲情的递减，家族成员之间因利益纠葛，导致利益、观念冲突，由此引发内耗，甚至可能由此分崩离析。此刻，作为财富管理机构的家族办公室站在第三方专业立场上，可以有效地维护家族的整体（或者家族办公室控制人）利益，其解决办法相对中肯，多方利益由此达到平衡。

第八章　财富传承的法宝——家族信托

为了避免“富不过三代”的魔咒，众多耳熟能详的欧美家族如洛克菲勒家族、肯尼迪家族，都通过家族信托、家族基金会的财富传承机制完成家族财富的传承。

查阅资料发现，家族信托的雏形可以追溯到公元前 510 年至公元前 476 年的古罗马帝国时期，已经拥有 2000 多年的历史。在当时，《罗马法》规定，外来人、解放自由人没有遗产继承权。为了规避《罗马法》的规定，罗马人把自己的财产委托移交给其信任的第三人，要求为其妻子或子女利益代行对遗产的管理和处分，解决了遗产的继承权问题。

真正的家族信托最早出现在 19 世纪末 20 世纪初的美国，由一些富裕家族信托创造。在早期，家族信托受到相同的法律法规监管，同时设立家族信托方式也比较单一。其后，美国经历了长达 25 年的经济繁荣时期，美国许多州的法律变得更加灵活，设立和运营家族信托也变得更加容易——富人因此更容易实现其财富规划和传承的目标。在中国香港及欧美发达地区，以个人名义设立的信托占据信托市场的 70% 左右。[①]

---

① 参见邓海平:《家族信托破冰》,《大众理财顾问》2013 年第 10 期。

一、家族信托：西方家族企业“富过三代”的公开秘密

家族信托作为一种财富管理工具，如果有效使用，就可以提升财富家族财富传承的成功率。《平安银行私人银行家族传承数据报告 2019》显示，超过六成的人认为，家族信托的最大优势是“可隔离遗产税风险”，其次为“家族信托可实现世代传承”及“家族信托可隔离债务风险”。

在家族传承服务中，中国高净值人群最关心资产配置规划、税务规划和法律服务，最认可家族信托的风险隔离功能。由此可见，财富保值增值和风险管理，始终是高净值人群关注的焦点。传承资金的分配上，他们首先关注基本生活和养老，其次则是为子女提供学业和事业的支持。政策层面，“未来可能开征遗产税”“个税改革”等成为关注热点，表明随着中国“创富”一代步入家族财富交接班高峰期，合理的税务规划势在必行。他们也关注家族精神延续，希望实现财富世代传承。[①]

家族信托对于财产的保护不仅限于收入分配，更来自对婚后债务问题的规避

2018 年 1 月，《北京青年报》一篇《小马奔腾创始人妻子

① 参见唐福勇：《家族财富传承需要重视风险隔离》，《中国经济时报》2019 年 10 月 25 日。

被判赔 2 亿债　已向北京高院上诉》的新闻，如同一声惊雷砸开了创富家族连带负债的冰山。

据了解，小马奔腾的前身是 1994 年李明创立的北京雷明顿广告发展有限公司。1995 年 4 月，中央电视台第一频道开始播出《新闻 30 分》。李明看到了该栏目背后的广告商机，几经努力，1996 年，北京雷明顿广告发展有限公司拿到了《新闻 30 分》栏目广告的独家代理权。在 1996 年至 2009 年 10 月这 10 多年间（直到 2009 年 11 月中视金桥拿下《新闻 30 分》栏目广告代理权），此项业务为北京雷明顿广告发展有限公司带来了稳定持续的收入，也是北京雷明顿广告发展有限公司最初的起点。除了《新闻 30 分》，北京雷明顿广告发展有限公司还曾代理央视《新闻会客厅》《夕阳红》等节目的广告。

2004 年，在李明的操刀下，出品了首部电视剧——《历史的天空》。随后，李明又出品了《甜蜜蜜》《我的兄弟叫顺溜》《新三国》《我是特种兵》等一系列电视剧。

2009 年开始，李明对公司进行集团化架构调整并对资源进行整合，最终成立了北京小马奔腾文化传媒股份有限公司。据官网介绍，北京小马奔腾文化传媒股份有限公司是一家在广告、电视剧、电影、剧社、演艺经纪等多领域运营的文化传媒集团式企业。2011 年，国内首家欢乐小马影城在浙江慈溪成立，标志着小马奔腾投资、制作、发行、放映等电影垂直产业链建设的完整。除此之外，小马剧社、演艺文化、新媒体、宣传营销中心等业务板块也全面展开，打造小马奔腾的传媒产业链。经过多年的业务拓展，公司现已成为国内领先的跨媒体、多元化的文化传媒集团，“小马奔腾”品牌已逐步成为影视业极具影响力的品牌之一，在业界内外的知名度和影响力稳步提高，正以一个国际化、综合化的文化传媒公司发展态势不断前行。旗下拥有：北京小马奔腾影业有限公司（电影）、北京小马奔腾壹影视文化发展有限公司（电视剧）、北京小马奔腾影院投资有限公司（影院）、北京小马奔腾演艺文化有限公司（艺人经纪）、北京小马奔腾龙马威科技发展有限公司（新媒体）、北京雷明顿广告有限公司（广告）。①

随着众多优秀作品的推出，小马奔腾被资本市场竞相追捧。由于赶上了中国影视投资的春天，仅 PerA 轮融资就达到了 4000 万美元，估值高达 2 亿美元；A 轮由建银文化基金领投，估值高达 30 亿元人民币；华谊兄弟曾打算并购小马奔腾，当时的估值高达 54 亿元人民币。然而，小马奔腾的高光时刻却停留在 2013 年 12 月 31 日。这一天，是李明与建银文化产业投资基金（天津）有限公司“对赌协议”到期的日子。

小马奔腾没能按照“对赌协议”在 2013 年 12 月 31 日前成功上市，这就意味着李明在这次业绩“对赌”中失败了。

雪上加霜的是，2014 年 1 月 2 日，小马奔腾集团创始人、

① 参见小马奔腾官网，公司介绍，2020 年 11 月 23 日。

董事长李明，因突发心肌梗死去世，年仅47岁。1月24日，小马奔腾通过微博发布公告称，经过公司董事会一致通过，由李明的妻子金燕担任公司董事长兼总经理。

按照当初的对赌约定，一旦小马奔腾不能按时上市，或者上市失利，小马奔腾需要回购建银文化的股权，以及4.5亿元的投资款项利息，共计6.35亿元。

据《北京青年报》披露，小马奔腾及作为实际控制人的李萍、李莉、李明与建银文化还签署了一份《投资补充协议》。其中约定：若小马奔腾未能在2013年12月31日之前实现合格上市，则投资方建银文化有权在2013年12月31日后的任何时间，要求其任何一方一次性收购建银文化所持有的小马奔腾的股权。同时还约定，建银文化要求其共同或者任一方收购的，应发出书面通知，其不得以任何理由拒绝履行收购义务，但其可以自身名义或其指定的第三方实施收购。①

李明去世后，建银文化自然而然地把继承了李明遗产的亲属们告上了仲裁庭。2014年11月18日，裁决结果是：要求李莉（李明姐姐）、李萍（李明妹妹）、金燕及其他李明遗产继承人履行股份回购义务，一次性收购建银文化持有的小马奔

① 参见刘慎良：《小马奔腾创始人遗孀被判赔2亿债　向北京高院上诉》，《北京青年报》2018年1月9日。

腾公司的全部股份，支付股权转让款 6.35 亿元。[1]

由于金额过于巨大，李莉、李萍无力支付，2017 年 10 月 2 日，李莉、李萍持有的小马奔腾控股权被拍卖，金额为 1.55 亿元。

其余的债务，在 2017 年 9 月的一次判决中，北京一中院判定为夫妻“共同债务”，金燕有偿还义务。其依据是《婚姻法》第二十四条：“债权人就婚姻关系存续期间夫妻一方以个人名义所负债务主张权利的，应按夫妻共同债务处理。”

金燕此前通过遗产继承，继承了李明 100 多万元的遗产和合计约 8% 的小马奔腾股权。由于李明去世了，小马奔腾的股权价值大幅缩水，金燕同样无力支付这笔 2 亿元的巨债。同时，金燕回忆道：“李明创办、经营小马奔腾时，我并未在小马奔腾担任职务，这么多年一直是自己在经营一家素餐馆，小马奔腾融到的资金也投入了公司滚动发展，并没有拿到家里用，现在李明去世，凭什么要我来承担这笔过亿的巨债？”

对于 2 亿元的债务，金燕在接受媒体采访时说道：“直到被推到董事长兼总经理的位置，我才知道了‘对赌协议’的存在。当年的‘对赌协议’，我没有签字，巨额的投资款项，也没有用于夫妻共同生活，我甚至都没有持有过小马奔腾的股权，这一切为什么要我来承担？”

---

① 参见刘慎良：《小马奔腾创始人遗孀被判赔 2 亿债　向北京高院上诉》，《北京青年报》2018 年 1 月 9 日。

关于小马奔腾的投资协议，律师认为，这要看配偶在投资协议中有没有签字，如果没有签字，因投资协议而产生的债务，一般不应视为夫妻共同债务。

金燕在接受媒体采访时称，当时她完全没有参与过小马奔腾的经营，更谈不上在投资协议上签字。金燕说道："我坚持不仅是为我自己，也为了不能让这种不公判决成为先例！"

在各方争论下，2018 年 1 月 17 日，最高人民法院发布了《关于审理涉及夫妻债务纠纷案件适用法律有关问题的解释》（以下简称《解释》），内容如下：

为正确审理涉及夫妻债务纠纷案件，平等保护各方当事人合法权益，根据《中华人民共和国民法总则》《中华人民共和国婚姻法》《中华人民共和国合同法》《中华人民共和国民事诉讼法》等法律规定，制定本解释。

第一条 夫妻双方共同签字或者夫妻一方事后追认等共同意思表示所负的债务，应当认定为夫妻共同债务。

第二条 夫妻一方在婚姻关系存续期间以个人名义为家庭日常生活需要所负的债务，债权人以属于夫妻共同债务为由主张权利的，人民法院应予支持。

第三条 夫妻一方在婚姻关系存续期间以个人名义超出家庭日常生活需要所负的债务，债权人以属于夫妻共同债务为由主张权利的，人民法院不予支持，但债权人能够证明该债务用于夫妻共同生活、共同生产经营或者基于夫妻双方共同意思表示的除外。

第四条 本解释自2018年1月18日起施行。

本解释施行后，最高人民法院此前作出的相关司法解释与本解释相抵触的，以本解释为准。[①]

按照《解释》第一条的“共债共签”原则，金燕没有在对赌协议上签字，是李明以个人名义签署。金燕曾说道：“完全没有参与过小马奔腾的事情，更谈不上在投资协议上签字。”按照这样的逻辑，金燕就没有承担债务的义务。

按照《解释》第三条的内容来分析，在对赌协议中导致的债务，明显属于“以个人名义超出家庭日常生活需要所负的债务”，一旦建银文化无法证明债务用于夫妻共同生活或者共同生产经营，或者债务的负担系基于夫妻双方共同的意思表示，同样不能认定对赌协议带来的债务为金燕和李明的二人夫妻共同债务。[②]

在多篇文章中，笔者都告诫过创业者在融资时必须慎重，不然类似的事件依然会再次发生。与张兰出局俏江南比起来，

---

① 《最高人民法院关于审理涉及夫妻债务纠纷案件适用法律有关问题的解释》，最高人民法院网，2018年1月17日。

② 参见单晓语：《最高法“解释”出台，小马奔腾创始人遗孀金燕的2亿欠款有救了》，搜狐网，2018年1月18日。

小马奔腾在与资本对决时，其悲情故事更加残酷。

反观小马奔腾案例，假如李明与建银文化在签署对赌协议前，把一定数额的财产注入家族信托中，指定妻子金燕、孩子为信托受益人，起码可以保证金燕和孩子的生活和教育费用。

鉴于此，家族信托能解决创始人两个方面的需求：第一，可控传承。在财富传承实践中，约束性指定，防范改变资产性质（偿债、冻结资产、遗产）。第二，风险预案。在财富传承中，可能二代、三代年幼，保障其生活和良好的教育，防范子女婚姻风险的预案。

许世勋 420 亿港币做家族信托，许晋亨夫妇每月可领 200 万港币

2018 年 12 月初，中国香港“船王”许爱周第三子、曾任恒生银行董事、《南华早报》主编、香港电灯公司及汇丰银行董事的许世勋因病去世，享年 97 岁。

许氏家族虽然家业丰厚，在中国香港也是名门望族，但是在公众的视野中，许世勋还是以另外一个身份——“港姐”李嘉欣的公公为大众所熟知。

2008 年，许世勋次子许晋亨迎娶了正处于演艺事业顶峰的“港姐”李嘉欣，李嘉欣由此退出演艺圈。许世勋离世后，许晋亨能否“如愿”继承许世勋巨额家产成为焦点话题。

据媒体披露，许世勋家族持有的财富大约为 420 亿港币，资产主要在商厦和豪宅方面，例如，中环的中建大厦和中汇大厦等。当然，这巨额的财富能够有效传承，离不开许爱周生前创建的家族信托。

1881 年，许爱周生于湛江，从小开始跟随父亲经商，创建“福泰号”，专营花生油等食品杂货。其后，许爱周慢慢地经营黄麻、蒜头、外国货物等。

20 世纪 20 年代，许爱周开始经营酒店和商铺，由此成为地产界大亨。其后，日本侵略中国，中国抗日战争爆发。其间，法国保持中立，许爱周敏锐地洞察到航运的商机，创办顺昌航业，大量自购和租赁船舶经营航运，商船足迹遍及东南亚各个国家。

随着时局的稳定，许爱周的事业也节节高升，由此创建多家公司。1949 年，许爱周在香港创建仁兴矿物公司。1952 年，许爱周在香港创建顺昌航业有限公司。1957 年，许爱周与关奋发、彭国珍创建中建企业公司，购买了香港大酒店原地址，兴建中建大厦。随后，许爱周又开发中环附近的亚细亚行，开始在香港发展地产，成为香港著名地产发展商之一。

值得称道的是，许爱周不仅拥有商业的洞察力，还在财富传承方面颇具远见。为避免家族后代挥霍无度，他借鉴了西方的先进传承经验——家族信托。

1963 年 3 月 13 日，82 岁的许爱周创建周兴置业公司，并且把自己名下重要资产置入旗下，由家族信托基金持有。许爱周创建的家族信托（基金）结构如下：作为委托人的许爱周，设立家族信托，家族信托基金由周兴置业持有，并把许氏家族的主要资产注入周兴置业。家族信托受益人是许爱周的三个儿子——长子许歧伯、次子许士芬、三子许世勋。家族信托授权长子许歧伯、次子许士芬、三子许世勋三个儿子管理家族资产。详情见图 8-1。

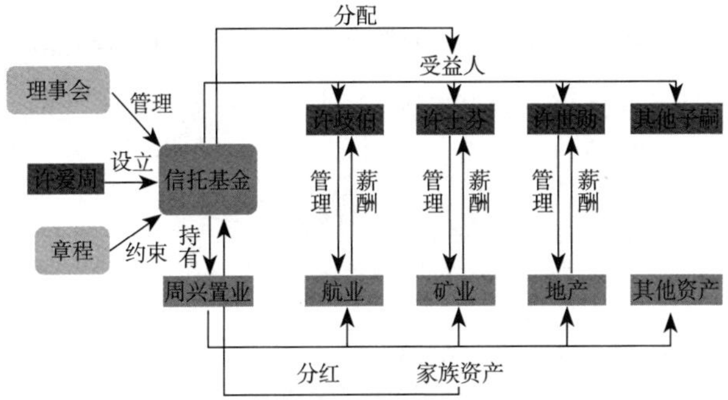

图 8-1　许氏的家族信托（基金）架构

资料来源：腾讯网，2018 年 12 月 28 日。

1966 年，许爱周离世。许氏家族信托（基金）发挥了第一次作用，许氏家族的家族财富传承顺利完成。按照许爱周的安排，长子许歧伯、次子许士芬、三子许世勋各司其职：长子许歧伯主管航业，次子许士芬负责矿业，三子许世勋掌管地产。此外，家族成员每月在基金内支薪，而不能直接分得遗产。

长子许歧伯育有六子四女：长子许晋封，次子许晋强，三子许晋奎，四子许晋龄，五子许晋和，六子许晋平，长女许雪芳，次女许雪鸿，三女许雪桃，四女许雪碧。

次子许士芬育有两子一女：长子许晋义，次子许晋廉，女儿许雪礼。

三子许世勋育有两子一女：长子许晋乾，次子许晋亨，女儿许雪元。

在许晋亨一支，许晋亨与澳门赌王何鸿燊的女儿何超琼结婚。与何超琼离婚后，许晋亨又迎娶“港姐”李嘉欣为妻，并生育一子许建彤。许氏家族族谱见图 8-2：

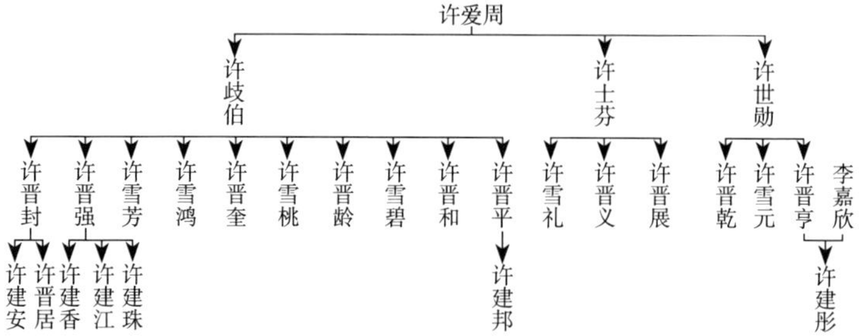

图 8-2　许氏家族族谱

资料来源：虎嗅网，2018 年 10 月 6 日。

在图 8-2 所示，许氏家族第三代数量多达 16 人，但是百亿家产并未分散到各代子嗣中去。许氏家族的成员获得家族信托（基金）的收益分配或者就职在自家家族企业，按照当初的制度安排，家族企业的所有权、控制权掌握在家族信托（基金）手中，即使家族发生矛盾，家族资产也不会被分割。

许爱周的制度安排非常合理，自己去世后，长子许歧伯、次子许士芬、三子许世勋按照其意愿统领不同的业务。遗憾的是，没多久，长子许歧伯和次子许士芬也相继去世。三子许世勋由此接管家族全部产业。许世勋接管后，以数亿元的价格出售了家族公司顺昌航业全部船只，深耕房地产业。

为了避免婚变分产、防范后代挥霍，许世勋通过家族信托打理家族财富。许世勋离世后，家族信托支付给许晋亨每月200万港币的生活费，防止后代挥霍的意图由此可见。

二、家族信托与家族企业的百年匠心

在中国财富传承中，往往缺乏财富管理规划，把鸡蛋放在一个篮子里，这样投资，一旦遭遇变故，其风险可想而知。例如，有的创始人因为企业经营不善，导致个人背负巨额债务，甚至是破产，所有财富瞬间“灰飞烟灭”。

按照这样的逻辑，在家族财富的管理中，不仅要做到资产保护、资产保值增值，同时必须做好财富传承，这二者缺一不可。

遗憾的是，目前大多数中国富豪忽略了资产保护、资产保值增值，以及财富传承，这无疑将自己苦心经营的家族财富置于异常的险境之中。

鉴于此，盈科律师事务所全国家族信托中心主任兼首席律师李魏说道：“家族信托对于财产的保护不仅限于收入分配，更来自对婚后债务问题的规避。简单来说，如果夫妻一方发生（甚至‘人为制造’）债务黑洞，那么婚内财产就不可能置身事外，而在家族信托的保护之下，则可以免除这方面的后顾之忧。”

李魏补充道：“其实就是为未来的财产设置了一重‘保险’，但又与保险不同，因为后者是事后的赔偿，是‘死’的财富，而家族信托则是‘活’的财富，不仅条款灵活，而且所管理的是资产的整个生命周期。”

信托具有信息保密、资产隔离、税务规划、传承计划四个功能

什么是信托?《中华人民共和国信托法》第二条是这样解释的：所谓信托是指，委托人基于对受托人的信任，将其财产权委托给受托人，由受托人按委托人的意愿以自己的名义，为受益人的利益或者特定目的，进行管理或者处分的行为。

什么是家族信托呢？2018 年 8 月 17 日，中国银行业监督管理委员会信托监督管理部在《关于加强规范资产管理业务过渡期内信托监管工作的通知》(信托函〔2018〕37 号）中定义了家族信托。所谓家族信托，是指信托公司接受单一个人或者家庭的委托，以家庭财富的保护、传承和管理为主要信托目

的，提供财产规划、风险隔离、资产配置、子女教育、家族治理、公益（慈善）事业等定制化事务管理和金融服务的信托业务。家族信托财产金额或价值不低于 1000 万元，受益人应包括委托人在内的家庭成员，但委托人不得为唯一受益人。单纯以追求信托财产保值增值为主要信托目的，具有专户理财性质和资产管理属性的信托业务不属于家族信托。

按照信托的定义，信托具有信息保密、资产隔离、税务规划、传承计划四个功能。其作用是有效地保护财产及个人隐私，规避个人债务、婚姻、遗嘱、企业股权等诸多风险，同时还可以有效地筹划各项税务，以及财富传承规划。

华宝信托家族信托事业部信托经理钟方舟在《财富人生》线上直播间做客时介绍说："家族信托的当事人主要有委托人、受托人和受益人。委托人拥有财产交付、掌控信托合同的权利，可以对信托合同进行修改和设置信托受益条款。受托人根据委托人发送的指令和信托合同的约定进行事务管理，同时定期出具信托管理报告给委托人和受益人。受益人主要还是从信托中获益，比如现金等财产。国内还有一些其他主要角色包括监察人及指令人，监察人主要监督信托的运作以及受托人、受益人的行为，指令人主要为信托下达发送投资指令等。除此之外，还有其他一些角色可以根据家族的规模加入到信托中。"[①]

① 参见钟方舟：《富过三代基业长青的神器——家族信托》，新浪网，2020 年 6 月 29 日。

钟方舟举例称，与诺亚财富合作，由诺亚财富为客户提供投资建议和客户维护；由信托公司在银行开设托管户，这样就有托管行来监督信托的运行，特别是审核出款依据；律师、税务事务所提供法律及法务意见，特别是出国的税务评估；会计师事务所提供年度审计；教育、留学机构提供教育留学咨询服务；医疗养老机构提供高端医疗服务等。见图 8–3。

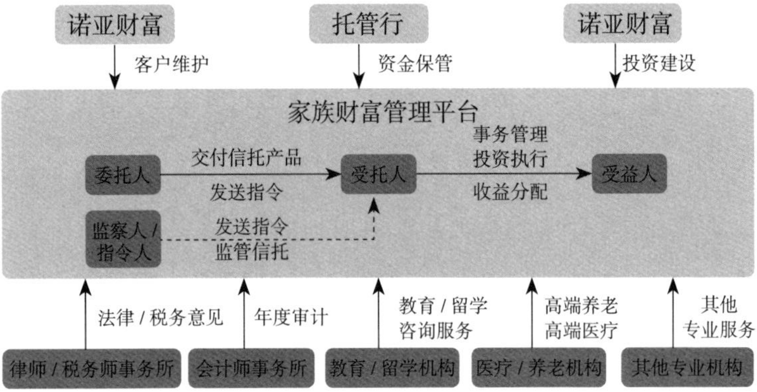

图 8–3 家族财富管理平台

资料来源：新浪网，2020 年 6 月 29 日。

家族财富就是具有继承家族文化、民族精神、家族价值与家族资产来传承与拓展基业长青的财富

家族信托是一种有效的财富传承方式，不仅提供资产管理、投资组合等理财服务，同时还提供财富转移、遗产规划、税务策划、子女教育、家族治理、慈善事业等服务。究其原因，“家族财富就是具有继承家族文化、民族精神、家族价值

与家族资产来传承与拓展基业长青的财富。纵观发达国家和地区的家族发展史，众多耳熟能详的家族如洛克菲勒家族、爱马仕家族、李嘉诚家族等都已经借道成熟的家族财富传承机制成就了家族财富的基业常青”。蓝源资本董事长廖文剑如此说道。[①]

梳理发现，信托的作用有如下几种：

1. 防范婚变风险，家族财富不会因为婚姻的结束而遭受影响

《中华人民共和国民法典》第一〇六二条规定，夫妻在婚姻关系存续期间所得的下列财产，为夫妻的共同财产，归夫妻共同所有：（一）工资、奖金、劳务报酬；（二）生产、经营、投资的收益；（三）知识产权的收益；（四）继承或者受赠的财产，但是本法第一〇六三条第三项规定的除外；（五）其他应当归共同所有的财产。夫妻对共同财产，有平等的处理权。

鉴于此，由于婚姻存续期间所得的财产由双方共有，一旦婚姻发生变故，夫妻一方所占有的财产无疑会面临被分割或缩水的风险。在家族企业中，夫妻共有的财产，不仅涉及企业股权，还可能影响到创始人对家族企业的控制。

为了避免这样的局面，创始人可以通过设立财产信托，利用信托财产的独立性特点，将委托人婚前的个人财产，尤其

① 参见李冰：《蓝源资本董事长廖文剑：80% 家族企业面临财富传承难题》，《证券日报》2014 年 7 月 5 日。

是企业股权进行隔离，由此避免婚变导致丧失企业控制权。

2. 满足创富家族的个性化需求，保障家族成员的正常生活

在诸多企业富豪中，尤其是一些高净值人群，在财富的有序传承中，无疑涉及若干要求，涵盖家族财产传承、防止子女挥霍家产、抚养未成年子女、照顾和扶助特殊家族成员等。

富豪尤其是一些高净值人群之所以选择家族信托，就是因为家族信托可以有效地解决这些问题。

第一，家族信托具有极强的灵活性，可以解决委托人的财富传承问题，预先安排资产分配于各家庭成员、亲友、慈善团队及其他机构。

第二，由于受托人和信托财产是独立于家族企业之外，有效地缓解了家族成员之间由于财富管理观念、财富分配标准冲突而造成的矛盾和内耗风险，最大限度地保证财富继承。

第三，家族信托拥有自身的高效性，在一些有继承限制的国家，信托可以帮助委托人弹性安排资产继承，不会受到复杂冗长的遗嘱认证程序的影响，指定受益人尽快地继承家族财富。

作为歌手、演员、慈善家的梅艳芳，在自己的职业生涯中积累了大量的财富，但是她非常清楚自己的生母不善打理。为了避免母亲一次性地把自己的遗产挥霍掉，梅艳芳就设立遗嘱信托，把自己近亿港元的财产委托给专业的机构打理。按照梅艳芳的吩咐，信托基金每月支付 7 万港元给母亲作为生活费

之用，直到母亲去世。

在遗嘱中，梅艳芳特别申明，当母亲去世后，扣除各种开支，剩下的资产捐给妙境佛学会。通过家族信托的方式，梅艳芳既确保了自己去世后母亲的正常生活，也让自己积累的财富得到有效的传承。

3. 理顺家族关系，健全家族治理

家族治理通常涵盖两个层面，同时存在三重关系。所谓“两个层面”，指家族治理分为家族层面和企业层面的治理。所谓“三重关系”，指“家族成员”“企业股东”“企业管理者”三者之间的互相交叉、互相影响的关系，在家族企业治理中忽略任何一种关系，都势必影响家族治理的整体效果。

关于“两个层面”问题，20世纪80年代，戴维斯（Davis）和塔居里（Tagiuri）在哈佛大学商学院的“二环模型”的基础上，把企业分为“所有权”和“管理权”两个维度，由此形成家族企业的“三环模型”——“家族”“企业”“所有权”。如图8–4。

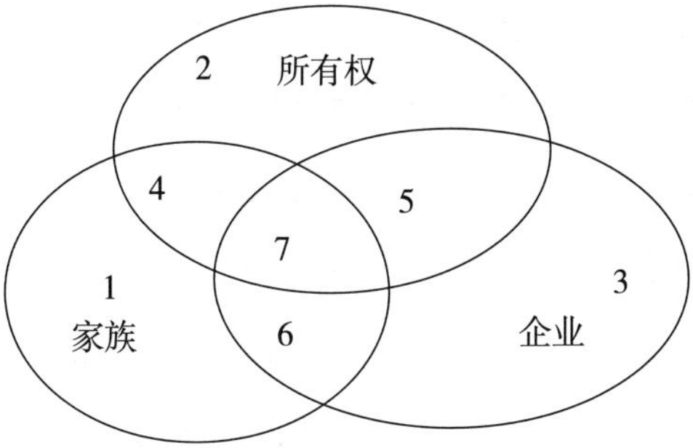

图8–4　家族企业的“三环模型”

根据“三环模型”，“家族”“企业”“所有权”由此形成家族企业的三个相互独立而又相互重叠的子系统，涵盖“企业”“所有权”“家族”的7个区域，将家族企业的每一名利益相关者划分到某个特定的区域中。见表8-1。

表 8-1　三环模型 7 个区域之间的关系

区域	关系
1 区	家庭成员，不在企业就职，不拥有企业所有权
2 区	非家庭成员，不在企业就职，拥有企业所有权
3 区	非家庭成员，在企业就职，不拥有企业所有权
4 区	家庭成员，不在企业就职，拥有企业所有权
5 区	非家庭成员，在企业就职，拥有企业所有权
6 区	家庭成员，在企业就职，不拥有企业所有权
7 区	家庭成员，在企业就职，拥有企业所有权

在上述7个板块中，只有建立起清晰的家族治理结构，设立家族成员之间的规则，才能预防潜在冲突，保证家族的延续与企业的持续经营。家族治理的主要途径包括：一是制定家族宪章，用来明确家族的愿景、使命、价值观，规范家族成员与企业关系的政策。二是设立家族治理机构，如家族大会、家族理事会等，用来商讨和决策事关家族成员和家族利益的重大事项。三是借助家族信托化解家族成员与家族企业之间的矛盾。当家族成员与家族企业发生冲突时，家族信托站在公正的立场上协调家族、家族企业两者之间的矛盾。

4. 通过家族信托设计可以有效避免财富代际传承中可能发生的遗产税、赠予税

在家族信托的功能中，税务筹划就是其中一个。诺亚控股有限公司首席研究官金海年撰文写道："随着中国高净值人群家族的财富不断积累，中国富裕家族对财富的认识层次也在不断提升和丰富，财富管理的需求也从原来寻找高收益投资机会的简单动机更加丰富综合起来，涵盖了财富的创造、保值增值、消费、分享和传承等全过程环节，对保险、税务、学习成长等各方面的需求也迫切起来。"①

5. 成立慈善信托，不仅可以有效发挥创始人回馈社会的慈善功能，还有助于家族与企业树立良好形象

在中国传统文化中，在年轻时，勇闯天涯，积累财富，只为"衣锦还乡"，改变族人和乡亲往昔的看法，其后，便是实施"光宗耀祖"的慈善行为。

这里的传统文化并非针对中国每一个企业家，但是当企业家们实现财富自由后，慈善也就随之开始。正因为如此，一些创始人通过家族信托的方式，完成了自己做慈善的心愿。当然，之所以能够达成这样的心愿，是因为家族信托自身的属性除了家族私益功能之外，同时兼具社会慈善的功能。

---

①　金海年：《家族时代，信托与私募会成为富过三代的密钥吗？》，《财经》2017 年第 6 期。

第九章　玻璃大王曹德旺：优先嫡长子继承，兼顾唯贤与唯亲

纵观世界上的家族企业，创始人都希望选择的接班人能够把自己辛辛苦苦创办的事业传承久远，基业长青，乃至卓越，福耀玻璃创始人曹德旺也不例外。在这样的期许下，福耀玻璃接班人计划虽然一波三折，却按照曹德旺的预定目标在进行。

在曹德旺的规划中，优先选择嫡长子继承制度，兼顾唯贤与唯亲；不断引进社会资源，培育更多职业经理人；不拘一格降人才，内部培养核心管理团队。由此可见，如今的曹德旺不再为子女接班而发愁，通过基金会等多种方式传承自己的家业。

一、优先嫡长子，其次女婿继承，兼顾唯贤与唯亲

2017 年 3 月 16 日下午，在上海和香港两地上市的福耀玻璃按照公示制度发布了一份总经理辞职的公告，左敏因家庭和身体原因辞去总经理一职，详情如下：

证券代码：600660　证券简称：福耀玻璃

公告编号：临 2017-014

福耀玻璃工业集团股份有限公司

关于总经理左敏先生辞职的公告

本公司董事局及全体董事保证本公告内容不存在任何虚假记载、误导性陈述或者重大遗漏，并对其内容的真实性、准确性和完整性承担个别及连带责任。

福耀玻璃工业集团股份有限公司（以下简称“公司”）于近日收到公司总经理左敏先生提交的书面辞呈。

左敏先生因家庭和身体原因，向公司提出辞去其所担任的公司总经理职务。根据相关规定，董事局同意左敏先生辞去总经理职务的申请，左敏先生的辞职申请自送达公司董事局之日起生效。在公司董事局聘任新任总经理前，由公司董事长曹德旺先生代行公司总经理职务。左敏先生辞去公司总经理职务，不会影响公司相关工作的正常进行，公司将尽快按照规定程序选聘新任总经理。

左敏先生确认，其本人与董事局并无意见分歧，亦无与其本人辞任有关的事宜须提请公司股东注意。

公司及公司董事局对左敏先生在任职期间的辛勤工

作及为公司发展所做出的努力和贡献表示衷心的感谢!

特此公告。

福耀玻璃工业集团股份有限公司

董 事 局

二〇一七年三月十七日

此则消息犹如一枚重磅炸弹，再次引爆曹德旺的接班人话题。按照媒体和研究人员的普遍判断，作为曹德旺长子的曹晖接任总经理一职毫无悬念。然而，2017 年 3 月 26 日，福耀玻璃公告称，接任福耀玻璃总经理职务的并不是曹晖，而是曹德旺的女婿叶舒。

有研究者认为，叶舒出任总经理这样的接班安排，是福耀玻璃迈出长子接班的第一步，后续将进行更多的职业经理人的部署和安排。

当然，这样的观点有其合理性。事实证明，叶舒作为曹德旺的女婿，也是曹氏家族的一员，自然是曹德旺接班计划的一部分，也就是说，不管是曹家长子曹晖，还是女婿叶舒，都是曹德旺心目中的目标接班人人选。据《海峡都市报》披露，曹德旺一共有三个子女，长子曹晖，女儿曹艳萍，次子曹代腾。

至于曹德旺之前多次在公开场合强调曹晖接班问题，2017年3月28日，福耀玻璃有关人士在接受《每日经济新闻》记者李婷、吴凡的采访时介绍称："曹晖什么时候回来接班现在不好推测，但任命叶舒确实是因为其满足作为公司总经理的条件。"

在中国家族企业的接班序列中，通常考虑嫡长子继承，这与我们长期坚守的文化传统有关。但是随着中华人民共和国的成立，以及独生子女政策的推出，中国家族企业的接班传统被打破：第一，没有相关的竞争者。第二，可能没有长子，只有长女。第三，接受较高的文化教育。第四，多元化的文化观念吞噬接班人的接班思维。

曹德旺的改变或许与其父曹河仁的留日经历也有关系。正如我们前面介绍过的，在日本企业中，如果日本家族企业创始人认为自己的儿子并不具备接管企业的能力，或者儿子不愿意接管企业，一般情况下，创始人就会在家族企业的年轻人中，选择和培养一个能力最强的未婚男青年，把自己的一个女儿嫁给这个男青年。在结婚仪式之后，日本家族企业创始人让女婿成为"养子"，然后让这个"婿养子"成为接班人，并正式接管这个家族企业。

在与日本企业合作的过程中，日本的管理文化无疑会影响曹德旺。既然有先例可循，同时女婿叶舒在福耀玻璃工作多年，其业绩表现也较好，既解决了对职业经理人的不放心，同时也把福耀玻璃牢牢地掌握在自己手中。在接受媒体采访时，曹德旺直言：“这没什么不能说的。……福耀玻璃这个企业，如果没有曹家人在里面，是没有灵魂的。”

究其原因，曹德旺补充说道：“曹家人做事是非常负责任的。”与此同时，曹德旺对叶舒的评价较高，在接受媒体采访时，曹德旺直言不讳：“叶舒人品厚道，长得也很帅，又是厦大毕业的。在公司待了这么多年，大家也对他评价很不错。”

对于叶舒，福耀玻璃官网是这样介绍的：“叶舒先生，自 2019 年 10 月至今任本公司执行董事，自 2017 年 3 月至今任本公司总经理，叶舒先生自 2003 年 7 月加入本公司，叶舒先生曾经在本公司担任多个职务，包括自 2017 年 2 月至 2017 年 3 月任本公司副总经理，自 2009 年 6 月至 2017 年 2 月任本公司供应管理部供应管理总监，自 2009 年 3 月至 2009 年 6 月任本公司采购部副总经理，自 2008 年 5 月至 2008 年 11 月任福耀玻璃海南浮法玻璃有限公司总经理，自 2003 年 7 月至 2008 年 5 月叶舒先生在配套部、筹建组等部门从事工作，先后担任本公司及其子公司的副经理、副总经理等职务。叶舒先生在 2008 年 11 月至 2009 年 3 月期间调离本公司，任福建省耀华工业村开发有限公司总经理。叶舒先生于 1995 年 7 月毕业于厦门大学国际贸易专业，获得学士学位；于 1999 年 7 月毕业于厦门大学经济学专业，获得经济学硕士学位。”

至于曹德旺之女曹艳萍的相关信息，官网鲜有介绍。查阅媒体的相关报道显示，2003年前，曹艳萍与叶舒结婚。

关于这段婚姻，曹德旺在开始时还是反对的。接受媒体采访时，曹德旺直言："我的女儿刚结婚，我怕人家是因为她有我这个有钱的爸爸而娶她，所以不同意。"

曹德旺曾对爱女曹艳萍说道："他是厦门大学毕业的，人又很帅，父亲还是一个省教委主任，人家这么好的条件会娶你？你又不是本科毕业。"

当然，曹德旺的反对并未真正阻止这对有情人成为眷属。曹德旺补充说道："他们夫妻为了证明我这句话是错的，两个人在澳大利亚自食其力，边打工边开店。"

对于女儿曹艳萍，曹德旺的父爱依旧："按照我们这边的习俗，女儿是嫁出去的，是男人当家，但我的财产没有因为她是女儿而不给她一份，有她一份。"

在女婿接任总经理后，有观点猜测，叶舒可能掌管福耀玻璃。但曹德旺向媒体表示，女婿叶舒此次接任总经理之位，是曹氏家族接班计划中的一个环节，不过他同时强调："我不会提拔不合适的人，如果不是他本身的能力可以满足条件，那他是不能上的。"[①]

谈到此次出于何种考虑提拔女婿担任要职，曹德旺明确表示，首先是叶舒的综合能力过关，"我又没有那么傻瓜（提

① 李婷、吴凡：《女婿接任福耀玻璃总经理　曹德旺心中接班人却忙着创业》，《每日经济新闻》2017年3月29日。

拔不合适的人），出那个洋相干什么呢？”

根据《每日经济新闻》的披露，福耀玻璃公司选择叶舒确实是公司经过综合考虑的，“他之前在海南的公司做过事业部总经理，包括他回到集团之后，在采购部、运营部都有做过，也担任过总监、副总裁，在各个部门和岗位上都得到了锻炼”[①]。

在官网上，我们查阅到了独立董事刘小稚、吴育辉、程雁关于“福耀玻璃工业集团股份有限公司独立董事关于聘任公司总经理的独立意见”，详情如下：

福耀玻璃工业集团股份有限公司独立董事
关于聘任公司总经理的独立意见

本人作为福耀玻璃工业集团股份有限公司（以下简称“公司”）第八届董事局的独立董事，根据《中华人民共和国公司法》（以下简称“《公司法》”）、《关于在上市公司建立独立董事制度的指导意见》、《上市公司治理准则》、《公司章程》、《公司独立董事制度》等有关规定，认真审阅了相关材料，基于独立判断立场，本人就公司第八届董事局第十三次会议聘任叶舒先生为公司总经理之

① 李婷、吴凡：《女婿接任福耀玻璃总经理 曹德旺心中接班人却忙着创业》，《每日经济新闻》2017年3月29日。

事项发表如下独立意见：

根据公司提供的叶舒先生的个人履历、工作业绩等相关材料，本人认为：公司第八届董事局第十三次会议聘任的总经理叶舒先生具有多年的企业管理和相关工作经历，接受的专业教育及学识符合公司治理和经营发展的需要，可以胜任所聘任工作。未发现其有《公司法》第一百四十六条规定的禁止担任公司高级管理人员职务的情形以及被中国证券监督管理委员会处以证券市场禁入处罚且期限未满的情形，叶舒先生具备我国有关法律、法规以及《公司章程》规定的公司高级管理人员的任职资格。

综上所述，本人同意公司董事局聘任叶舒先生为公司总经理，同时免去其担任的公司副总经理之职务。

独立董事签名：

LIUXIAOZHI（刘小稚）吴育辉　程　雁

二〇一七年三月二十五日

在叶舒接任总经理职位的第二年，2018年福耀玻璃的业绩稳健向好。[①] 见表 9-1。

表 9-1　2016、2017、2018 年板块收入

单位：元　币种：人民币

业务	2018 年		2017 年		2016 年	
	收入	占比(%)	收入	占比(%)	收入	占比(%)
汽车玻璃	19351888769	97.32	17868123103	98.23	16145325933	99.11
浮法玻璃	3220524367	16.20	2899053827	15.94	2729025698	16.75
其他	232315572	1.17	95819302	0.53	73550610	0.45
减：集团内部抵消	−2920889734	−14.69	−2672082247	−14.69	−2657335337	−16.31
合计	19883838974	100.00	18190913985	100.00	16290566904	100.00

资料来源：福耀玻璃 2018 年年度报告。

尽管行业形势严峻，但福耀玻璃依然逆势增长。《福耀玻璃工业集团股份有限公司 2018 年年度报告》数据显示：截至 2018 年 12 月 31 日，公司总资产人民币 344.90 亿元，比年初上升了 8.79%，总负债人民币 143.01 亿元，比年初上升了 12.61%，资产负债率 41.46%，归属于母公司所有者权益人民币 201.91 亿元，比年初增 6.26%。本报告期内公司实现营业收入人民币 2022498.57 万元，比去年同期增长 8.08%；实现归属于上市公司股东的净利润人民币 412048.74 万元，比

① 参见张艺：《136 亿分红之后，福耀玻璃的选择》，界面新闻，2019 年 3 月 27 日。

去年同期增长 30.86%；实现归属于上市公 司股东的扣除非经常性损益的净利润人民币 346778.79 万元，比去年同期上升 14.44%；实现基本每股收益人民币 1.64 元，比去年同期增长 30.16%。见表 9–2。

表 9–2　2016、2017、2018 年主要会计数据

单位：元　币种：人民币

主要会计数据	2018 年	2017 年		本期比上年同期增减 (%)	2016 年
		调整后	调整前		
营业收入	20224985720	18713034974	18715608755	8.08	16621336273
归属于上市公司股东的净利润	4120487402	3148748043	3148748043	30.86	3144227339
归属于上市公司股东的扣除非经常性损益的净利润	3467787870	3030258585	3030258585	14.44	3069187169
经营活动产生的现金流量净额	5807861303	4924161761	4796512051	17.95	3636974860
	2018 年末	2017 年末		本期末比上年同期末增减 (%)	2016 年末
		调整后	调整前		
归属于上市公司股东的净资产	20190906192	19000835533	19000835533	6.26	18033617524
总资产	34490438670	31704009489	31704009489	8.79	29865845423

资料来源：福耀玻璃 2018 年年度报告。

二、不断引进社会资源，培育更多职业经理人

事实证明，在打造百年老店的过程中，中外家族企业创始人最大的阻力就是传承，这个被誉为“富不过三代”的魔咒，犹如一把达摩克利斯剑悬在家族企业创始人头顶，其压力

难以想象，这个堪称世界难题的传承让成千上万的创始人进退维谷，陷入两难的窘境中。

梳理发现，对于家族企业创始人来讲，不是创始人不想退，实在是接班人接不起。创始人的“精神领袖”替代问题，新的接班人何以服众，怎样让大家看到不断展现的未来图景，以保持企业的持续创新激情，等等，都是复杂棘手的问题。更何况，对于究竟该交班给儿女，还是交给职业经理人，人们的争论从未停止。难道福耀玻璃就能轻而易举地解决这个难题？[①]

客观地讲，曹德旺也遭遇了上述问题。为了尽可能地社会化，作为国内汽车玻璃行业的首家上市公司，福耀玻璃也曾极力淡化家族企业色彩。与此同时，在成为公众公司的同时，曹德旺还在2003年和2005年两度求贤，付以福耀玻璃总经理职位。

曹德旺把目光放到日本，聘请日本人丰桥重男担任总经理，随后是中国女强人、德国电机及化学双博士刘小稚。据了解，丰桥重男在担任福耀玻璃总经理之前，曾担任日本积水化学公司高性能塑料国际部部长，曹德旺对其管理才能十分认可，同时他还是曹德旺相交多年的好友。

与丰桥重男不同的是，刘小稚在担任福耀玻璃总经理之

---

① 参见王缨:《曹氏传承》,《中外管理》2012年第2期。

前，曾任通用中国公司先进技术管理部总监，而且还是享受政府特殊津贴的专家。

曹德旺吸纳具有国际化视野的人才：第一，期望福耀玻璃能够积极地拓展全球市场。第二，组建国际化管理团队，引入精细管理方法，提升福耀玻璃自身的管理优势。第三，积极地从外部空降职业经理人，试图改变福耀玻璃之前的管理基因。

然而，两位空降总经理的到来并未按照曹德旺的预定轨道运行，而是不到一年就挂冠而去，一时众说纷纭。对于当年的布局，曹德旺有自己的盘算。曹德旺介绍，刘小稚虽是女性，但工作起来雷厉风行，福耀玻璃需要这样的高级作战将领，能够把决策执行到位。而丰桥重男曾经就职于福耀玻璃的供应商公司，加盟福耀玻璃时，丰桥重男就已经退休了。曹德旺说道："你挂名当总经理好了，就拿工资，我来给你干活。"

之所以让丰桥重男担任总经理，第一，丰桥重男能说一口流利的中国话。第二，丰桥重男拥有丰富的国际化管理经验。第三，曹德旺认可丰桥重男的管理方式。但是，丰桥重男曾就职的企业在北京青年路创建了一家合资企业，缺一个熟悉中国市场的管理者，社长就又把他找了回去，担任该公司董事长。

对于曹德旺积极引进职业经理人的尝试，福耀玻璃工业集团股份有限公司副总经理白照华在接受《中外管理》采访时回应说道："不是说什么人来了就一定都能干的。在福耀玻璃要做各公司总经理，第一，必须懂技术；第二，福耀玻璃不像很多大公司，尤其是那些跨国公司，一个高级职位下面带着一帮人，围着你办这、办那，在福耀玻璃就是要自己亲自干活；第三，老板对人的期望值往往很高，他是拿自己的工作精神、聪明头脑去对应别人，这也确实很难。你没有干出你应该干的事情来，实际上就是不适用。"

对此，《21世纪经济报道》以"福耀玻璃曾经两次引进职业经理人担任总经理，但最终都因为'水土不服'而离开，你怎么看职业经理人？"这个问题采访了曹德旺。

曹德旺反思道："因为外面聘来的职业经理人，他们进来以后不熟悉企业的文化。我们这么多年来总结的经验，企业职业经理人要自己从基层岗位培养，这样他在这个群体里就有影响力。如果'空降'职业经理人当总经理，老员工当副总经理，职业经理人什么都不懂，你说（团队）怎么服你？"

曹德旺两次聘请职业经理人败走麦城，一些研究者把失败的原因归为老板用人的失误。白照华不认同这样的观点。白照华直言："老板并没有充分的时间去了解每一个经理人的想法，没有这么多机会，企业成长也给不了他这么多机会。怎么办？那只有来了就先用，干着看。"

白照华补充道："老板只有'试'。企业只有拿人来试，就像试产品一样。通过实践，通过'试用'，你才知道这个管理者是否

‘适用’。这是很正常的，什么叫人才开发？这就叫人才开发。”

在接班人问题上也是如此，在曹德旺的接班人中，曹晖被寄予厚望。“70 后”曹晖曾被曹德旺安排在一线车间。在此期间，曹晖还经常代替同车间的工友“三班倒”，一天上班的时间常常超过 10 小时。后来，曹晖就去香港上大学，并就此打理福耀玻璃的香港业务和北美业务。但是，曹晖并无接班之意。当时父子二人想法很一致，曹德旺曾坦言：“我不想让我的孩子接班，因为这不是人做的事情，太累。”

然而，几次寄希望于职业经理人接班的愿望落空后，曹德旺再次兴起了让曹晖接班的念头。曹德旺说道：“曹晖一直不愿意回来，我们花了很大代价，请人说服他，去告诉他这是社会责任。”

曹德旺之所以如此坚定让曹晖接班，关键原因是，两次外聘的总经理离开后留下真空都是曹晖接手“总经理”这块“烫手山芋”。当然，大权则仍在曹德旺手里。且不说曹晖这一次继任总经理，连他自己都记不清这是第九任还是第十任了，曹德旺也不必急于担心曹晖的光芒是否足够，曹德旺直截了当地表示，与其说他把企业交给了儿子，倒不如说是交给了一个管理团队——事实上，多年来，曹德旺在集团培养起了一批管理干部，并不断引进社会资源，来推动公司的成型与发展。[①]

---

① 参见王缨：《曹氏传承》，《中外管理》2012 年第 2 期。

三、不拘一格降人才，内部培养核心管理团队

伴随着家族企业规模的扩大，家族企业也在积极地进行社会化。在中国民营企业，尤其是家族企业中，福耀玻璃堪称最无惧于吃螃蟹的那一个。早在20世纪90年代，福耀玻璃就开创了三个最——最早聘用国际会计师事务所进行审计，最早引入高级空降兵，最早引入国际独立董事制度。[①]

正是福耀玻璃的社会化，作为高层管理人员的白照华才不认同外界把福耀玻璃等同于家族企业。白照华解释道："我们这个团队没有老板多少家属，或者说他家族并没有成为企业的主要力量。"

白照华的观点还是客观、理性的。2012年2月，白照华在接受媒体采访时介绍，在当时，"福耀玻璃集团共有十八家独立分公司，年营业额过百亿元，员工总数达一万多名，但这么多独立分公司的总经理，没有一个是曹家人。实际上，参与福耀玻璃的曹氏家族成员只有三个：曹德旺、曹晖、曹芳（曹德旺的妹妹），十多年前如此，现在也一样"。

在白照华看来，曹德旺与其他中国民营企业创始人的普遍做法不同，即在最初创立企业时，曹德旺放弃了家族力量，而是有效利用社会资源。正如曹德旺所言："我都是靠的社会

① 参见王缨：《曹氏传承》，《中外管理》2012年第2期。

力量。”

曹德旺所言非虚，想当初曹德旺在家乡福建省福清市的宏路镇承包了当时已经难以为继的一家水表玻璃厂，就是通过股份制形式和合作开始创业的。1987 年后，福耀玻璃公司注册成立，进口设备都买来了，可曹德旺手下还没有玩得转如此技术的人才。他千方百计请来了福建省工程院的十几个专家和专业人士帮助他渡过难关，又赶紧招了一批高中生进入企业。这些人当时正没工作，进来后，很高兴、很努力地做事情。他们跟着曹德旺，又是同事，又是部下，又是师徒，曹德旺说那比自己的孩子还亲。福耀玻璃就是从这批人开始培养企业骨干的，现在的管理团队、技术中坚，一半以上正是当年的这批人，他们现在年富力强。[①]

作为集团副总经理的白照华，依旧记得当年加入福耀玻璃的情形。据白照华介绍，自己曾在福州军区服役，很早就听说过曹德旺的名字。白照华在部队读了军事院校，学工程技术，1995 年退役时已经是师团职大校，对退役军人来说转职地方，去企业也是多种选择之一。在熟人的引荐下，白照华与曹德旺见面了，但出乎他意料的是，短短几分钟交谈后，曹德旺就把新建的万达工厂交给了他——那是一个很多人都羡慕的职位，却只说了句：“下午你就来报到。”要知道，当时的白

① 参见王缨：《曹氏传承》，《中外管理》2012 年第 2 期。

照华还没有任何企业经营管理的经验。[①]

当天16点后，白照华就到福耀玻璃上岗了。白照华说道："我想，老板一定是用我所长。他没给我什么实习机会。"

在白照华看来，"老板做企业，对人，对物，都是一种方式，就是干净利索的风格，决断能力非常强"。

20多年过去了，白照华已经成为曹德旺的左膀右臂，与曹德旺之间的工作也很默契。白照华说道："如果他觉得对的，你要执行；你认为不对，可以提出来，这就是两人相处的基础。"拥有26年军龄，白照华自然清楚"服从命令听指挥、下级服从上级，这是军人最起码的作风"，同时白照华也知道哪些该服从，不该服从时又怎么去处理。

白照华发现，虽然曹德旺是老板，但是非常尊重下属。白照华说道："当你向他汇报工作时，如果他还拿不定主意，往往会问：'你说怎么办？'当你提出不同意见时，他反应很快，一旦他发现自己错了就会马上说：'就照你说的做！'他能快速做出决定。"

在福耀玻璃，曹德旺一向倡导用人不拘一格。曹德旺说道："我只要用这个人，就一定信任他，也一定有理由信任他。"

对此，道达尔集团中国主席赵伟良非常认可："发展人才

---

① 参见王缨：《曹氏传承》，《中外管理》2012年第2期。

和发展技术同样重要，创造长期价值的公司必须学会长期发展人才。”

除了白照华，如今担任福耀玻璃要职的郑崇雄也是曹德旺“不拘一格降人才”的案例。1989 年，郑崇雄还是一名小学的任课教师，随着下海潮的影响，郑崇雄也离开了教师岗位。经过曹德旺亲自面试，郑崇雄加盟福耀玻璃，成了一名普通工人。郑崇雄回忆称：“在当时，大家一起工作，一起学习，一起聊天，很快乐，但是也很累，很多活还是手工操作，两手常常痛得举不起来。至于折旧、成本、效益，他完全不懂。”

经过内部培养，郑崇雄已经成为一厂之长。郑崇雄说道：“只要福耀玻璃需要，我就会坚持在自己的岗位上不动摇，这里是我生命的起点，也是我生命的归宿。”

再来看福耀玻璃新一届的核心管理团队：总经理、财务总监、副总经理、证券事务代表等重要岗位，均是福耀玻璃自己培养起来的，他们在福耀玻璃工作的年限，长则 20 余年，短也在 10 年以上，他们是有着丰富企业实战经验的管理成员，年龄都在四五十岁。这就难怪曹德旺偏袒这样一个团队，甚至不容曹晖轻易变动。[①]

① 参见王缨：《曹氏传承》，《中外管理》2012 年第 2 期。

第十章　家族成员有序接棒，财富与使命双轮驱动传承

2023 年 2 月，法国奢侈品品牌爱马仕（Hermès）发布 2022 年财年业绩报告。报告数据显示，爱马仕 2022 财年合并收入 116.02 亿欧元，与 2021 相比，按当前汇率计算增长 29%，按固定汇率计算增长 23%。经常性营业收入达 46.97 亿欧元，即销售额的 40.5%。净利润（集团份额）达到 33.67 亿欧元，净利润率为 29%。

对于 2022 年取得的极佳业绩，爱马仕第六代传人、首席执行官阿克塞尔·杜马斯 (Axel Dumas) 在财报中分析道：“2022 年，爱马仕度过了不同寻常的一年，这主要得益于其国际市场的良好表现。这一成功强化了我们作为一家手工和高度整合的公司的做法，主要是在法国：一家设计公司，提供设计为实用、风格自信和品质不妥协的产品。”

在爱马仕近 200 年的发展过程中，不仅遭遇第一次世界大战、第二次世界大战，以及恶意收购，而且也面临传承问题。爱马仕家族通过家族成员有序接棒，财富与使命双轮驱动，有效地化解了“老臣”“家臣”“功臣”等传承问题，成功

实现传承六代。

一、爱马仕 CEO 的位子牢牢掌控在爱马仕家族手中

爱马仕的历史可以追溯到 1837 年。当时，整个巴黎都回响着马蹄声和马车的轱辘声，几乎每个家庭都有自己的马车，贵族家庭通常有两三套马车，供不同的场合和用途。[①] 不难看出，19 世纪的法国巴黎，大部分居民的出行都依赖马匹，其巨大的需求是一门不错的生意。一位名叫蒂埃里·爱马仕（Thierry Hermès）的皮革马具制造商，在巴黎最繁华的 Madeleine 地区的 Basse-du-Rempart 街上开设了一家作坊式的马具专营店，主要给四轮马车制作各种配件。

凭借极致的产品和精益求精的匠心，蒂埃里·爱马仕赢得了客户们的认可。尤其是对于依赖旅行装备的女性客户来说，蒂埃里·爱马仕制作的马笼头和马具的质量和无与伦比的美感，让她们如痴如醉，蒂埃里·爱马仕由此成为为欧洲贵族特制马车配件的生产商。正是爱马仕像艺术家一样对每件产品精雕细刻，在 1867 年的巴黎世界博览会中，爱马仕凭借精湛工艺，赢得一级荣誉奖项，声名大噪。

---

① 参见立佳：《爱马仕家族，传承六代的奢侈品第一家族》，《环球精英 YOLO》2018 年第 4 期。

1879 年，蒂埃里·爱马仕的独生子、爱马仕家族第二代——查尔斯－埃米尔·爱马仕（Charles-Emile Hermès）子承父业，他把店铺搬到福宝大道 24 号（24 Rue du Faubourg Saint-Honoré），即爱马仕今日的总店所在地，靠近豪华酒店区，更比邻拿破仑三世的皇家庭院，爱马仕也因此与皇室贵胄们离得更近。

1892 年，爱马仕推出马鞍袋。1898 年起，查尔斯－埃米尔·爱马仕之子埃米尔－莫里斯·爱马仕（Emile-Maurice Hermès）到欧洲各国贵族精英中销售，成功地开拓了德国、比利时、波兰和俄罗斯等国际市场，其客户如下：各国皇室、商业、政治和金融各行业精英等。[①]

随着爱马仕版图的扩大，继承者已经开始涉足更多的经营领域。1902 年，查尔斯－埃米尔·爱马仕的两个儿子阿道夫·爱马仕（Adolphe Hermès）和埃米尔－莫里斯·爱马仕（Emile-Maurice Hermès）把公司名称改为爱马仕兄弟公司（Hermès Freres）。[②]

在此期间，随着工业革命的发展，汽车已经取代了马车。阿道夫·爱马仕不看好爱马仕的发展前景，于是选择退出。

---

① 参见刘言：《HERMÈS　巴黎驶来的马车贵族》，《西南证券》2020 年 6 月 16 日。

② 参见刘言：《HERMÈS　巴黎驶来的马车贵族》，《西南证券》2020 年 6 月 16 日。

1922 年，埃米尔－莫里斯·爱马仕从兄长阿道夫·爱马仕手中购入爱马仕所有权，成为爱马仕第三代掌门人，并扩建总店，把公司名称改为 Hermès。埃米尔－莫里斯·爱马仕有四个女儿（其中一人死于 1920 年），这就是为什么如今的爱马仕公司背后的家族成员没有人姓爱马仕的关键原因。

第一次世界大战期间，埃米尔－莫里斯·爱马仕被派往美国负责替法国骑兵部订购皮革，他意识到汽车时代即将来临，于是调整经营方向，开始生产行李箱、钱包及皮包等皮具，爱马仕的业务获得快速发展。此外，埃米尔－莫里斯·爱马仕还预见到当时美国发明的拉链将会广为流行，在跟专利所有者取得独家使用权后将其引进法国，把链齿加以改造，创造性地应用到衣服上，取得了轰动的效果。爱马仕 1918 年推出的第一件带拉链的高尔夫皮夹克就是为威尔士亲王爱德华设计的。[①]

其后，埃米尔－莫里斯·爱马仕开始扩大爱马仕的产品种类，涉足多元化业务，陆续推出腰带、手套、香水、丝巾、领带、腕表、手链等。

1923 年，埃米尔－莫里斯·爱马仕推出了第一款带拉链的皮包——Bolide。1927 年，埃米尔－莫里斯·爱马仕推出第一块手表。随后，爱马仕一直在为百达翡丽、江诗丹顿等高级钟表品牌代理销售产品，并逐渐发展自有的腕表系列。

---

① 参见刘言：《HERMÈS　巴黎驶来的马车贵族》，《西南证券》2020 年 6 月 16 日。

1928 年，爱马仕推出 Sac à dépêches 手袋。

1936 年，爱马仕开始生产香水。

1937 年，在品牌创立 100 周年时，爱马仕推出第一款丝巾——Jeu des Omnibus et Dames。

1945 年，爱马仕的“四轮马车与马童”商标正式注册，其源自埃米尔－莫里斯·爱马仕所收藏的阿尔弗雷德·德勒（Alfred de Dreux）的一幅画作—— Le duc attelé groom à l'attente。画中马童站立在一驾双人四轮马车侧旁，主座却虚位待驾，暗示着：“爱马仕提供的虽然是一流的商品，但是如何显现出商品的特色，需要消费者自己的理解和驾驭。”①

1951 年，埃米尔－莫里斯·爱马仕去世。同年，埃米尔－莫里斯·爱马仕的女婿罗伯特·杜马斯（Robert Dumas）成为爱马仕第四代掌门人。埃米尔－莫里斯·爱马仕的三个女婿罗伯特·杜马斯、让·雷恩·格兰德（Jean-Rennes Grande）和弗朗西斯·皮艾什（Francis Piash）为爱马仕家族带来了三个新的分支：杜马斯、格兰德和皮艾什。

接管爱马仕后，罗伯特·杜马斯积极参与新产品的创作，皮包、珠宝及其他饰物系列。同年，爱马仕推出“爱马仕之水”系列香水。

1956 年，一张摩纳哥王妃——格蕾丝·凯莉（Grace Kelly）

① 参见刘言：《HERMÈS　巴黎驶来的马车贵族》，《西南证券》2020 年 6 月 16 日。

提着一只源自马鞍袋设计的爱马仕手提包的照片引起轰动，并迅速流行起来。

1967 年，爱马仕推出康康包（Constance bag）。

1984 年，爱马仕推出 Birkin bag。该产品源于爱马仕主席罗伯特·杜马斯与英国女星简·伯金（Jane Birkin）的一次偶遇，杜马先生为其设计了一款容量较大，便于携带的提包。Kelly 和 Birkin 包后来成为爱马仕女包的扛鼎之作，从名媛千金到普通女孩对此都梦寐以求。[①]

1978 年，让－路易斯·杜马斯（Jean–Louis Dumas）在其父亲罗伯特·杜马斯去世后接管企业，成为爱马仕第五代掌门人，担任首席执行官和创意总监。

接班后，让－路易斯·杜马斯颇为惊人的大改革创造了奇效，为爱马仕带来了历史上最快的增长，成就了爱马仕的黄金时期。在产品扩展上，让－路易斯·杜马斯在重视丝绸、皮革制品和成衣产品系列的同时，推动了爱马仕的珐琅工艺和陶瓷制造、手表、水晶珠宝和银器等手工艺的发展，把爱马仕真正变成了拥有多元化产品的世界顶级奢侈品公司。

20 世纪 70 年代，在与江诗丹顿、伯爵等知名钟表制造商合作多年后，爱马仕旗下手表子公司——La Montre Hermès 在瑞士比安成立。

---

① 参见刘言：《HERMÈS 巴黎驶来的马车贵族》，《西南证券》2020 年 6 月 16 日。

1982 年，爱马仕并购英国顶级制鞋商——John Lobb。

1984 年，爱马仕推出餐具系列产品，作为爱马仕生活艺术产品的重要组成部分，并在餐具图案的设计上充分吸收全球各地的文化精髓，融入了不同地区的风土人情。

1986 年，爱马仕引入 Pippa 家具系列。

1990 年，爱马仕的产品系列扩大到 3 万件以上。

到 2006 年退休前，让–路易斯·杜马斯用了 28 年，将公司的营业收入规模从 4200 万欧元提高到 14 亿欧元。

让–路易斯·杜马斯 2010 年去世后，爱马仕 CEO 第一次由非家族成员帕特里克·托马斯（Patrick Thomas）担任。2014 年 2 月，帕特里克·托马斯退位，爱马仕家族第六代掌门人阿克塞尔·杜马斯（Axel Dumas）接任 CEO，这家拥有 180 多年历史的皮具世家重新回到家族执掌时代。

在六代人权力更迭中，除了帕特里克·托马斯（在让–路易斯·杜马斯和阿克塞尔·杜马斯之间担任了 8 年的 CEO）和家族没有血缘关系，大多数时候，企业 CEO 的位子仍牢牢地掌控在爱马仕家族手中。

二、绝对控制爱马仕，追求稳定的长期发展与经营业绩

尽管爱马仕的企业规模在不断扩大，甚至成为一家公众

的上市公司，但是爱马仕仍然像欧洲其他家族企业一样，拥有如城堡一样牢不可破的家族文化，由此组建家族执行委员会。根据爱马仕家族所示，家族企业奉行民主集中制原则。这意味着所有者应当满足：（1）CEO 应当拥有卓越的领导能力，与家族关系密切（第六代有 40 多位家族成员）；（2）将家族三个分支的成员（杜马斯、格兰德和皮艾什）合理分配在不同层级的工作岗位上；（3）建设治理结构，设立由家族成员代表构成的战略委员会，以确保家族的影响力，实现责任共享；（4）公司董事会主要由家庭成员构成；（5）爱马仕上市后，通过制定公司章程，明确家庭成员买卖股份的规则，实施限制性的家族表决权；（6）为了避免表决权稀释，非家族股东及已离婚家庭成员可以持有股票，但没有表决权；（7）涉及 CEO 和公司重大决策的制定及变更时，只有在触发 75% 的通过率时才能执行，保证家族的影响力；（8）家族下一代应尽早接受公司传统教育，定期组织下一代参观子公司和供应商，以培养他们对产品和设计的兴趣和感觉。

梳理发现，爱马仕家族对继承人的培养始于后代的孩提时代，家族将继承人培养和权力传递作为一个系统工程。从 6 岁开始一直到 14 岁，爱马仕的家族成员就会开始评估继承人人选的个性，对艺术、商业的兴趣，同时让他们了解到身上肩负的爱马仕家族的责任，感受员工对公司的认同、顾客对产品的看法，培养他们对产品和设计的兴趣和感觉。一位家族第六代继承人人选分享了他成长的经历：孩提时代，父母就带他参观爱马仕手工作坊及工厂，亲身接触把玩不同的产品。寒暑假时还带他出国旅行，造访爱马仕全球旗舰店。这样一来，一方面，分布于世界各地的爱马仕员工能够由此更多地感受到来自控制人家族的关心和承诺；另一方面，年轻一代也能切身感受到员工对自己家族的尊重，顾客对产品的喜爱，以及产品从原料到成品直至销售的过程，从而培养出对企业最初的兴趣。到了青年时代，爱马仕家族会开始对每个可能的继承人人选进行职业目标的引导，同时也会鼓励他们去探索更大的世界。不管是独立创业，还是在家族企业工作，都会受到认可。①

之所以组建家族执行委员会，就是为了保证爱马仕的控制权。一旦爱马仕家族失去其控制权，那么爱马仕也就不叫爱马仕了，必然会失去其个性与传统。这使得爱马仕家族更加注重长期发展。

究其原因，在家族企业中，为了更好地将企业经营下去，通常都会建立长期的发展规划并承担适度的风险，很多时候，家族企业往往将风险控制在可控的范围内，使得这样的举动更有利于维护家族企业股东的长远利益。这就使得家族企业的财

---

① 参见《家办新智点》:《“奢侈品巨头”爱马仕家族：富过6代，200年不衰的秘诀》，腾讯新闻，2021年7月20日。

务杠杆水平和债务成本大大低于其他同类企业。[①] 见图 10–1。

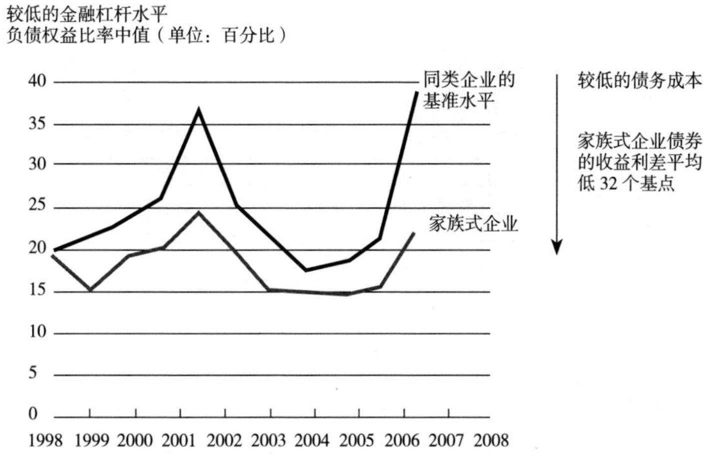

图 10–1　家族式企业和其他同类企业财务杠杆水平和债务成本比较

资料来源：麦肯锡的公司业绩分析工具（CPAT）、麦肯锡分析。

从图 10–1 不难看出，在家族企业的发展中，如果决策注重长远发展，就可能使得家族企业错过某些短期业绩最大化，导致家族企业在经济蓬勃发展时不如非家族企业在某个发展阶段获得更高的赢利空间，但是这也增加了家族企业在危机时期的生存概率，以及长期获得稳定回报的概率。

数据显示，从 1997 年到 2009 年，针对美国和西欧上市家族式企业计算的“广基指数”所实现的股东整体回报率，比

① 参见 Christian Caspar、Ana Karina Dias、Heinz–Peter Elstrodt：《家族式企业经久不衰的五大特征》，《当代经理人》2010 年第 4 期。

MSCI 全球、标普 500 以及 MSCI 欧洲指数要高出 2%—3%。① 见图 10-2。

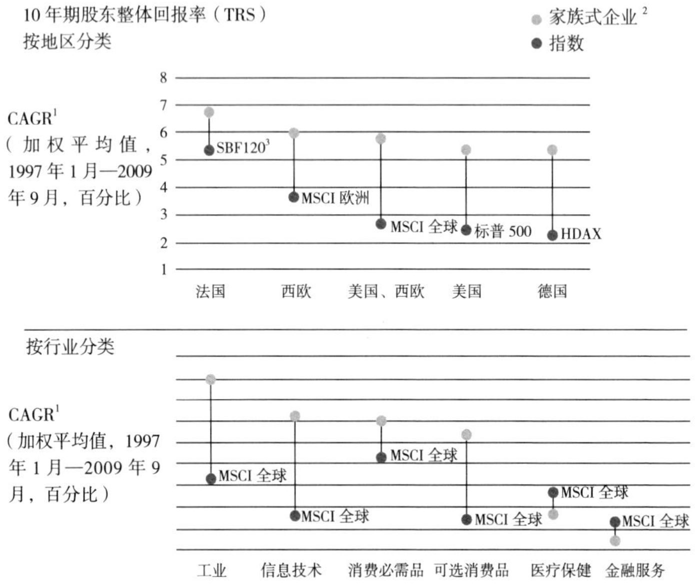

1 年复合增长率（GAGR）。
2 由美国和西欧 154 家受家族影响上市的公司（即 2007 年末家族所持股份大于 10% 的上市公司）构成的样本。
3 巴黎证券交易所 120 指数。

图 10-2　家族企业 10 年股东整体回报率

资料来源：汤姆森路透社的 Datastream、麦肯锡的公司业绩分析工具（CAPT）、麦肯锡分析。

从图 10-2 可以看出，家族企业股东整体回报率要高于非家族企业，主要归功于家族影响家族企业，也就是说家族是家

① 参见 Christian Caspar、Ana Karina Dias、Heinz-Peter Elstrodt：《家族式企业经久不衰的五大特征》，《当代经理人》2010 年第 4 期。

族企业这种优异表现的主要驱动因素：第一，爱马仕董事会主要由家庭成员构成。第二，CEO 需要与爱马仕家族保持较为密切的关系（第六代有 40 多位家族成员）。第三，不同层级的工作岗位由爱马仕家族三个分支的成员（杜马斯、皮艾什和格兰德）担任。

爱马仕自创立以来，家族一直掌控爱马仕的决策权，梳理爱马仕的历史发现，仅有帕特里克·托马斯作为非家族的成员担任过公司的掌门人，其余历代掌门人都是由家族成员担任。其中第五代掌门人让 – 路易斯·杜马斯巧妙地设计了双层管理结构：一层侧重于所有权，埃米尔·爱马仕有限责任公司（Emile Hermès SARL），这个以家族祖先命名的实体由家族成员组成，负责决定预算、批准贷款以及行使否决权；另一层，爱马仕国际（Hermès International）则负责公司日常管理以及跟外部展开合作，其中有非家族成员担任高管。在 1993 年上市之后，爱马仕家族的持股占比维持在一半以上，保证了对公司的绝对控制，这很好地保护了爱马仕品牌，让公司的经营理念得以长期执行。爱马仕家族成员目前主要通过 H51 和 H2 两家公司实现对集团的控股。在家族的掌控下，公司更注重长期经营的战略发展，而非短期销售增长带来的财务收益。[①] 见表 10–1。

① 参见刘言：《HERMÈS　巴黎驰来的马车贵族》，《西南证券》2020 年 6 月 16 日。

表 10-1　截至 2020 年 6 月 2 日爱马仕股权结构（前十大股东）

服东构成（占比 5% 以上）	股份资本	持股数量	投票奴益
H51	54.20%	57233054	63.80%
H2	6.60%	6969162	7.90%
Direct equity interests	5.80%	6221069	4.50%
Nicolas Puech	4.91%	5182615	
Amault Family	1.87%	1974538	
Hermes International Societe en commardite par actions	1.29%	1361629	
Capital Research & Managernent Co. (Warld lnvesiors)	0.96%	1008699	23.90%
The Vanguard Group, lnc.	0.92%	969834	
Norges Rank Investment Management	0.87%	922448	
Mcrgaru Slarnley lrweslrnerl Mar ragenen il, ln lu.	0.69%	724537	

当涉及 CEO 和公司重大决策的制定及变更时，爱马仕家族成员拥有绝对控制权，只有达到 75% 的通过率时，其决策才能够被执行。公开数据显示，爱马仕上市以来，其营收保持稳定增长。1994—2000 年，爱马仕进入快速发展阶段，收入增速较多地维持在 15% 以上的较高水平。2001—2009 年，爱马仕收入增速有所放缓，但是整体依旧平稳增长，特别是在国际金融危机最严重的 2008 年和 2009 年，爱马仕实现了超过 8% 的营收增速，表现亮眼。随后 2011—2015 年，爱马仕营收增速再次实现提升，增长趋势明显。从 2016 年到 2020 年 6 月，爱马仕的营收增速有所回落，但依旧保持平稳增长的趋势。上市以来的 20 多年里，爱马仕 2019 年的营收达到 68.8

亿欧元，为 1993 年 4.4 亿欧元的 15.6 倍，维持每年 11% 以上的复合增长率。爱马仕净利润同样保持稳定增长，其变化的趋势和阶段与营收的情况类似，但是增速的变化幅度大于营收增速。爱马仕 2019 年实现归母净利润 15.3 亿欧元，是 1993 年上市时 0.3 亿欧元净利润的 51 倍，接近 30 年维持在 16% 以上的复合增长率，超过营收的年复合增长率。[①] 见图 10–3。

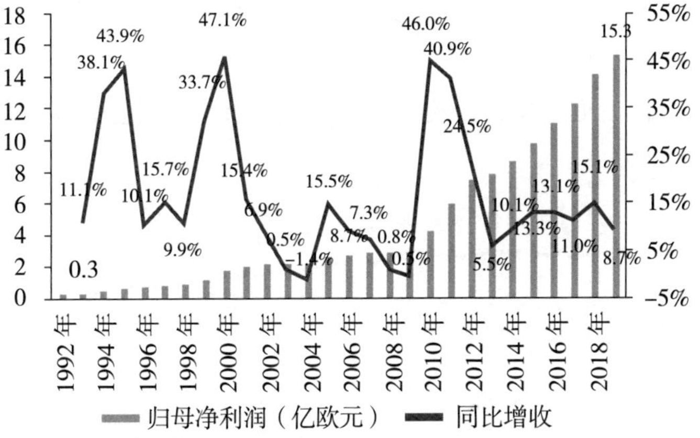

图 10–3　爱马仕 1992—2019 归母公司利润增速

资料来源：公司公告，西南证券整理。

梳理还发现，爱马仕的盈利能力始终保持较高水平，其费用呈现降低趋势。爱马仕受益于顶级的品牌价值和领先的市场地位，盈利能力一直处于较高水平。2004—2020 年，爱马仕的毛利率维持在 63% 以上，2008 年国际金融危机导致的毛

① 参见刘言：《HERMÈS　巴黎驶来的马车贵族》，《西南证券》2020 年 6 月 16 日。

利率下滑很快被扭转，并且实现提升和保持稳定，2018—2020年更是维持在69%—70%的水平。爱马仕净利率维持在15%以上，其变化趋势与毛利率类似，在2010年之后保持在20%以上，2018—2020年更是达到22%—24%。在费用方面，爱马仕在广告和营销方面的费用情况多年来处于稳定的低值，该项费用在销售额中的占比仅为5%—6%。行政管理费用率在2004—2009年为29%—30%，从2010年开始，爱马仕提升管理能力，这一部分的支出得到优化，整体处于下降趋势，在2018年和2019年，行政费用率降低到21%。[①] 见图10-4。

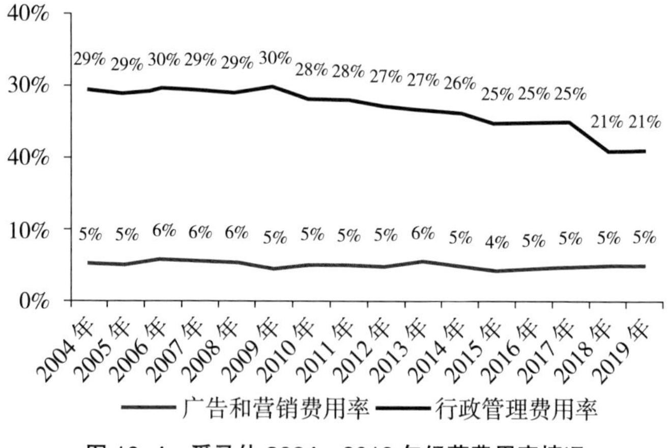

图10-4 爱马仕2004—2019年经营费用率情况

资料来源：公司公告，西南证券整理。

① 参见刘言：《HERMÈS 巴黎驶来的马车贵族》，《西南证券》2020年6月16日。

三、设计相对完善的股权结构，为了规避表决权被稀释而旁落他人

除了上市，爱马仕还设计了相对完善的股权结构。经过100多年的发展，爱马仕家族的成员不断扩大，一些家族成员不满足现有的模式和现状，有的要求变现股权，甚至有的要求上市。

经过多轮谈判，终于在1993年达成一致意见，家族同意爱马仕出售25%股份，在法国最大的证券交易所——巴黎证券交易所（Paris Bourse/Paris Stock Exchange）公开上市。

爱马仕上市后，爱马仕家族的每名成年继承人在平均获得2亿欧元的巨额财富的同时，56个家族成员仍旧持有大约80%的爱马仕股份，其中有6个家族成员集中持有5%—10%的爱马仕股份。

爱马仕上市后，有效地避免了家族成员因为股权价值而发生的各种潜在纠纷，但是家族企业一旦上市，无疑会面临股权稀释，甚至可能丧失控制权的潜在风险。

阿克塞尔·杜马斯的叔叔让-路易斯·杜马斯（Jean-Louis Dumas）在1978—2006年担任爱马仕的首席执行官，让-路易斯·杜马斯在目睹了阿诺特是如何把原本掌权的威登家族赶下马〔伯纳德·阿诺特（Bernard Arnault）当年从路易·威登家族手中成功夺取控制权，凭借48%的资本金支出比例控制了

LVMH 64% 的投票权〕之后，为了防止爱马仕家族遭受类似的攻击，让 - 路易斯·杜马斯对爱马仕的股权和管理结构进行了精心设计。在让 - 路易斯·杜马斯治下，该公司的股权被分割到一个俄罗斯套娃式的、由六家控股公司组成的集团。在它们上面是由让 - 路易斯·杜马斯设计的巧妙双层管理结构。

这样的双层管理结构（股份两合公司 société en commandite paractions 组织架构）通俗地说就是 A+B 模式：（1）A 是有限责任合伙人（Associés commanditaires），爱马仕国际（Hermès International）则负责公司日常管理以及跟外部展开合作（11 名董事会成员中，非家族成员目前占据 4 席），有限责任合伙人（公众股东）仅以其出资金额对公司债务负责。（2）B 是无限责任合伙人（Associé commandité），有权任命或者解除公司执行董事长（总经理）的职务，对公司重大财务事项（担保、抵押、贷款等）进行决策，行使一票否决权。而且只有第三代埃米尔 - 莫里斯·爱马仕的后代才可以进入 B 行使全部权力。虽然直系后代的配偶也能进入 B，但仅拥有收益权。换言之，家族成员保留了爱马仕的永久管理权和治理权。[①]

在控制权方面，爱马仕家族可谓煞费苦心。除了 A+B 模式，为了规避表决权被稀释而旁落他人，爱马仕家族通过制定公司章程的方式，让非家族股东及已离婚家庭成员可以持有爱

① 参见 foinsight：《“奢侈品巨头”爱马仕家族：富过 6 代，200 年不衰的秘诀》，《家办新智点》2021 年 7 月 20 日。

马仕公司的股票，但是他们不享有投票表决权。至此，家族成员共持有爱马仕 63% 的股权和 72% 的投票权。然而，虽然让－路易斯·杜马斯通过股份两合公司架构为爱马仕的管理权和治理权提供了完美的保护，但百密一疏的是，市场流通股和散落在多位家族成员手中的股票是爱马仕股权城堡防备薄弱的后门。这为日后路易·威登集团（简称“LVMH”）的恶意并购埋下了伏笔。[①]

四、赶走门口的野蛮人，守护家族核心价值观

爱马仕的良好发展吸引了路易·威登集团掌门人伯纳德·阿诺特的目光。媒体曾批评伯纳德·阿诺特：“他有的是钱，他的梦想就是把法国第一、意大利第一都弄到自己怀里，实际上他并不在乎钱，爱马仕就好比是一个美女，他一定要娶回家。”

一直企图把爱马仕收入路易·威登囊中的伯纳德·阿诺特开始行动，先是在 2001 年购入 4.9% 的爱马仕股份。2008 年，路易·威登又与三家法国银行进行了一系列股权交易操作，借名购买了爱马仕集团发售的可换股衍生工具从而换得普通股。由于交易通过现金支付，所以在法国金融交易规则的保护下，

① 参见 foinsight：《“奢侈品巨头”爱马仕家族：富过 6 代，200 年不衰的秘诀》，《家办新智点》2021 年 7 月 20 日。

路易·威登非公开地得到了爱马仕集团的股权。法国时间 2010 年 10 月 24 日，路易·威登公开宣布：通过现金结算的股权互换，已购得爱马仕 14.2% 的股份，加上已持的可换股衍生工具，总持股量达 17.1%，一举成为爱马仕除家族之外的第二大股东。[①]

路易·威登暗度陈仓取得爱马仕 17.1% 的股权，如同一枚重磅炸弹。究其原因，路易·威登规避了要求公司宣布股票回购的规定，引发舆论一片哗然。对于爱马仕家族来讲，此次变故关乎家族企业的命运，尤其爱马仕家族成员是在路易·威登集团发表公告前一小时才得知此消息，可谓是被打了个措手不及。

由此，路易·威登与爱马仕之间的关系可谓是剑拔弩张。为了获取更多的爱马仕股份，2011 年，路易·威登继续秘密购买爱马仕股权，持有了爱马仕 23% 的股份。

路易·威登的做法彻底激怒了爱马仕家族继承者们，50 多名爱马仕家族成员统一行动，把持有的爱马仕股份汇集在一起，成立名为 H51 的控股公司，股份总价值达到 160 亿美元，占爱马仕股份的 50.2%。他们订立合同，约定在未来 20 年不出售手中的股份，这意味着家族成员必须依靠股票分红生活，

① 参见《品牌保卫战　爱马仕如何捍卫家族股权》，新华网，2015 年 6 月 10 日。

但也有力地震慑了门外的“野蛮人”。[①]

与此同时，爱马仕集团还开启一系列法律维权行动。2012 年 7 月，爱马仕向法国巴黎检察院起诉路易·威登，控告路易·威登通过“内幕交易”、“合谋”和“操纵股价”等非常规手段增持爱马仕股份。

爱马仕和路易·威登的官司持续了 4 年。2013 年 5 月，法国金融市场管理局（Autorité des Marchés Financiers，AMF）最终认定，路易·威登增持爱马仕股份的交易不透明，存在“欺诈”的严重不当行为。2013 年 7 月 7 日，法国金融市场管理局宣布，路易·威登将因增持竞争对手爱马仕的大笔股权而未能进行适当披露，被处罚 800 万欧元（1040 万美元）。在当时，这是法国金融市场管理局有史以来处以的最高额罚款。

2014 年，在巴黎商业法院的调停下，伯纳德·阿诺特同意转让路易·威登持有的价值大约 64 亿欧元（约 79.4 亿美元）的 23% 的爱马仕股权，并承诺至少未来 5 年内不会再购入爱马仕的股份。[②] 这场耗时 4 年的维权大战，以爱马仕家族的胜利而尘埃落定。

---

① 参见 foinsight:《“奢侈品巨头”爱马仕家族：富过 6 代，200 年不衰的秘诀》,《家办新智点》2021 年 7 月 20 日。

② 参见《品牌保卫战　爱马仕如何捍卫家族股权》，新华网，2015 年 6 月 10 日。

第十一章　变革与转型——家族企业积极社会化

在家族企业财富传承中，如果不想把企业直接卖掉，把货币化的财富直接传给家族成员，那就必须对家族企业进行社会化改造。随着家族企业规模化的发展，创始人完全按照家族成员来分配岗位显然是不现实的。第一，家族成员根本无法满足企业诸多岗位的规模。第二，岗位能力要求也无法都能满足。第三，家族成员自身的惰性。第四，家族企业做强做大的需要。

学者武晓、刘东晓撰文指出，家族规则仅仅有利于创业，不利于发展。因此家族企业必须突破自身的界限，以家族资本有效融合社会的财务资本，与非家族成员共享企业的资产所有权、剩余收益权和经营控制权，从而推动家族公司的社会化。[1]

① 参见武晓、刘东晓：《家族企业股权结构的社会化》，《中国证券期货》2004年第5期。

一、慧聪郭凡生："通过收益权社会化和管理权社会化引进社会人才，克服家族企业管理者忠诚度不高问题。"

2019年，在某次企业家论坛上，媒体采访慧聪创始人郭凡生："郭总，请您给中国家族企业指一条做强做大的出路。"郭凡生直言，中国家族企业要做强做大，就必须进行社会化改造。郭凡生的理由是：把非家族的人变成家族的人是家族企业保证生命力的关键。同时，郭凡生还认为："在企业产权或股权家族化的条件下，中国家族企业可以通过收益权社会化和管理权社会化引进社会人才，克服家族企业管理者忠诚度不高问题。"

时隔多年，郭凡生的观点至今还非常具有代表性，反观慧聪的发展历程，就不难看出郭凡生是在总结自己多年的经商经验。

"收益权、管理权社会化是慧聪迅速发展的重要基石"

1992年10月，郭凡生出资74000元，与王冲、王永慧等人共同创建慧聪公司，郭凡生持有慧聪公司50%的股权。

郭凡生解释道："公司规定：慧聪公司的任何人分红不得超过企业总额的10%，董事分红不得超过企业总额的30%。当时我在公司占有50%的股份，整个董事占有的股份在70%

以上，有20%是准备股，但是连续8年，慧聪是把70%以上的现金分红分给了公司那些不持股的职工，而我们这些董事规定得很清楚，谁离开公司，本金退还，不许持股。所以我们这些董事又都是公司的总裁、副总裁，参与的也是知识分红。慧聪早在1992年初创的时候，就确立了按知识分配为主的分配方式。”

1993年5月5日，郭凡生与王冲、王永慧等人创建北京慧翔网络技术有限公司。爱企查数据显示，郭凡生担任北京慧翔网络技术有限公司的法人代表。见图11–1。

法定代表人	郭 郭凡生 TA有45家企业 >	经营状态	开业
注册资本	1,000万(元)	实缴资本	-
曾用名	-	所属行业	软件和信息技术服务业
统一社会信用代码	91110114102608113X	纳税人识别号	91110114102608113X
工商注册号	110114008746476	组织机构代码	10260811-3
登记机关	北京市工商行政管理局昌平分局	成立日期	1993-05-05
企业类型	其他有限责任公司	营业期限	2000-06-06 至 无固定期限
行政区划	北京市昌平区	审核/年检日期	2020-06-02
注册地址	北京市昌平区沙河镇七里渠南村530号慧聪数据中心3号楼121室 查看地图		
经营范围	电子计算机软件、电子产品、网络的技术开发、技术服务；销售自行开发后的产品；经济信息咨询；出租办公用房。（市场主体依法自主选择经营项目，开展经营活动；依法须经批准的项目，经相关部门批准后依批准的内容开展经营活动；不得从事国家和本市产业政策禁止和限制类项目的经营活动。）		

图11–1　北京慧翔网络技术有限公司的注册信息

爱企查数据还显示，北京慧翔网络技术有限公司的股东有三个：北京慧聪国际资讯有限公司、王冲、王永慧，分别持股85%、7.5%、7.5%，见图11–2。

股东信息 3

序号	发起人/股东		持股比例	认缴出资额	实际出资额
1	北京慧聪国际资讯有…	股权结构 >	85%	850万(元)	850万(元)
2	王冲	TA有16家企业 >	7.5%	75万(元)	75万(元)
3	王永慧	TA有6家企业 >	7.5%	75万(元)	75万(元)

图 11-2　北京慧翔网络技术有限公司的股东结构

从 1995 年开始，郭凡生就开始推行慧聪社会化改造，在股份结构中分出类似于过去晋商的“身股”和“银股”。

所谓“身股”，一般称为“顶身股”，即以个人劳动力或技术参股（多数指劳动力）。简单来说就是“卖身入股”，指除出资人的银股外，还有掌柜阶层和资深职员持有的人身股。

所谓“银股”，指股东以资金的形式参股，即以“真金白银”投资注入商铺，现在称之为企业。

在慧聪公司，员工就开始拥有“身股”，并依据“身股”获得慧聪公司的股份收益。然而，慧聪公司所有员工的“身股”必须是针对在职员工，一旦员工辞职或者离职，其持有的“身股”就自动失效。

在 20 世纪 90 年代的中国，改革开放才 10 多年，正是这种“身股”“银股”并行的股权稀释制度让慧聪赢得了高速发展的机会，不仅快速做大了公司规模，还吸引了一大批优秀的人才。在此基础上，慧聪实现了管理权的社会化。

在很多公开场合，郭凡生非常高调地评价“身股”和“银股”的作用：“收益权、管理权社会化是慧聪迅速发展的重要基石。”

2003 年 12 月，慧聪国际资讯在香港联合交易所创业板挂牌上市，所配售之 1 亿股新股获得 9.6 倍超额认购，每股定价 1.09 港元。2003 年 12 月 17 日首日挂牌收市价为每股 1.46 港元，较发行价每股 1.09 港元上升 33.9%。

2005 年，慧聪实现营业额及毛利分别为约人民币 4.5 亿元及 1.6 亿元。如今，郭凡生担任慧聪投资管理（北京）有限公司、北京慧翔网络技术有限公司、北京商道聚合网络技术有限公司等法定代表人，担任北京派得电子商务有限公司、慧聪投资管理（北京）有限公司、天津慧聪书院信息技术有限公司等股东，担任北京慧聪互联信息技术有限公司、北京派得电子商务有限公司、慧聪投资管理（北京）有限公司等高管。由此可见，社会化是家族企业做大做强的一个非常重要因素。

所谓家族企业的社会化，有以下三个阶段：

第一阶段，管理社会化。

家族企业的非家族化管理是家族企业社会化的第一步。家族企业在社会化进程中，最先遇到的就是家族企业在管理上的社会化。因为家族企业一旦规模扩大，实行多元化经营，必然使得家族企业内部的人才短缺与家族企业的运行要求相矛盾。这就会迫使家族企业将人才的目光转向家族之外。

所谓家族企业管理社会化，不仅指家族企业的所有权和经营权两权分离，更为重要的是，家族企业由非血缘关系组成决策机构，即职业经理人团队来经营家族企业，而家族企业的控制权依然在家族手中。目前，我国大多数上了一定规模的家族企业都聘任了外人担任家族企业的重要管理者，如总经理、总会计师。家族企业的规模越大，家族企业所从事的行业技术构成越高，家族企业管理社会化的进程就会越快，因为在这样的情况下，家族企业管理社会化的需求会越强烈。因此，家族企业管理社会化其实就是由家族占据企业控制权，而由职业经理人团队来管理企业。

第二阶段，所有权社会化。

家族企业所有权社会化主要指，在某种程度上稀释家族企业的股份，使家族企业的股份公众化，在家族企业财产的所有者构成中，非家族成员占有相当的比重。也就是说，家族企业财产所有权不再是某个家族独有，传统的仅限于家庭成员持有 100% 的股权就被打破了。当家族企业所有权社会化后，其拥有者不再仅是家族成员，可能血亲关系已经非常淡化，甚至是没有血亲关系。

第三阶段，管理和所有权社会化。

家族企业管理和所有权社会化，这类家族企业已经完全摆脱、褪掉家族色彩。可以说，这类家族企业已经不再被公众认为是一个家族企业了。所谓家族企业的完全社会化指的是家族企业完全脱离了家族色彩，家族在企业中不再具有优越的地位，家族成员成为企业中的一般成员。

从以上三个阶段可以看出，社会化改造不仅是家族企业适应世界经济社会化大生产的要求，更是家族企业提升竞争优势的一个重要因素，同时又是抢占市场份额的一种有效手段，是打败非家族跨国企业的需要。

当然，在家族企业社会化的过程中，社会化的三个阶段并非都是单独分开的。由于家族企业自身的情况不同，在社会化的过程中，家族企业社会化采取的方法和阶段可能截然不同。

内外部因素促进家族企业的管理和所有权社会化

在家族企业初创时期，绝大多数家族企业是由若干名家族成员组成，由此决定了家族成员合理的专业分工。这样的分工，源于家庭成员的教育背景、工作经历、技能大都各不相同，在极度缺乏外援的情况下，必然要求家族成员按照各自熟悉的专长，及其专有技术和业务经验，选择适合自己的岗位。此外，这种合理的资源配置，往往是建立在家族成员共同商议基础上的。

随着家族企业规模的扩大，家族成员的岗位也会随着各自的专业技能而略有调整。在此期间，创始人作为家族企业整个创业团队的核心人物，其战略视野可能更为全面，实现其主导目标的愿望更为强烈。在这个阶段，家族企业的经营管理更多地遵循家庭规则运行，如果一味地强调制度，家庭成员的忠诚和无私的支持也就消耗殆尽了。

任何事物都有两面性，当家族企业突破一定规模后，尤其是经过一两代人的传承，家族成员的增多，曾经的家庭繁衍出更多的家庭，家族成员间的亲缘关系也开始渐渐地淡化，部分家族成员不断地将自己的利益最大化，由此阻碍了家族企业的发展。

家族企业要想继续经营下去，就必须依托现代企业制度，积极地进行社会化，尽可能地摆脱家族成员利益纷争的桎梏。

促使家族企业社会化因素有以下两个：

1. 家族企业社会化的内部因素

当家族企业达到一定规模后，逐步实现社会化是大多数家族企业的必然选择。这主要由于随着曾经的家族成员组成家庭后，又繁衍了很多家族成员，导致了家族企业创始人及其家族成员创造的财产必须传承给一代又一代的家族成员。与此同时，这些家族企业财产继承人相互之间的血缘关系日趋淡化，家族成员之间的关系也就逐渐演变为一般社会关系。

2. 家族企业社会化的外部因素

在家族企业社会化过程中，外部因素促使家族企业社会化的动力可能比家族企业内部因素要强烈得多，比内部因素要复杂很多，同时利益纷争也更多，原因有以下两个：

第一，随着家族企业规模扩大，业务不断增多，营业收入大幅度上升，这就要求家族企业创始人着手解决随着规模扩大带来的管理难度问题，特别是需要更多的具有高度管理专业化的人才。对于家族企业而言，规模化后的家族企业必然缺乏有管理经验的家族成员。由于家族企业高级管理人才的匮乏，家族企业创始人在没有其他办法的情况下不得不从家族外面招揽急需的管理人才。

第二，对于任何一家企业，在发展过程中，规模扩张过快会影响资金的注入，家族企业也同样会遇到。一旦家族成员内部不能融到急需的资金，家族企业就不得不借助家族之外的力量来筹集资金。比如，引入风险投资，引入私募股权投资，公开上市等。这就会直接稀释家族成员的股权，加速家族企业所有权的社会化变革。

二、正泰集团南存辉：只有将正泰置于社会，真正地实现社会化，企业才能与社会实现同步增长

在正泰集团，创始人南存辉也强调善待合作者。回顾南存辉的股权分流历史不难发现，南存辉进行过四次大规模的股权分流。在合作者看来，南存辉每次稀释股权，都是将自己的股权拿出来分流到别人口袋里。在南存辉看来，蛋糕做大了，自己的相对收益虽然少了，但是绝对收益增加了。

正泰社会化：从“家族企业”到“企业家族”

1984 年，对于南存辉而言，命运似乎挚爱这位修鞋匠。这一年，对中国民营企业来说是较为特殊的年份。同年，柳传志、张瑞敏、王石等人开始扬起创业的鞭子，中国民营经济的大幕就此拉开。

这年 7 月，修鞋匠南存辉与小学同学、裁缝胡成中各自出资 1.5 万元，加上破旧的厂房设备，总共 5 万元资本，创建了“乐清县求精开关厂”。

1986 年 8 月，乐清县求精开关厂投资建立了温州第一个热继电器试验室。

1988 年 1 月，乐清县求精开关厂领取了温州第一张国家机电部颁发的生产许可证。

创业伊始，南存辉与胡成中对“求精开关厂”的日后发展都非常重视，由此在创建工厂时就约法三章——“每人股权一半，互不控制；各自的夫人不能进厂，不干预企业决策；谁要引进亲戚谁就出让股权”。

为了避免产生更为激烈的冲突，1991 年，南存辉与胡成中作出一致决定，把“求精开关厂”一分为二。南存辉与胡成中每人分得价值 100 万元的资产，其中包括一部分账款。

1991 年 11 月，获得第一桶金的南存辉，在美国的妻兄黄李益处借款 15 万美元后，创建中美合资温州正泰电器有限公司。

在当时，正泰公司是一家非常典型的家族企业。在正泰的股份结构中，南存辉的持股比例为60%，南存辉弟弟南存飞、外甥朱信敏、妹夫吴炳池，以及远亲林黎明是正泰公司股东，持股比例为40%。由于黄李益出资的15万美元是借款，不持有股份。

蓬勃的市场需求，催生了正泰公司的快速扩张。凭借自身的强化质量管理，力争精益求精的品控，正泰电器获得高速发展。

20世纪90年代初期，柳市镇生产的很多电器质量不合格，甚至是假冒伪劣产品，严重危害市场。国家六部委派出工作组对柳市镇生产的电器进行调查和整顿。此轮整顿直接导致柳市镇电器行业洗牌，许多电器企业倒下，能够存活的企业不到20%。

在此轮风潮中，凭借自身的质量管理，公司所在地同样在柳市镇的正泰电器得到政府的支持而幸免于难，并且在同行遭受严重打击的情况下脱颖而出。

在行业洗牌的背景下，位于柳市镇的许多电器生产企业与正泰电器达成战略合作，由这些电器生产企业给正泰电器贴牌生产，作为回报，正泰收取相关贴牌企业1%的品牌费和少许管理费。这种变通的做法，让遭受重创的柳市电器生产企业迎来了一次转机。正泰电器由此迎来了自己的规模化发展，截至 1994 年初，给正泰电器贴牌生产的企业已达到 38 家。

随后，此种合作范式的弊端也渐渐显现。正泰集团新闻发言人廖毅说道：“这种贴牌生产的合作方式是极为松散的，很多加盟企业都有独立的法人资格，由于法人多，难管理，很快就出现‘集而不团’的现象，……这种合作是以品牌为纽带而非资金，管理也很不到位，一些加盟企业的其他与正泰无关的产品也开始打正泰的品牌，造成品牌管理的混乱。”

针对正泰存在的弊端，南存辉再次进行社会化产权变革。从 1994 年开始，南存辉对 38 家贴牌生产的企业进行股权改造。廖毅介绍说：“这次改造中，有独立法人资格的企业取消法人资格，健全了股东大会、监事会和董事会，并且实行了所有权和经营权的分离，加强了对分公司的控制力，使集团成为真正的集团。”

具体的做法是，南存辉以正泰电器的公司股份，控股、参股或者投资其他企业，以正泰品牌为纽带，以股权为手段，由此完成 38 家企业的兼并联合。

1994 年 2 月，在南存辉的主导下，创建温州正泰集团，股东 40 名。在此轮社会化中，南存辉持股已经下降到 40% 左右。虽然股份下降了，但是南存辉整合了松散的社会资源，净资产规模从大约 400 万元飙升至 5000 万元，规模提升了 11.5 倍，南存辉的个人财富在短短 3 年间也增加近 20 倍。

1997 年 8 月 5 日，浙江正泰电器股份有限公司成立。见

图 11–3。

工商注册

法定代表人	南 南存辉 TA有28家企业 >	经营状态	开业
注册资本	214,997.3551万(元)	实缴资本	-
曾用名	-	所属行业	电气机械和器材制造业
统一社会信用代码	91330000142944445H	纳税人识别号	91330000142944445H
工商注册号	330000000007234	组织机构代码	14294444-5
登记机关	浙江省市场监督管理局	成立日期	1997-08-05
企业类型	其他股份有限公司(上市)	营业期限	1997-08-05 至 9999-09-09
行政区划	浙江省温州市乐清市	审核/年检日期	2020-10-09
注册地址	浙江省乐清市北白象镇正泰工业园区正泰路1号　　查看地图		
经营范围	低压电器及元器件、切割及焊接设备、电子元器件、电源类产品、电力金具、计量器具、电力整流器的研发、设计、制造、加工、安装、调试、销售及相关技术服务，从事进出口业务。（依法须经批准的项目，经相关部门批准后方可开展经营活动）		

图 11–3　浙江正泰电器股份有限公司注册详情

经过几年的整合，正泰迎来了高速发展。1998 年，低压电器、输配电设备、仪器仪表等成为正泰集团的支柱产业，正泰集团的资产规模达到 8 亿元。[①]

正当业界认为南存辉的社会化已经结束时，南存辉却宣称，正泰仍要继续进行社会化变革。由此南存辉开始了正泰的第三次社会化的股权变革。相比前两次股权变革，第三次股权变革的步子更大。

正泰集团组建后，其规模已经达到了前所未有的程度，但是正泰集团的核心权力仍然集中在南氏家族手中。之前的迅

---

① 参见张衍阁、彭水明：《正泰集团：家族股权稀释的中国样本》，《法人》2004 年第 10 期。

速扩张，很多问题渐渐地浮出水面——管理混乱，人才流失。

对此，南存辉再次对正泰电器进行变革。1998 年，南存辉在正泰集团的核心企业——正泰电器股份公司逐渐推行股权配送制度，即“要素入股”：管理入股、技术入股、经营入股，由此吸收了几十名“知本”型股东，核心股东人数达到 118 位，包括原始投资者、子公司所有者转换来的股东以及加盟正泰的部分科技人员、管理人员和营销人员等二级股东。[①]

在系列变革中，南存辉又分离了所有权和经营权，裁汰了很多重叠机构，健全了“三会”。南存辉的动作如下：第一，稀释股份。南存辉的持股比例下滑到 20% 多。第二，去家族成员化。在去家族成员化后，正泰的最高决策层中，南氏家族成员的比例已经下降到 1/3 以下，在 118 位核心股东中，南氏家族成员占比 20% 左右。

对于此次社会化变革，廖毅分析道：“正泰在这次股权改革中按对正泰的贡献大小合理掌握了级差，没有进行平均分配，避免了内讧。”

在社会化的变革中，南存辉不断稀释家族企业股权。2010 年 1 月 21 日，正泰电器在上海证券交易所挂牌上市，成为国内首家以低压电器为主营业务的 A 股上市公司。

对于正泰电器上市，南存辉曾经介绍道：“企业发展到一

① 参见张衍阁、彭水明：《正泰集团：家族股权稀释的中国样本》，《法人》2004 年第 10 期。

定程度，上市是继续经营的必经之路，上市对于正泰来讲意义不仅在于融资，更在于以上市的要求规范经营行为，提升管理能力。”

正泰集团发展到今天，成为中国民营企业的一面旗帜，离不开南存辉的社会化变革。正泰集团的业务遍及 140 多个国家和地区，全球员工超 3 万名，年营业收入超 800 亿元，连续 18 年上榜中国企业 500 强。2020 年 9 月 10 日，2020 中国民营企业 500 强榜单发布，正泰集团股份有限公司名列第 83 位。9 月 16 日，正泰集团入选由中国机械工业联合会、中国汽车工业协会主办的第十六届中国机械工业百强名单，排名第 10。

将家族企业所有权与经营权适当分离

纵观正泰电器的高速发展，一个关键的因素就是南存辉的社会化变革。在社会化过程中，最终将家族企业所有权与经营权适当分离。这里，我们来分享一下方太集团的社会化。

1985 年，45 岁的茅理翔创办慈溪无线电厂，这是方太集团的前身，茅理翔被誉为“点火枪大王”。

在初创企业中，家族成员就职家族企业的现象比比皆是，慈溪无线电厂也不例外。为杜绝过多的家族成员进入慈溪无线电厂，茅理翔可谓煞费苦心，通过向母亲下跪这一极具中国传统特色的处理方式解决了问题。

事情是这样的，茅理翔的四弟下岗待业，要求进入慈溪无线电厂这个自家企业担任干部。这个棘手的问题使得茅理翔左右为难，既要维护亲情，又不能破坏企业管理制度。于是茅理翔向母亲跪下了，跪了10分钟，陈述自己为什么不能让四弟担任慈溪无线电厂干部，希望得到母亲的谅解和支持。

茅理翔的理由是："开始创业时，兄弟们往往很团结，但在企业做大以后，一般在做到一亿元之后，矛盾就会显现。"

茅理翔的观点是非常明确的，一旦让四弟担任慈溪无线电厂的干部，开这一个头，那么紧接着就会有更多的家族成员加入。茅理翔说："老大有老婆舅子，有舅子老婆，就会有一帮人；老二也会有老婆舅子、舅子老婆，七大姑八大姨的都在企业里面，家族矛盾与管理矛盾一旦搅和在一起，造成管理错位，加上利益、权力和发展思路的纷争，必然会出乱子。"

为了避免家族企业众多乱象，茅理翔在创办慈溪无线电厂时就与妻子张招娣"约法三章"：茅理翔和妻子两方面的兄弟姐妹、亲戚可以在慈溪无线电厂上班，但是绝对不能担任车间主任以上的领导岗位职务。

茅理翔下跪的效果很明显，母亲同意了茅理翔的做法。但是考虑到亲情，茅理翔安排四弟到一个相对较小的、与总部分开的办事处做了主任，随后又用其他方式解决了两个大学毕业的侄子的就业问题。

对于茅理翔的做法，中国社科院民营经济研究中心主任刘迎秋教授在接受媒体采访时谈道："这种下跪是传统的力量和制度的力量较量的过程，这个过程应该是一个非常艰难、痛苦的过程。”

茅理翔的这一跪使得慈溪无线电厂从此得以完成社会化变革。其后，茅理翔在儿子茅忠群的建议下创建方太。2005年，在方太创业10周年之际，茅理翔从方太董事长一职退休，转任集团主席。茅忠群担任董事长和总裁，其他中高层管理人员没有一个家族成员和亲戚，都是外聘的本科生、硕士生或者博士生，并且方太员工中40%来自外地。

1994年，茅忠群从上海交大研究生毕业，本来想去美国读博士，被茅理翔劝回来，与茅理翔一起二次创业。

面对父亲的邀约，茅忠群没有拒绝，只是在答应父亲茅理翔担任总经理职务时，自己创建新公司，重新搭建自己的管理团队，独立运作经理层，不起用父亲原飞翔公司的员工。与此同时，茅忠群也不会继续沿用飞翔这个企业名称，而是启用新的名称。对此，茅忠群与茅理翔还曾产生分歧。在企业名称的选择上，茅理翔与茅忠群有着各自的理解。在茅理翔看来，应当继续沿用“飞翔”：第一，经过几年的经营，在市场上有一定的知名度。第二，节省宣传费用。第三，“飞翔”这个品牌已经全类注册，什么产品都可以生产，抛开“飞翔”积累下来的品牌无形资产，注册一个新的商标，至少又要拖上半年以上的时间。第四，与“飞翔”有太多感情。“飞翔”是从茅理翔和爱女茅雪飞的名字中各抽出一个字组成的，这两个字寄托着他第一次创业时的全部心血。因此茅理翔主张新产品继续用“飞翔”做名字。[①]

相比茅理翔的“飞翔”，茅忠群更倾向启用新名称——“方太”：第一，从品牌传播学来讲,“方太”更容易传播。第二，厨房用品与“方太”更为贴切。第三，产品定位更为精准。

在接受《市场导报》采访时，茅忠群就谈到了方太品牌名称的初定情景：“我们各持己见，僵持不下。一天晚饭，我和父亲再次为品牌名称的事争论。但我们都是知识分子，也没有高声吵闹，我饭吃了一半就走掉了。因为我有自己的坚持，吸油烟机是厨房电器，厨房多由女人掌管，‘方太’即是‘方便太太’，指向精准且更具亲和力；此外，方太是香港 ATV（亚洲电视）《方太美食》节目主持人的名字，她在电视上炒了 20 年菜，广为人知。用‘方太’，企业、产品、品牌完美统一，还有很好的传播基础。”[②]

在茅忠群的努力下，最终茅理翔还是妥协了，答应了茅忠群的建议。1996 年 1 月 18 日，茅忠群创建宁波方太厨具有限公司，并斥资 2000 万元建立第一条吸油烟机生产线，年产 30 万台。

经过 20 多年的发展，方太业务涉及厨房电器、集成厨房

① 参见廖岷：《方太方法》，企业管理出版社 2006 年版，第 4 页。

② 柴丹、蒋梦姣：《方太厨具：只打“价值战”，不打“价格战”》,《市场导报》2019 年 3 月 4 日。

以及海外事业三大领域，其中FOTILE方太品牌专注于厨房电器业务，现拥有吸油烟机、嵌入式灶具、嵌入式消毒柜、嵌入式微波炉、嵌入式烤箱、嵌入式蒸箱、热水器、水槽洗碗机、蒸微一体机、净水机十大产品线，成为中国厨房领域最著名的品牌。截至2018年，方太以独特的创新模式、优越的品牌价值，连续五年荣登亚洲品牌500强。2020年以来，在使命驱动下，方太提出了新时代的“家庭幸福观”和“幸福社区核心理念”，以及“五个一”和“五句话”幸福法，帮助更多家庭获得幸福，品牌价值获得进一步的广泛认同。

茅理翔通过社会化变革，不仅让方太解决了接班问题，还探索了一条“现代家族企业管理模式”的范式。第一，茅理翔通过积极社会化变革去家族成员化。第二，选择儿子茅忠群担任总经理，保证家族企业决策符合中长期规划。其理由有二：一是茅忠群拥有上海交大硕士研究生的学历背景，说明其个人能力不差；二是中国职业经理人队伍尚未形成，法律、信用体系尚未完善。

在“中国企业家管理论坛”上，茅理翔谈到了建立现代家族制的必要性，同时依然强调家族制管理的积极意义。茅理翔解释说，在传统的家族制企业中，家族企业的实际控制权往往都在七大姑八大姨那里，而这些七大姑八大姨非常排斥工作技能较强的人才。在很多情况下，很多高级管理人才根本就不愿意进入家族企业，甚至还会出现高级管理人才引进了也留不住的情况。

时隔多年，茅理翔对此直言不讳地说道："我从1994年起，一边研究自己的家族企业传承问题，一边研究国内外家族企业案例。我深刻明白：一个企业内假如家族成员成堆，肯定做不长。"

不可否认的是，在人情至上的中国社会，平衡家族成员关系是家族企业财富传承过程中一大拦路虎。茅理翔指出，作为创始人，必须敢于解决该问题，为接班人的接班创造条件。茅理翔说道："叔叔伯伯阿姨怎么管理？顺着走，思想老化；不顺着，要得罪长辈。很多二代企业家很痛苦。"

面对这样的问题，家族企业创始人该怎么解决呢？茅理翔的解决方法就是淡化家族制。在方太，茅忠群下辖的所有中高层干部，全部是引进的硕士生、本科生。还明文规定，不准亲戚和家族成员担任干部，这样，不但解决了七大姑八大姨控制家族企业管理岗位的问题，同时引进了大量的高级管理人才。

第十二章　适时地引入职业经理人，搭建非家族成员实现自我平台

引进职业经理人是实现家族企业社会化的一环。中国太平洋建设集团有限公司董事局主席严介和认为，要摒弃家族制和家族化，就必须做到三个“零”：（1）“零血缘”——没有一个亲戚在企业中。（2）“零情缘”——没有一个同学、战友在企业。（3）“零地缘”——没有来自老家的人在企业。

关于三个“零”问题，严介和在接受媒体采访时坦言：“在太平洋建设，没有一个我的家人，没有一个我的亲人，没有一个我的战友，没有一个我的同学，没有一个来自我老家的老乡。”在严介和看来，只有摒弃家族制和家族化，才能真正地推动社会化，引进职业经理人。

一、适时地引入职业经理人——新华都10亿元聘请唐骏，李书福请来两位“空降兵”

2007年，新华都集团创始人陈发树凭借199.3亿元的资产，入选美国《福布斯》杂志中国内地富豪榜第16名。

据了解，新华都集团的业务涉及旅游、连锁、矿产等领域，涵盖紫金矿业、新华都购物广场、福建新华都工程和福建武夷山旅游等数家企业。这其中，紫金矿业最为耀眼。2003年12月23日，紫金矿业在香港H股成功上市，2008年4月25日又在A股挂牌。

此刻的新华都集团犹如一个曼妙的妙龄女郎，吸引了一个叫唐骏的职业经理人。“加盟这家公司是非常偶然的机会。”唐骏在接受《商界（评论）》记者采访时透露，2007年12月，他与陈发树首次在上海见面，两人一见如故。之所以选择新华都，唐骏说：“首先是基于我对自己职业的规划，我希望去一家多元化发展的公司；其次，不要和老东家发生直接或间接的关系，这也就排除掉了互联网企业；还有一点最重要的因素，就是创始人的个性，陈发树要将新华都打造成全国乃至全球最优秀企业的执着精神打动了我。所以，当他问我是否愿意加盟时，我只用一分钟就做出了决定。”

唐骏10亿标杆的价值：任何一个职业经理人，都不可以到一个家族企业去享受别人的财富，更多的是去同甘苦，共命运

2008年4月3日，盛大网络对外宣布，唐骏将不再担任盛大网络总裁一职。仅过了12天，4月15日，新华都集团董事长陈发树在北京高调宣布，以10亿元天价聘请“打工皇帝”

唐骏担任公司总裁。

一时间，10 亿元的天价把作为职业经理人的唐骏推到了风口浪尖。对于 10 亿元的天价，唐骏在接受《商界（评论）》采访时回应称，新华都给予他的转会费，具体是以紫金矿业、新华都购物广场的原始股方式支付的，估算至少超过 10 亿元。未来公司股价如果更高，那么唐骏获得的转会费也将水涨船高。

据唐骏介绍，此次转会费没有扣除个人所得税，按照国家相关税收法的规定，个税起码需要缴纳 4.5 亿元。

按照缴纳 4.5 亿元的个税计算，唐骏此次获得的转会费至少有 5.5 亿元。如此高昂的成本让研究者好奇，在中国职业经理人中，虽然是“打工皇帝”，但是唐骏凭什么就值 10 亿元?

问题其实不难回答。第一，唐骏拥有光鲜的跨国企业的职业经理人背景，加盟盛大网络时，唐骏就担任微软中国总裁，薪酬收入超过了 1 亿元。担任盛大总裁 4 年中，唐骏的薪酬收入也超过了 4 亿元。第二，唐骏加盟盛大网络后，短短三个月，盛大网络就成功登陆纳斯达克，盛大网络由此成为网络游戏领域内全球首家上市企业。第三，战略规划。对盛大网络创始人陈天桥来说，更重要的是盛大在唐骏的率领下历经了从上市到重新规划战略的过程。盛大在唐骏领导下的这四年，从上市创造奇迹、收购新浪和数字家庭战略、网游免费以及对平台战略的坚守中，已经逐渐成为一家成熟并极具竞争力的公司。[①]

对于在盛大网络的贡献，唐骏自我评价道："其实，盛大是陈天桥的盛大，而不是我唐骏的盛大，所以，我需要做的，只是在背后改变这个企业的商业模式和管理结构，让它具有持续的赢利能力，至于大家认为这个事情是我做的还是谁做的都不重要，盛大在我到来前后的改变有目共睹。"

唐骏直言，自己努力地提升了中国职业经理人的形象。唐骏说道："中国的职业经理人目前遇到的最大困难，就是难以得到老板的认同。中国的职业经理人之所以还不贵，是因为还没有树立起个人品牌，因此，中国的职业经理人要先做人，后做事，再作秀，通过一定的包装，建立自己的品牌，这样才有可能迈向顶级 CEO 之列。"

关于如何做一个成功的职业经理人，唐骏说道："要做到一个成功的职业经理人，第一是职业精神，也就是说作为一个职业经理人如何对待职业经理人的精神，我在过去的几年当中也在不断地完善和积累。第二是你的经验和理念。第三个方面也就是我们作为职业经理人的一种职业的敬业精神。任何一个职业经理人，都不可以到一个家族企业去享受别人的财富，更多的是去同甘苦，共命运。"

唐骏补充道："职业经理人能将现代化的管理体制引进

---

① 参见王欢、陈艾：《唐骏：10 亿标杆的价值》，《商界（评论）》2008 年第 5 期。

中国，能与国外资本市场游刃有余地沟通，让中国企业走向世界，是中国企业与世界沟通的桥梁。早在5年前，我就得到了金钱上的满足；现在只寻求精神上的满足，那就是影响力——影响年轻人，影响职业经理人，进而对社会产生一定的影响。”

“之所以取此二人为中军大将，主要是两点：一是人才互补；二是吉利决不再搞家族企业，而是唯才是用”

2002年8月，一个犹如响雷一般的新闻震动了浙江的商界——中国第一家民营汽车“巨无霸”企业吉利集团董事局局长兼总裁、首席执行官李书福开始了这个家族企业的招贤纳士计划，而且声势非常浩大。

据了解，李书福请来两位“空降兵”，取代了他首席执行官的位置。这两位“空降兵”，一是吉利集团CEO徐刚，年仅41岁，博士。二是吉利汽车CEO柏杨，女，年仅33岁，哈尔滨工业大学机械制造系硕士。

从2002年8月起，这家家族企业的创始人李书福只担任吉利集团董事长。李书福为什么百万军中专取此二人为“将”呢?

其实，李书福的这一做法是比较合理的。10年前，吉利集团这个家族企业已经达到一定的规模，要想吉利集团“更上一层楼”，招贤纳士就是一道不得不做的选择题。

李书福在接受《台州商报》记者采访时谈道："现在世界上所有大公司，比如说奔驰、宝马，哪一个不是在用有财务背景的人做高层管理？我想我也应该这样做。徐刚是上海财经大学的硕士，现在在读博士，浙江一年800多亿元的税收是经他的手收上来的，他是浙江省税务局的总会计师，对各企业的运行状况非常了解，在我的眼睛里他不是一般的行政干部。之所以选用柏杨，主要是因为她的经历和专业比较合适吉利的发展。从技术背景看，她是硕士学历，曾参与并主持沈阳金杯客车制造公司十年规划改造计划的项目，并参与了华晨金杯项目的具体操作及中华轿车项目的前期工作。后进入一家美资的零部件制造企业，担任常务副总，主要负责企业重组、改造及管理培训方面的工作，期间接受了多次现代化管理培训的课程如CE等。在任职期间，她成功地对该企业进行了ERP项目的实施，导入了很多管理模式，使得企业从一家全面内销的企业成为一家全出口型的企业。我之所以取此二人为中军大将，主要是两点：一是人才互补；二是吉利决不再搞家族企业，而是唯才是用。一方水土养八方人。"

李书福的招贤纳士使得吉利集团高速发展，之后，吉利集团跃入世界汽车企业俱乐部行列。特别是在2010年3月28日21点，在瑞典的斯德哥尔摩，吉利汽车以18亿美元的价格收购瑞典汽车企业沃尔沃100%的股权。

李书福的招贤纳士战略给中国家族企业做了一个很好的

表率。业内专家坦言："家族企业要发展和壮大，必须招贤纳士，这样对家族企业的管理才更有力。"

二、鲁冠球：有德无才，可以试用，通过教育培训，视其发展而定无妨

从传承接班角度来讲，民营企业接班本质是怎么在接班人的忠诚和才能之间找到一个平衡点。职业经理人是才能大于忠诚，子女是子承父业，忠诚重于才能。由于忠诚优先，所以创始人子女在公司治理上也有优势，信息统一，执行力强，效率很高，这是创始人子女的优势，可以部分弥补由于领导力和决策水平低所造成的一些缺陷。[①]

对于家族企业来讲，股东或者董事出了钱，但是未必会管理，所以职业经理人制度是家族企业相当重要的一种人才使用模式。对于家族企业的职业经理人引进，应该将人才的道德水准放在首位，包括社会道德、职业道德。同时从企业安全经营的角度考虑，从外部引进的职业经理人要按照管理岗位和信息的机密程度逐步任命，提倡先"知"后"用"，既可以让新来的职业经理人熟悉企业环境，同时企业也可以对他进行观

① 参见陆雄文:《家族企业如何接班》,《企业文化（上旬刊）》2012 年第 3 期。

察、考核，合格后再予以进一步重用。[①]

在中国企业家中，万向集团创始人鲁冠球就探索出一套引进职业经理人的理论。2001 年，鲁冠球就颁布了一道关于企业接班人的标准。标准如下："有德有才，大胆启用、大胆聘用，可以三顾茅庐，高薪礼聘；有德无才，可以试用，通过教育培训，视其发展而定无妨；无德无才，可以不用，因为一看就知道，不易混入；有才无德，绝对不能用，让其伪装混入，后患无穷。"

"有德有才，大胆启用、大胆聘用，可以三顾茅庐，高薪礼聘。"

在家族企业引进职业经理人时，必须充分评估、考核和培养。当职业经理人被引进家族企业后，家族企业创始人还要对他进行培养，给予正式上任的职业经理人充分的信任，这有利于调动职业经理人的工作积极性与潜能，切实发挥优秀职业经理人的作用。在职业经理人上任初期，家族企业创始人需要给予必要的支持和引导。外聘经理人员一般说来素质较高，但他需要时间去适应新的企业环境，去处理好与家族内部人员及创业元老之间的关系，处理不当就会有各种流言蜚语，要求老板要有明辨是非的能力，分析原委，确定责任，帮助新经理扫

① 参见程世龙：《论家族企业的管理》，《化工管理》2005 年第 Z1 期。

除障碍，以推动企业内部变革的顺利进行。①

在这里，我们来分享一下“蓝血十杰”对福特汽车的贡献。

1945年5月8日，以美国、苏联为首的同盟国战胜了轴心国的德国，德国政府宣布投降，欧洲战事宣告结束。同年8月15日，日本政府向同盟国投降，轴心国集团宣告彻底失败。

战争的结束，意味着一部分军人的使命就此终结。此刻，一些有着战略远见的军官开始谋划自己士兵兄弟的前途和命运，查尔斯·桑顿（Charles Thornton）上校就是其中一位。

此前，为了击败轴心国，查尔斯·桑顿上校亲赴哈佛大学商学院挑选了一批优秀学员，到美国陆军航空队（美国空军前身）担任统计分析军官。

桑顿上校需要解决的，是拟订适当的计划，确保在制订的时间表里，使分布于全球、拥有两百多万人员和十几万架飞机的美国陆航部队，能够配上适当的装备和物资。这批优秀的人才不负众望，解决了此问题。

然而，随着战争结束，这些优秀人才不得不开始另一段人生之路。此刻，查尔斯·桑顿上校以迅雷不及掩耳之势把包括自己在内的九校一尉打了个大包，整体卖给了福特创始人亨利·福特的孙子小亨利·福特，开了全球现代企业科学管理的先

① 参见程世龙：《论家族企业的管理》，《化工管理》2005年第Z1期。

河，这就是“蓝血十杰”。见 12-1。

表 12-1　“蓝血十杰”详情

序号	姓名	军衔	年龄	年薪（美元）
1	查尔斯·桑顿（Charles Thornton）	上校	32 岁	16000
2	罗伯特·麦克纳马拉（Robert Mcnamara）	中校	29 岁	12000
3	法兰西斯·利斯（Francis Reith）	中校	31 岁	12000
4	爱德华·蓝迪（J. Ed-ward Lundy）	少校	31 岁	12000
5	班·米尔斯（Ben mills）	少校	30 岁	11000
6	詹姆斯·莱特（James Wright）	中校	33 岁	11000
7	乔治·摩尔（George Moore）	中校	25 岁	10000
8	威伯·安德森（Wilbur Andreson）	上校	30 岁	9000
9	阿杰·米勒（Arjay Miller）	上尉	29 岁	8000
10	查尔斯·包士华（Charles Bosworth）	中校	30 岁	8000

“蓝血十杰”的到来让深陷危机的福特汽车走出低谷，由此奠定了福特在汽车江湖上的地位。

1943 年，福特汽车公司创始人亨利·福特的独子爱德塞·福特因为不得志而染上了酗酒的恶习，50 岁不到就死于癌症。

爱德塞·福特称得上是标准的接班人，一直按照亨利·福特安排的接班路径在走。但亨利·福特迷恋君权，让爱德塞·福特很受伤。

随着 1908 年 T 型车的成功，作为福特帝国创始人的亨利·福特清醒地意识到，只有牢牢把控福特汽车的控制权，才能拥有最大的发言权。

此后，亨利·福特试图建立自己的专制王国，直到把福特公司变成福特的私人财产。1906年，亨利·福特按照自己的计划，陆续收购其他股东的股份，持股比例上升到58.5%。自己的独子爱德塞·福特上任后，亨利·福特的收购也没有停下，而是继续让爱德塞·福特收购剩余股权。

1918年，亨利·福特终于实现了自己的战略目标——福特家族完全控股了福特汽车公司。让亨利·福特更为欣慰的是，独子爱德塞·福特在自己的影响下，从小就对汽车表现出异常浓厚的兴趣。

在公开场合，亨利·福特说道："我有一个好儿子，他天生就是我事业的最佳继承人。"

为了培养爱德塞·福特，亨利·福特的观点很直接——最好的接班培养在企业，而不是大学。

1913年，中学毕业的爱德塞·福特20岁，跟在父亲亨利·福特的身边边学边干。1918年，爱德塞·福特担任福特公司总裁，其后亨利·福特更是把公司42%的股份也交给了他。

虽然如此，作为总裁，爱德塞·福特却不能大权在握，福特公司的实际控制人依然是其父亲亨利·福特。

此刻，摆在爱德塞·福特面前的问题是，亨利·福特作为一个传奇巨人，想要超越他，就必须面临更大的挑战。

爱德塞·福特尽力展示自己的领导力，主持和设计了Y型车，畅销海外市场。同时还推出了林肯和风、水星车等受欢迎的车型，不仅大大丰富了福特的产品线，还开拓了海外市场。

得到业绩认可的爱德塞·福特准备重新设计T型车，当汇报给亨利·福特时，却遭到强烈反对。慑于亨利·福特的威严，爱德塞·福特最终妥协了，停止了所有现代化的改进努力。作为父亲的亨利·福特，拒绝在福特汽车公司的策略上做任何变化，也不接受职业经理人的建议，哪怕是独子爱德塞·福特。

由此可以看出，爱德塞·福特的人生，包括整个职业生涯，都只是亨利·福特的命令执行者。

修改T型车受挫后，在福特汽车公司的战略上，作为总裁的爱德塞·福特只有三个选择：接受亨利·福特的建议；自己单干；撂挑子不干。

懦弱的爱德塞·福特选择了后者。他无法摆脱亨利·福特的阴影，只要爱德塞·福特还在福特汽车公司，他就注定是亨利·福特的执行者。不得志的爱德塞·福特以酒浇愁，结果染上酗酒的恶习，死于癌症。

爱德塞·福特的去世，让亨利·福特饱尝丧子之痛，让他更为痛苦的是，他曾经的接班人培养计划竹篮打水一场空，加上其经营观念僵化和过时，阻碍了福特公司的发展。

但让亨利·福特欣喜的是，家族第三代——爱德塞·福特的两个儿子小亨利·福特（Henry Ford Ⅱ）和本森·福特（Benson Ford）陆续进入福特公司。

两兄弟中，小亨利比本森更有才干。亨利·福特看到了小亨利身上的潜能，但是亨利·福特担心自己在家族的至尊地位会受到威胁，一直打压、否定小亨利，对小亨利在工作中的表现视而不见，甚至不让他搬进他已故父亲的办公室。

小亨利终于明白了父亲爱德塞·福特壮志难酬和英年早逝的原因，一种强烈的冲动驱使小亨利放弃了懦弱，致力于完成父亲在福特公司未竟的事业。

此刻，珍珠港事件爆发，美国参战，小亨利与本森两兄弟都应征入伍，一度失控的家族矛盾暂时搁置了起来。但是，福特家族的内部纷争已经拉开了帷幕。

1945 年，在战争中凯旋的小亨利走向前台，福特汽车公司的继位之争终于走向公开。9 月 21 日，亨利·福特迫不得已，任命孙子为公司总裁，但是小亨利要求获得“大刀阔斧进行改革”的权力，否则就不接受任命。

此刻的亨利·福特已经病得很重，虽然极不情愿，但已经有心无力，没有别的路可走。随后，在小亨利的授意下，为老亨利起草的辞职信在一次董事会上被宣读。1947 年 4 月 7 日，亨利·福特逝世于故乡德宝的住宅中，享年 83 岁，葬于底特律的福特墓地。

在历经经济大萧条和战争的背景下，通用公司和克莱斯勒不断推出新型和优质汽车，已经超过福特汽车，而且福特汽车还要面对战后新涌现的汽车制造商们的激烈竞争。

福特公司的情况不太乐观。为了使福特汽车重新崛起，小亨利走马上任后进行了大规模改革，大量招聘优秀人才，甚至从通用汽车公司挖来许多管理人才，推出更多车型，迅速恢复了竞争优势，成为仅次于通用汽车的全美第二大汽车公司，开启了“福特王国”的新时代。就这样，“蓝血十杰”进入了人们的视野。

他们的加盟改写了福特汽车公司的历史，因此被称为“蓝血十杰”。加盟福特汽车公司后，“蓝色十杰”把数字化管理引入福特汽车的研发和管理中，挽救了陷入泥潭和衰退的福特汽车事业，开了全球现代化企业科学管理的先河。

“有才无德，绝对不能用，让其伪装混入，后患无穷。”

对于任何一个家族企业来说，引进职业经理人，都必须防范用人风险，稍有不慎，就可能给企业带来不必要的损失，甚至灾难性的后果。不信，我们从一个真实的案例开始讲起。

在高楼林立的北京中关村，科技公司遍地都是，刘东经营的东科科技公司就是这众多科技公司中的一个。

1998 年，从北京某大学计算机科学与技术专业毕业的刘东就进了诺基亚公司。两年后，刘东独立创业，主要经营业务就是手机短信。

在刘东的意识中，只要有了好的产品，市场是不用发愁的。在这样的思维下，刘东更加专注于技术和产品的完善和研发。

由于刘东“不关注市场”这种不正确的观念，再加上刘东缺乏管理企业的能力，导致公司管理非常混乱。大部分能力较强的员工另觅高枝。不仅刘东坚持做的产品没有做好，而且客户还不接受刘东非常看好的产品。

此刻，东科科技公司已经濒临倒闭，公司的困境让刘东非常发愁。然而一个 IT 技术研讨会让东科科技公司燃起了一丝复活的希望。

刘东偶然认识了作为发言嘉宾的王刚。在该 IT 技术研讨会上，王刚的发言给刘东以极深的印象。刘东觉得王刚不仅有着丰富的 500 强企业管理经验，而且非常了解手机市场。

于是刘东以年薪 80 万元聘请王刚做东科科技公司副总经理，主管销售和行政。而刘东自己仍然担任总经理，主抓技术。

为了改变公司的颓势，刘东把所有希望都寄托在对手机市场业务非常了解的王刚身上。因此，刘东对王刚也非常信任，也很放权。

王刚上任之后，经过对东科科技公司一番了解之后，马上大刀阔斧，信心十足地干起来：重新进行产品定位，制定销售方案，招聘销售人员，建立销售网络，再不断地对公司员工进行培训，建立绩效管理体系等。

功夫不负有心人，王刚的到来和努力使得东科科技公司业绩倍增。王刚不仅提高了东科科技公司的岗位效率，还对东科科技公司进行了制度化管理。

经过王刚一年多时间的艰苦奋斗，东科科技公司发展势头非常迅猛，公司规模也一步步扩大了。

然而，东科科技公司的危机再次袭来，刘东和王刚之间的矛盾开始了。由于王刚挽救了东科科技公司，在公司里王刚的威信较高，刘东开始担心东科科技公司被王刚控制。

以前从不过问公司大小事务的刘东渐渐地都要亲自过问处理，包括由王刚分管的事情都要经过刘东最后批准。

刘东的突然收权使得王刚很被动。因为王刚是东科科技公司的头号功臣，这时他也开始对自己的待遇和职位不满意了。

刘东的收权更加激化了两个人的矛盾，他们俩不仅对东科科技公司目前的运作管理，而且对东科科技公司今后的发展方向看法各异。

半年之后，王刚辞职了，随同辞职的还有东科科技公司的技术部经理陈跃，销售部经理袁军，以及刚刚策划好的企业产品和市场机密。

这一次，刘东的东科科技公司彻底垮了。

在实际的企业管理中，像刘东一样的创始人只知道解决公司眼前的困难，而忽略了职业经理人的风险，导致东科科技公司彻底垮了。因此，如果创始人在引进职业经理人过程中，缺乏应有的法律风险防范意识，再加上控制不当，那么就可能给企业带来劳资争端，甚至付出惨重代价。

上述东科科技公司案例，就是一起典型的职业经理人风险案例。事实上，像刘东这样的创始人遭遇职业经理人风险，并不是头一个，也不是最后一个。

通过上述案例我们不难看出，尽管有能力的职业经理人能够让企业高速发展，但是必须能够准确地评估和度量职业经理人的客观事实——工作经历、人品等，从而更好地预测用人风险，并具备相应的风险承担能力，否则很难正确引进职业经理人。

在上述案例中，导致刘东遭遇职业经理人风险的原因有三个：

第一，作为创始人的刘东缺乏职业经理人风险防范意识。当初，刘东匆忙拍板，决定以 80 万元年薪聘请职业经理人王刚时，只关注了王刚的管理能力和市场经验，却没有考察王刚的工作经历、人品等因素，这就埋下了王刚使东科科技公司陷入更大危机的隐患。王刚跳槽的时候，将东科科技公司的先进技术和科研成果带走，尤其是可能带到企业竞争对手那里，不仅使企业的宝贵财富流失，还可能改变市场竞争格局，间接损失巨大。

第二，职业经理人引进风险控制不当。作为创始人的刘东为了改变东科科技公司的颓势，把所有希望都寄托在职业经理人王刚身上，对他的过分信任和无限制放权也加剧了职业经理人风险。当东科科技公司的经营状况有所好转时，刘东突然事事过问的做法激化了他与王刚之间的矛盾。

第三，缺乏对职业经理人风险的驾驭能力和解决办法。对于刘东来说，聘请职业经理人王刚时，就必须清楚如何处置职业经理人风险，即刘东在放权的同时必须监控王刚的职责。

鉴于此，在职业经理人的引进中，作为创始人，必须认识到某些职业经理人尽管“有才”但是无德，这样的职业经理人绝对不能用，让其伪装混入，后患无穷。

第十三章 “凡事预则立，不预则废”——培养合格的接班人

对于任何一个财富家族而言，要想让家族财富传承下去，前提是家业永续。要实现这样的愿景，创始人或者传承者就必须及早选拔和培养合格的接班人。反观众多家族企业，它们之所以能基业长青和永续经营，都离不开家族企业创始人较早地重视选拔和培养接班人，这在很大程度上促进了家族企业的高速、持续、稳步发展。

不可否认的是，接班人计划作为一项长期的系统工程，不仅需要企业科学系统地规划，还必须建立在家族利益之上。

对于家族企业而言，要想基业长青和永续经营，家族企业接班人的选择和培养宜早不宜迟。北京大学社会科学学部主任，北京大学光华管理学院前名誉院长、博士生导师厉以宁曾公开告诫创始人：“企业领导人只有提前制定接班人计划，敢于及早放手，尽快培养下一代或者可以信赖的其他接班人，让他们从基层一步步锻炼成才，方能未雨绸缪，保持企业持续

发展。”[①]

一、和记黄埔李嘉诚：及早选拔和培养合格的接班人

长江实业集团有限公司董事局主席兼总经理李嘉诚为了能够让长子李泽钜、次子李泽楷顺利接班，采取了自己独特的培养方式进行锻炼。次子李泽楷从美国斯坦福大学电脑工程系毕业后，于1990年回到香港，加入其父旗下的和黄资产管理委员会。

李泽楷经过一段时间的锻炼实习，李嘉诚就开始支持他另辟蹊径，独闯天下。

1991年，创办香港卫视。

1993年，以4亿美元价格卖掉卫星电视大部分股权，引发世人瞩目。同年，创办盈科集团。

1994年，成为经济论坛成员，获选《时代》杂志全球百名新一代领袖之一。

1995—1997年，盈科集团在多伦多、北京、东京等地发展地产项目。

1998年3月，盈科集团与Intel合资组建Pacific

① 纪亮:《谁来接自己的班：家长式企业传承之道》,《中国民营科技与经济》2007年第9期。

Convergence Corporation（PCC）。

1998 年 10 月，获选《时代》杂志全球三十大科技巨头。[①]

1999 年，李泽楷不负众望，创办了盈科数码，并通过资本运作进入电信业。李嘉诚通过让李泽楷独自创业，可谓是一箭四雕：（1）解决了长子李泽钜、次子李泽楷在同一家公司可能出现的管理问题；（2）让李泽楷独立发展，给李泽楷一个独立锻炼的机会；（3）通过赛马，为未来选拔接班人做好准备；（4）为李氏家族寻找了新的发展机会。

“家族企业就必须未雨绸缪，正如中国帝王的传承一样，从很早就应该开始准备。”

英雄所见略同。均瑶集团董事长王均金对于家族式企业传承也持同样的观点。2010 年 5 月 19 日，在“中国企业领袖年会——2010 香港论坛”上，王均金坦言：“企业如果要传承，首先要在小孩身上下功夫，使他们有正确的价值观，能将人生看得很清楚。有潜力和能力的就要培育，如果没有能力的话，扶上去也没有用的。”

以下为王均金观点全文：

很高兴在这里跟大家探讨传承的问题，在香港知道

① 参见尉奕阳：《李嘉诚将汕大交棒李泽楷》，《财新周刊》2018 年第 27 期。

均瑶集团的人不多，（均瑶）在传承的过程中有一些小故事。

我们在1991年成立，经历了19年。2004年，原董事长变故，2004年我接过董事长的职位，这也算是阶段性的传承。当时对外（沟通）比较少，大家担心企业是否行，很多人打了问号。今天看来，还是可以的，基本上可以传承。此过程让我想到了，一个企业各种变故都会有的，因此必须要考虑未来，必须要考虑（企业）未来是否可以存在。从2004年以后，我们就考虑，企业要持续，首先就要调整结构。调整可持续发展的产业结构。我们调整为服务业，家族企业要培养好家庭文化，后面不（仅仅）是我的孩子，我哥哥的孩子、我弟弟的孩子都会存在的，因此家庭文化是很重要的，每个小孩的教育方式和正确价值观是企业传承很重要的要素之一。

我同意前面几位嘉宾谈到的观点，这种模式下，如何设置家庭文化，我们用了很多的方式，可能给这个小孩一个平台，给另外一个小孩一个平台，可能都无法接下去，这就涉及能力的问题。

现在的问题包括航空运输、商业零售、教育、文化创意，这些平台上都是职业经理人。说白了，现在不是具体经营的角色，怎么才可以做得好，这就要为今后设计考虑。每一块的业务要让职业经理人有动力和激励地去做，使业务可以持续地做好，因此就是经营制度的设计，激励制度的设计。

例如有的项目以你为主，就有10%的股份，每一块都有主人翁的精神，除了激励制度外，利润每年都可以拿出一部分，由团队共同分享，你做的每一步不是为我做，而是大家自己的事情。我尝试做这些事情，也是为了下一代，将来都交给职业经理人的时候，你的业务是否可以持续地发展，当员工越来越多的时候，谁来带，谁愿意心甘情愿地为你做每一块事情，因此制度设计也是为了企业的持续经营。

目前的尝试还在摸索中，不能说已经有很多的经验了，最起码这一代的企业家在思考下一代如何培养。我2005年开始搞学校和教育，现在将下一代都进自己的学校，我们的学校是最好的，教出来的学生综合素质比较强，也是考虑到传承的问题，这是现实的问题。小孩教育不好的话，再怎么传承，也会被他们搞没有的。

如果要传承的话，首先要在小孩身上下功夫，使他们有正确的价值观，将人生观看得很清楚。

其次是制度设计，业务经营模式和业务发展共同点，我们叫作红利分享计划，除了绩效奖金外，还要跟职业经理人分享，这是我们思考和探索的。

不一定所有的孩子都进企业，愿意做什么就做什么，有的没有兴趣的就不要非要让他们进企业，个人的爱好要培养，有的人不愿意进企业，在后期的制度设计，例如资产管理、信托管理、股权管理上要有受益权，要思考下一代如何过得更好。有潜力和能力的就要培育，能当董事长，为什么不让他当，如果没有能力的话，扶上去也没有用的。

企业的传承要看时间点，但是今天要想，否则就太晚了。今天不为下一代和孩子设计，不为孩子的教育考虑，不跟孩子多交流，不在他们身上花功夫，不引导他们，你想要的价值观就都没有，因此要细致地考虑这些问题。

现在谈传承还早，最起码现阶段我是从我哥哥手里接过来的，从我到下一代都希望企业永续传承下去，希望企业成为百年企业，我们做的每一步都是为此打基础的。①

在均瑶集团董事长王均金的讲话中，接班人培养必须“凡事预则立，不预则废”。在王均金看来，想把企业做成代代相传的“百年老店”，必须在子女还很小的时候就开始筹划。如果发现子女的确无法胜任接班人的角色，不要为了所谓的

① 参见 2010 年 5 月 19 日，王均金在“中国企业领袖年会——2010 香港论坛”上的讲话（略有修改）。

“自家生意”而强迫子女接管企业，否则只会事与愿违。[①]

众所周知，“昨天的太阳永远晒不干今天的衣服”。这个道理对于家族企业的接班人来说，同样适用。因为家族企业创始人从创业的那一天开始，他们就深知，如果不及早培养二代接班人，家族企业的永续经营就成为一句空话。

家族企业之所以能够占据世界 500 强 1/3 还多，主要取决于对接班人的选择及其培养，这也是家族企业生存和发展的关键。美国《家族企业》杂志发表了评论性文章，谈道：“家族式企业在代代相传的经营压力下，如果能够选择优秀的继承人，那么相对比要求巨额报酬的职业经理人更加实际和实用。这句话是很有道理的。现在聘请一个职业经理人需要百万，甚至是上千万美元的年薪，所以家里如果有一个优秀的继承人就一定比请外人强。那么如果没有的话，家族企业就必须未雨绸缪，正如中国帝王的传承一样，从很早就应该开始准备。”

从《家族企业》杂志的评论文章可以看出，及早重视选拔和培养二代接班人是家族企业能够永续经营的重要因素。

换言之，家族企业家只有提前制订接班人计划，敢于及早放手，尽快培养下一代或者可以信赖的其他接班人，才能未雨绸缪，保持企业持续发展。

---

① 参见巴曙松、王均金、赵为民等：《民营企业如何壮大》，《IT 经理世界》2004 年第 17 期。

把接班人的培养问题提上家族企业的议事日程

家族企业能否被下一代接班人延续并保持其繁荣，这在很大程度上取决于家族企业创始人能否有效解决接班人的继承问题。

要想解决这个问题，创始人就必须把接班人的培养提上家族企业的议事日程，有计划、有步骤地实现权力的平稳过渡。

创始人及早培养接班人，才能应付随时出现的企业高层领导者缺位的现象。例如，王均瑶、李海仓等创始人的意外去世，由于没有培养接班人，上述企业都经历了一个动荡的过程。因此，创始人只有及早地制订家族企业的继承计划，才能避免家族企业出现“权力真空”，避免家族为了继承而内斗。

鉴于此，创始人制订一个全面的继承计划，无论对家族，还是对家族企业，都是十分必要的，也是保证成功交接班的一个有效措施。

1. 接班人培养不能一蹴而就

在接班人的培养中，创始人必须清楚，接班人培养其实是一个非常复杂的过程，必须循序渐进，不能一蹴而就，有些创始人操之过急，或者采取跃进的做法，都会事倍功半。

接班人培养，不仅需要培养和提升其管理、经营、危机公关等能力，还需要解决其思维瓶颈。在思维转型的方向上，创始人需要培养接班人的认知和复盘能力。

一般地，突破思维瓶颈的工具有如下四个：

（1）了解前沿技术；

（2）关注宏观经济变化，把握行业趋势；

（3）拓宽提升认知的渠道；

（4）复盘关键时刻的转型节点。

其中，在关注宏观经济变化，把握行业趋势时，还需要关注以下六个维度：（1）政策变化；（2）经济环境；（3）行业周期；（4）技术变化；（5）客户需求；（6）竞争形态。

在接班人的培养过程中，让其了解和理顺家庭成员、员工、供应商、顾客等利益相关者的关系，同时也在创始人的指导下，让接班人进行有关企业经营战略的推演和复盘。

2. 重视接班人的培养锻炼，做到未雨绸缪

接班人要成功接班，这可是一段非常漫长的过程。在这个漫长的过程中，必须重视继承人的培养锻炼，做到未雨绸缪，以防万一。

这就要求家族企业创始人人为地设置数道安全防线，防范不可抗拒事件的发生（如企业主死亡、失能或突发事件出现），从而增强家族企业的抗打压能力。

3. 让接班人明白什么是企业家精神

在家族企业的传承中，无外乎是家族企业创始人向接班人传位子、传股份。然而，让家族企业创始人最头疼的，也是

最难传承的，是家族企业创始人的企业家精神。

在搞清楚企业家精神之前，先来了解一下什么是“企业家”。1800年，法国经济学家理查德·坎蒂隆（Richard Cantillon）首次提出“企业家”这一概念。所谓企业家，是指经营者合理地利用经济资源，将其效率由低转高。

所谓企业家精神，指经营者一种重要而特殊的无形生产要素，在英文术语使用上，企业家（Entrepreneur）和企业家精神（Entrepreneurship）常常互换。

按照这样的定义，企业家精神涵盖两个方面：第一，要素整合能力。即财产、技术、管理、知识基础、为人处事等资源整合能力。第二，关键时刻发挥的隐性能力——开拓、创新、敢想敢干、勇气、对机遇的把握、快速决策、抗压……这些精神，是最难言传身教的，必须亲身经历才能体会得到。[①]

4. 遵守具体移交日期

继承计划不仅指明具体的接班人，还要对交接权力作出详细的说明，及其继承计划的制订将使现任企业主详细考虑权力移交的各种细节问题，遵守具体移交日期，而不是将退休时间推迟到一个模糊的日子。

5. 为继承问题提供最大的保护

一旦继承计划确定，家族企业创始人必须对接班人在公

---

① 参见王坤：《上市家族企业接班有方》，《董事会》2015年第5期。

开场合表示明确支持，从而为继承问题提供最大的保护，避免潜在接班人将来在家族企业中的作用被赋予无根据的预期。一旦做出书面安排，接班人就成为“钦定”人选，会制止潜在继承人之间的争夺。潜在接班人之间的争夺应该不惜任何代价地避免，特别是发展到不择手段和牵涉很多有所有权和表决权人的时候，这种“动乱”会摧毁家族关系和家族企业。[①]

二、万向集团鲁冠球：对接班人进行系统培养和帮扶

当儿子鲁伟鼎读完中学后，万向集团创始人鲁冠球就把他送到新加坡学习企业管理课程。

学习归来，鲁冠球每天与鲁伟鼎一起上下班，手把手教鲁伟鼎处理各种事务的方法。1992 年底，鲁冠球任命鲁伟鼎为集团副总裁，1994 年，委任鲁伟鼎为集团总裁，5 年后，鲁伟鼎到美国深造。经过几年的管理实践，鲁冠球委任鲁伟鼎担任集团 CEO。

在德国，17 岁的匡特家族接班人金特·匡特（Günther Quandt），被父亲埃米尔·匡特（Emil Quandt）从八年级的教室带回了德尔格兄弟纺织厂。

---

① 参见范忠宝：《家族企业：“继承矛盾”及其解决机制》，《中国中小企业》2002 年第 11 期。

金特·匡特回到家族企业，首先在父亲埃米尔·匡特的工厂里接受六个月的强化课程：每天早晨6点起床，跟着经验丰富的纺织女工熟悉机器，接着练习纺织，学习缩绒和清洗；然后跟随另一位师傅学习染色技艺，比如从靛蓝植物中提炼出闪亮的海军蓝和骑士蓝；技术方面，金特还要学会熟练操作蒸汽机；商务技能培训则被安排在下午，每天下午2点到7点，他都要坐在父亲的办公室，向老人学习通信、簿记和盘存技巧。[①]

从埃米尔·匡特、鲁冠球培养接班人的路径来看，其实就是对接班人进行系统培养和帮扶。因为创始人明白，只有对接班人进行系统培养和帮扶，才能真正地应对家族企业的种种危机和挫折。

不管是徽商、晋商，还是在海外的华人家族企业，都有注重接班人接受商学教育的传统

百年企业之所以能历经百年而不衰，并不是因为其非常幸运，而是有着超凡脱俗的家族企业创始人非常重视下一代接班人的培养和帮扶，使之一代一代地向下传承。

这样的观点与军队接班人的培养一样。在电视剧《亮剑》中，独立团团长李云龙就非常重视这样的培养——事实证明，

① 参见［德］卢蒂格·容布卢特：《匡特家族：“德国制造”幕后的传奇缔造者》，丁树玺译，中译出版社2018年版，第26页。

一支具有优良传统的部队，往往具有培养英雄的土壤，英雄或者优秀军人的出现，往往是以集体形式出现而不是以个体形式出现，理由很简单，他们受到同样传统的影响，养成了同样的性格和气质。例如，第二次世界大战时，苏联空军第十六航空团，P–39 飞蛇战斗机大队，竟产生了 20 名获得“苏联英雄”称号的王牌飞行员。与此同时，苏联空军某部施吴德飞行中队产生了 21 名获得“苏联英雄”称号的模范飞行员。任何一支部队都有自己的传统。传统是什么？传统是一种性格，是一种气质，这种传统和性格是由这支部队组建时首任军事首长的性格和气质决定的，他给这支部队注入了灵魂，从此，不管岁月流逝，人员更迭，这支部队灵魂永在！

从李云龙的话中不难看出，二代接班人成功接班与否与家族企业创始人有着非常大的关系。家族企业创始人一旦将创业精神传递给第二代接班人，其成功的概率将大大增加。

事实证明，像李云龙团长那样重视传承创始人创业精神的家族企业创始人非常多。为了更好地培养第二代接班人的经营管理能力，一些家族企业创始人还让接班人参与家族企业的经营和管理。在接班人经营和管理中给予大力支持，一方面鼓励接班人扩大与供应商的接触，另外一方面还将接班人送到欧美发达国家知名大学留学，从而有效地提升接班人的管理能力。现在很多家族企业创始人多在忙三件事：一是发展企业，二是与政府打交道，三是教育孩子。他们希望自己的孩子将来能够继承自己的事业，许多人把子女送到国外留学，上最好的大学，比如剑桥、哈佛、耶鲁。[①]

例如，在接班人培养中，李嘉诚就非常重视，先后让接班人李泽钜和李泽楷系统地接受了美国常青藤大学——美国斯坦福大学的知识教育。

众所周知，许多大名鼎鼎的家族企业，其接班人往往都毕业于著名商学院，有的家族企业接班人还拥有海外留学或工作的经验，其开阔视野可以为家族企业的发展注入新的动力，而此刻的家族企业就如虎添翼一样高速发展。

之所以重视商学教育，原因是华人“光耀门楣”和“富过三代”根深蒂固的思维，不管走在哪里，都无法抹去。梳理发现，在传统的中华文化中，不管是徽商、晋商，还是海外的华人家族企业，都有注重接班人接受商学教育的传统。

在改革开放 40 多年后的中国大陆地区，尽管新中国的家族企业才有 40 多年的历史，但在接班人教育这一块决不吝啬。一些家族企业创始人即使没有把接班人送到欧美等发达国家去培养的条件，也会把接班人送到中国知名大学的 EMBA 接受针对性的培训。[②]

追溯历史发现，此类培养接班人的方式早在 20 世纪

① 参见蔡诚：《家族企业新生代：让儿子，还是请职业经理人？》，《当代经理人》2002 年第 9 期。

② 参见崔卫东：《企业权杖如何传》，《工厂管理》2003 年第 Z1 期。

二三十年代就极为流行，在近现代的中国家族财富传承中，海外留学已经成为提升接班人能力的有益补充。第一，从家业的发展前景考虑。第二，位高权重者的履历需要。第三，域外培养更加严格。

创始人把接班人送到海外名校留学，待其学业结束后回到企业锻炼，经过几年历练后，让接班人出任要职。这可算是一个不错的接班人培养方案。时至今日，中国大陆地区依然有相当多的家族企业采用这种接班人培养方式。在这里，娃哈哈未来的掌门人宗馥莉就是通过这样的路径来完成的。

2013 年，杭州娃哈哈集团公司董事长兼总经理宗庆后的女儿宗馥莉再次成为媒体的焦点，因为外界一直公认宗馥莉是宗庆后事业的接班人。

为了让宗馥莉接班，宗庆后一系列的培养早就开始了。1996 年，宗庆后把读完初中的宗馥莉送到美国留学，就读于圣马力诺高中。宗馥莉完成高中阶段的所有课程后，顺利进入了洛杉矶佩珀代因大学学习，主修国际贸易。

创建于 1937 年的佩珀代因大学，由西维尔学院、法学院、教育心理学学院、Graziadio 商管学院和公共政策学院 5 所学院组成。尽管是一所基督教的私立大学，但在 2011 年美国大学本科综合排名第 53 名。

2004 年，22 岁的宗馥莉大学毕业后回国，宗庆后安排其在娃哈哈协同参与管理，其最初的正式职位是杭州娃哈哈萧山二号基地管委会主任助理。同时宗馥莉也开始了“半工半读”——在逐渐接触娃哈哈集团业务的同时，还在北京某所高校攻读工商管理课程。

从2005年3月起，宗馥莉担任杭州娃哈哈萧山二号基地管委会副主任。据了解，萧山二号基地共有6家分公司，分属于饮料、方便食品、童装、日化行业。从2005年7月起，宗馥莉兼任杭州娃哈哈童装有限公司与杭州娃哈哈卡倩娜日化用品有限公司总经理。

除了宗馥莉，像横店集团徐文荣、万向集团鲁冠球、格兰仕梁庆德、双良集团缪双大、东方希望集团刘永行等企业家的子女，都有海外留学经历或正在海外留学。

当然，家族企业创始人让接班人出国留学，系统地接受现代管理知识的教育，从而开阔接班人的视野，这的确是一种不错的培养办法。根据广东出国留学机构资料显示，广东省每年出国留学费用在100亿美元左右。这不过是一个保守的数字，由于资金划拨方式的不同，实际的费用更为庞大。

当然，从这个100亿美元数字我们可以看到，这已经不仅仅是中国家长们“望子成龙”，更多的是一些家族企业创始人出于对家族企业“接班人”的培养。

家族企业接班人接受了欧美发达国家的先进企业管理制度的教育，这样就可以更好地使得家族企业一代一代地薪火相传。

可以说，更好地让接班人系统地接受现代管理知识的教育是培养二代接班人的一个有效方法。在商业竞争中，企业有可能遇到很多不确定因素的危机，二代接班人要作出正确的决策，从容处理这些危机，就必须站在较高的层面上分析势态的发展。瑞士洛桑国际管理学院教授让-皮埃尔·拉赫曼（Jean-Pierre Lehmann）说："大部分欧洲企业家都有一种强烈的愿望，要把自己的企业变成代代相传的巨人。"而这最需要的，就是让接班人系统地接受现代管理知识的教育，开阔接班人的视野。

精心设计培养和帮扶路线，同时"两条腿走路"

创始人为了更好地交接班，已经在逐步探索一条适合自己的独特的现代化管理道路。一般地，家族企业创始人往往采取"两条腿走路"的办法。

1. 让接班人到名校学习现代企业经营管理

一些家族企业创始人，比如刘永好、刘永行、宗庆后等为了更好地交接班，积极主动地将子女送往西方发达国家名校学习现代企业经营管理，这样做还是希望子女学成后回自己家族企业供职，参与本家族企业的管理，这便造成了这样的事实：家族经营得以维持，同时又是具有专业知识的管理人才进行经营。当然，这样做的更大优势就是，聘请一个优秀的职业经理人需要百万，甚至是上千万美元的年薪，所以家里如果有一个优秀的继承人，就一定比请外人强。

2. 雇用家族以外的专门人才

不管是刘永好，还是宗庆后，规模如此庞大的企业不可能由接班人一个人亲力亲为，这就需要引进家族以外的专门人才进入企业管理层并给予较大的经营自主权，以弥补家族制经营的不足。已经有越来越多的大企业集团开始着手这样做了。

当然，创始人这样的安排还是较为合理的，随着市场经济的发展，竞争的加剧，不掌握科学的管理知识显然不能成为企业的“掌门人”。如果接班人知识不够广博，或者掌握的程度不够，就必须接受系统的学习和培训。①

鉴于此，创始人需要从三方面下功夫：第一，让接班人接受系统的学习和培训。第二，让接班人参与市场竞争，磨炼其耐力。第三，接班人遇到不能解决的问题，创始人进行指导，有针对性地提出建议。

茅理翔坦言，接班人面临的问题繁多，创始人必须出面才能解决。他举例说道：“这些孩子要接班，做企业家要承受压力，很多很多的压力：有资金的压力，银行不肯贷款给你怎么办？有来自员工的压力，元老不服你怎么管？有家族矛盾怎么化解……很多老爸很痛苦，因为儿子不争气；很多儿子也很

① 参见崔卫东：《企业权杖如何传》，《工厂管理》2003 年第 Z1 期。

痛苦，为啥？老爸不肯放权！”[①]

问题既然出现，就要解决问题。因此，作为创始人，在很多时候还需要精心设计的培养和帮扶路线，更好地培养二代接班人抵御市场风雨的洗礼、锻炼甚至磨难的能力，增加其传承成功的概率。

据了解，家族企业接班人的培养和帮扶路线，有如下几种：

（1）“手把手”帮带。在“手把手”帮带中，非常典型的就是广厦集团董事长楼忠福。楼忠福说道：“让儿子上台前就跟儿子商量好的，先体验一下做一把手的感觉和压力，再踏踏实实根据自己的不足一步步锻炼。”

（2）“学院式”教育帮扶。在很多家族企业中，学院式教育是最普遍的。一般地，家族企业创始人往往安排自己的子女接受高等教育，甚至特意送到欧美发达国家去留学。这样的家族企业创始人举不胜举。

（3）“太子式”扶持。在“太子式”扶持中，李嘉诚就是其中的典型。在李泽钜和李泽楷才七八岁时，李嘉诚就开始为李泽钜和李泽楷专设小椅子，让李泽钜和李泽楷列席家族企业董事会。事实证明，李嘉诚的这种“太子式”培养还是非常有用的。

---

① 章卉:《茅理翔斥资200万成立中国首个家族企业研究基金》,《今日早报》2009年9月28日。

（4）“试验田式”磨炼。在“试验田式”磨炼中，浙江新昌中宝集团创始人吴良定就较为典型。为了培养接班人，吴良定打了一个电话给在深圳当律师的长子吴捷，让吴捷回家族企业锻炼。吴捷回到家族企业后，却被吴良定“扔”进了车间培养。经过一番磨炼，吴良定并没有按人们所想的把现成的家族企业交给吴捷，而是给了吴捷100万元创业启动资金，要吴捷从头开始创业。当吴捷成功创办了日发集团后，吴良定才把企业交给他。吴良定觉得，只有拥有自己打拼成功的经历，才能更有经验和责任心，也更能得到旁人的认同。

（5）“体验式”培养。在“体验式”培养中，较为典型的还是李嘉诚。李嘉诚白手起家，为了避免“富不过三代”。李嘉诚鼓励孩子们自己赚零用钱，两个儿子的零用钱都是他们在课余兼职，通过做杂工、侍应生挣来的。从现实来看，这样的培养方式显然有效。

（6）“放养式”锻炼。在“放养式”锻炼中，华星集团董事长王伟胜就较为典型。事实上，家族企业创始人的子女进自己的企业非常容易。但是想让家族企业创始人的子女进国际大公司锻炼，这可不是一件简单的事情，如果有能力，把子女送进世界500强，“偷”点儿拳头回来壮大企业也是不少企业家培养孩子的方式之一。为此，阿联酋迪拜中资公司华星集团董事长王伟胜觉得孩子更应该去发展突破而不仅仅是继承。他说：“我希望我的孩子比我更强，而不是仅仅去继承，他们更应该有自己的思路去发展，把企业做得更好。”

（7）“震撼教育”式传承。在“震撼教育”式传承中，红鼎创投董事长刘晓人较为典型。刘晓人对自己的创意颇为得意。他说：“儿子读小学，玩性重，我把他带到北京参加一些高规格的会议，回来就懂事了很多，我称这个为‘震撼教育’。”

（8）“平民化”培养。在“平民化”培养中，王永庆和汪力成较为典型。王永庆和汪力成一改很多民营企业家“自己吃够了苦头，要让子女享福”的思想，培养接班人“平民思想”。王永庆因担心子女在台塑大树庇荫下缺乏磨炼，所以每一个小孩在小学或初中时，就被他送到英国、美国求学，直到念完研究生才回国。而汪力成一直很注意“保护”儿子，几乎不让儿子跟公司的人接触，怕太早影响了他。汪力成说：“我希望儿子能成为社会精英，但在受教育阶段他应该是一个平民，而不能享受精英社会的种种。”

三、方太茅理翔：“带三年、帮三年、看三年”的方太“三三制模式”

在家族企业的交接班中，很多家族企业创始人往往忽视一个问题，那就是“带三年、帮三年、看三年”的交接班策略。

作为家族企业创始人，不管是选定接班人，还是把家族企业的方向盘交给接班人，这并不意味着家族企业的交接班问题就万事大吉，正所谓好马也要有人牵。

作为家族企业交印者的成功代表——茅理翔以自己向儿子逐步交班为例现身说法：“先带三年，让儿子管产品开发；再帮三年，把营销权也下放给他；随后再看三年，把企业经营管理大权都下放给儿子，这之后就可以放心地把企业交给儿子去打理了。”

“三三制模式”的三个步骤：研发权授权、经销权授权、管理权授权

在中国家族企业传承中，茅理翔“带三年、帮三年、看三年”的做法是非常成功的，也是符合中国国情的。

成功地把方太这个家族企业传承给儿子茅忠群，茅理翔自喻为是从创业以来其主导的第三次“变法”了。第一次“变法”是在1986年，茅理翔把电视机加工配套企业慈无九厂成功地转型为以生产电子点火枪为主的生产制造型企业。几年之后，该企业的产值就做到了上亿元。第二次“变法”是在1995年，茅理翔冒险投资吸油烟机项目，使企业从一个纯外向型企业转变为国内厨具行业著名制造商。而对于第三次“变法”，茅理翔有一种完成了一项重大使命的成就感。为此，他付出了几年的心血。茅理翔把企业看作自己的儿子，而把儿

子看作未来的企业。[①]

关于交接班的“三三制模式”，茅理翔在接受媒体采访时坦言：从 1996 年开始第二次创业，到 1999 年注意实施淡化家族企业的制度化建设，他逐渐摸索出了这么几个步骤。

第一个三年，研发权授权给接班人。茅理翔是这样介绍的：在第一个三年中，其做法是将家族企业产品的研发权授权给接班人（子女），让接班人逐渐熟悉家族企业的整个运作过程。通过“看三年”这个阶段，创始人分析接班人的创新能力、团队管理和建设能力、亲和力等。这样做的目的是让接班人通过研发产品获得自己组建小团队的权力，为接班人下一步更多地涉足家族企业管理做好铺垫，同时还可以避免接班人担任家族企业要职给原来的团队以及领导层形成压力。

第二个三年，经销权授权给接班人。在第二个三年中，其做法是将家族企业经销权授权给接班人（子女）。接班人在家族企业内部研发产品时，其成败往往都不会造成社会性影响，最多在家族企业内部，也不会影响家族企业产业链的组成。将家族企业经销权授权给接班人，其目的就是帮助接班人组合整个产业链，并熟悉原有的合作伙伴，从而获得经销商的认可，这为获得市场认可打下坚实的基础。

第三个三年，管理权授权给接班人。在第三个三年中，

① 参见傅桦、晓韩：《方太：“禅让”父子兵》,《时代财富》2002 年第 10 期。

其做法是将家族企业管理权授权给接班人（子女）。也就是整个家族企业的管理在接班人完成了前边两步后，最后一步也就顺理成章。

作为家族企业创始人，必须把传承当作一个重要的战略来抓。正如茅理翔所言：“家族企业的交接班要开明、开放，大胆交。”在茅理翔看来，在家族企业传承中，彻底交班是成功交班的要旨。当然，彻底交班必须建立在第一个三年观察的基础之上。

茅理翔坦言，如果从家族企业第一代创业者的角度看，家族企业其实也是创始人的一个“养子”。在“亲子”与“养子”之间，创始人必须下定决心把“养子”交给“亲子”经营和管理。

对于家族企业创始人而言，交出去的不仅仅是企业，更是沉甸甸的使命。当然，交出去这个过程，其实也是一个二次创业的过程。反观方太，茅理翔通过“三三制”交接班模式让茅忠群感受到经营企业的艰辛，就有了做好方太这个家族企业的使命，方太这个家族企业在茅忠群的眼里也就不再是财富，而是一项事业，一个沉甸甸的使命。

在家族企业的传承中，家族企业创始人不仅要开明、开放，大胆交，还要在交接班过程中给接班人（子女）一个经营团队，而不是简单地把财富传给他们。

茅理翔自豪地说，如今的方太，茅忠群已经组建了一个属于他自己的 MBA 高学历的执行团队。反观诸多家族企业在交接班时，往往受困于家族企业的创业元老、恩人、亲属等各方面的掣肘。茅理翔也不否认，方太同样遭遇过这样的问题。茅理翔回忆说，1996 年二次创业时，茅理翔就将原来的元老、恩人等剥离到原来的企业，继续在他们熟悉的岗位上工作。在拥有全新产品与经营理念的方太，茅理翔则仅仅用了老团队的两个人：一个是技术总工程师，另一个是财务。在团队的使用与留用上，方太制定了四种使用方式：有留下来的愿望，或具有研究型思维的，有才的挽留使用；人品好，但能力不足的，推荐到相关的下属企业工作，让各个位置各得其所；确有能力，但有意愿独立创业的，买断工龄，留一个好的双向归宿，或可成为未来的合作伙伴；有能力，人品好，并愿意把企业当作事业做的，给予股份或分红权，共同做大蛋糕。①

权杖顺利交接，最好把接班人“扶上马，送一程”

在中国众多家族企业接班中，特别是中小民营企业，要想使得家族企业创始人的权杖顺利交接到二代接班人手上，按照茅理翔交接班“带三年、帮三年、看三年”的“三三制模式”成功经验，最好的办法是家族企业创始人为二代接班人“扶上马，送一程”。

① 参见茅理翔：《现代家族企业治理》，《IT 经理世界》2009 年第 5 期。

在方太集团，茅理翔已经把方太这艘大船交到茅忠群手上，可以说已经过了“看三年”的阶段了。在公开场合，茅理翔表示，自己已经完全放权，让儿子茅忠群去管理方太集团了。茅理翔也合理地安排自己的时间，来做自己想做的事情。

茅理翔坦言，自己会用 1/3 的时间接待各种各样的客人，尽可能地不参与方太集团的经营管理事务。

茅理翔建议家族企业创始人，当完成“带三年、帮三年、看三年”的“三三制模式”后，家族企业创始人必须真正地站在家族企业董事长的岗位上思考战略方向。

2004 年 5 月 25 日，《经济日报》记者问茅理翔：“那您为什么还要提出‘民营企业应淡化家族制’的观点呢？”茅理翔坦言：在交接班的过程中，我定了一个原则：带三年、帮三年、看三年。我早就做出了承诺，到 2006 年 1 月 18 日，我就会正式把董事长之位让给儿子。现在，我已经进入“看三年”的阶段，完全放权让我儿子自己去做。而我则用 1/3 的时间到外面作讲座，1/3 的时间看书，另外 1/3 的时间接待各种各样的客人，不参与企业经营管理事务，开始真正站在一个董事长的角度去思考战略方向。这实际上是我总结人家的经验教训悟出的一个道理。我知道有一个企业曾经搞得很不错，爸爸 60 岁了，儿子 38 岁，可爸爸始终认为儿子是小孩子，一直没有叫他接班。结果这个父亲 61 岁时生病了，不得不叫儿子接班，公司中高层干部不服，走的走，跑的跑，这个企业基本上垮了。有一个法国的记者曾对我说，他的爸爸原来60多岁时不交班，等到83岁的时候要交班了，但儿女们都是50岁的人了，没有人想接班。看来，无论在国内还是在国外，民营企业中这种情况比较普遍。

茅理翔告诫家族企业创始人：“我们这一代人要不要交班之所以有争论，是因为交班者不放心，或者是不甘心、不愿意。有一个企业的董事长，他把自己的儿子立为总经理，然后开始放权，后来又觉得儿子什么都不请示自己，自己好像没起什么大作用，于是，他又从儿子手里收回了财务审批权，为此，儿子反应很强烈。除此之外，有的父子型家族企业甚至出现了分成两个公司的情况。在我看来，家族企业交班同样是关系到企业的可持续发展问题，这同样是一种社会责任的体现，因为，无论是家族制企业还是公有制企业，都是为社会创造财富，为劳动者提供就业机会的。要使企业得以长期平稳发展，创业者一定要交班，而且应该大胆交、坚决交、彻底交。”

在茅理翔看来，为了家族企业这艘大船顺利交接到二代接班人手上，创始人不仅要“带帮看”，而且要大胆交、坚决交、彻底交。只有这样，才能彻底放权给二代接班人，当然，二代接班人也才能肩负起家族企业生存和发展的重要使命。

遗憾的是，一些家族企业创始人早已经到了交接班的年龄，由于对二代接班人不放心，家族企业创始人迟迟不愿意放下手中的权杖。

资料显示，在豫南某知名企业中就出现了这样的情况，家族企业创始人已经70多岁了，而二代接班人跟随创始人南征北战，历练颇多，还曾经身挑重担，为家族企业做资产布局。尽管如此，创始人依然不愿意放权，而是坚守在岗位上，当公司遇到重大事件时，所有决断仍然由创始人来做。

该家族企业交接班模式与茅理翔倡导的“三三制模式”有天壤之别。这也是方太能够离开茅理翔而快速发展的最重要的原因。

为此，业内专家坦言，一些已经老去的创业型企业家不愿意放权，主要还是源于，这些创业型企业家当初一手创办并将家族企业做到一定规模，位高权重，在家族企业中有着不可挑战的绝对权威。

当创业型企业家老去之时这才发现，那些刚刚培育起来的接班人，因为一直活在创业型企业家的羽翼保护之下，没有得到真正的历练，也就谈不上管理经营该家族企业。而跟着创业型企业家打天下的“老臣”们，接班人的叔伯们或许并不都像程普、黄盖一般兢兢业业地辅佐“少主”。

此刻，潜在的危机一旦爆发，这些貌似强大的家族企业就会马上风雨飘摇。创业型企业家不得不退位，或者当创业型企业家发生变故，接班人接掌帅印那一刻，危机可能就此发生。

比如，蓝天集团董事长李万枝突然病故，但据说庆幸的是，李万枝在接班人问题上提前两三年就作了安排。如此，“少帅”李新华驾驭这家企业才得以“硬着陆”。事实证明，要想让家族企业的权杖顺利传递，就必须“带三年、帮三年、看三年”。

参考文献

图书：

［美］戴维·洛克菲勒：《洛克菲勒回忆录》，曹彦博译，中信出版社 2004 年版。

［英］J. G. 弗雷泽：《金枝》，耿丽编译，重庆出版社 2017 年版。

崔建林：《大唐千古一帝唐太宗李世民》，中国戏剧出版社 2008 年版。

期刊：

蔡诚：《家族企业新生代：让儿子，还是请职业经理人？》，《当代经理人》2002 年第 9 期。

曹顺妮：《真功夫情伤》，《中国企业家》2012 年第 20 期。

陈元中：《宗法制度文化及其价值论》，《唐山师范学院学报》2011 年第 1 期。

程建平：《从“布里丹效应”说起》，《经营者》2004 年第 8 期。

崔翎暄、籍元:《论默多克新闻集团英国失利的原因》,《科技视界》2014 年第 13 期。

邓海平:《家族信托破冰》,《大众理财顾问》2013 年第 10 期。

邓羊格、杨光:《子不类父的反基因传承　企业持续发展昌盛的共性》,《中外管理》2005 年第 10 期。

杜文玉:《从唐初官制看李世民夺位的基本条件》,《渭南师专学报(社会科学版)》1998 年第 6 期。

范博宏、董雅姝:《苹果:创始人到经理人的公司治理变迁》,《新财富》2013 年第 5 期。

范博宏、张天健:《家族财富传承之道:无胜于有,有始于无》,《新财富》2012 年第 8 期。

方家平:《企业家的健康——创造财富的财富》,《中外企业家》2005 年第 4 期。

付云:《全球接班人培养大扫描——立贤还是立亲?也许是家族传承最纠结的问题》,《经理人》2012 年第 9 期。

傅桦、晓韩:《方太:“禅让”父子兵》,《时代财富》2002 年第 10 期。

郭珍:《“九头鸟”家族兵变内幕》,《当代经理人》2002 年第 4 期。

黄德海:《铜罐和陶罐——〈轮台诏〉的前前后后(上)》,《山花》2019 年第 10 期。

雷炳炎、刘毅:《毛泽东关于汉代帝王评价述论》,《湘潭大学学报(哲学社会科学版)》2016年第4期。

李妍:《富豪家族分家手册　谈钱怎么能不伤感情?》,《中国经济周刊》2012年第22期。

陆雄文:《家族企业如何接班》,《企业文化(上旬刊)》2012年第3期。

罗义奇:《财富管理与传承:“创一代”的必经之路》,《中国城市金融》2015年第10期。

吕依群:《要防止决策中的“布里丹效应”》,《上海会计》1993年第10期。

任蕙兰、金姬、马赛刻:《富家接班那些事儿》,《新民周刊》2012年第20期。

田炜华:《家族传承的三种模式》,《IT经理世界》2004年第8期。

王欢、陈艾:《唐骏:10亿标杆的价值》,《商界(评论)》2008年第5期。

王涓、杜国海、章红玲:《家族企业代际传承:主要障碍与解决机制》,《企业经济》2007年第7期。

王振昌:《外国家族企业怎样选接班人》,《董事会》2006年第12期。

文婧:《导致家族企业更迭的三大风险——家族财富管理调研报告(2019)》,《家族企业》2020年第Z1期。

杨光:《“反基因”传承》,《中外管理》2005 年第 10 期。

杨群:《受中国富豪圈青睐的家族办公室，究竟让财富传承还是毁灭》,《中国新闻周刊》2020 年第 5 期。

张伟:《中国富豪接班大考》,《中国经济周刊》2017 年第 32 期。

张衍阁、彭水明:《正泰集团：家族股权稀释的中国样本》,《法人》2004 年第 10 期。

报纸:

[英]哈罗德·詹姆斯:《全球性家族企业的多事之秋》,《第一财经日报》2011 年 7 月 27 日。

敖军:《默多克家族再陷接班人迷局》,《新闻晚报》2012 年 2 月 26 日。

董珺:《富不过三代？家族企业如何迈过接班生死坎》,《南方都市报》2009 年 9 月 30 日。

高寿凯:《新时期江苏民企该如何更好地传承与发展》,《中华工商时报》2011 年 8 月 31 日。

黄颖川、谢思佳、田文博:《广东 6 成民营企业主希望儿女接班　富二代接班不易》,《南方日报》2010 年 9 月 15 日。

姜隅琼:《王云富 3.8 亿拿下海翔药业控股权　将注入优质资产》,《上海证券报》2014 年 5 月 5 日。

李陈续:《知识产权重于血缘亲情？》,《光明日报》2002

年 12 月 12 日。

李春平:《“二代接班”不是家族上市公司的最优选择》,《新京报》2016 年 10 月 24 日。

李欣忆、胡敏:《多元化投资打水漂　“散酒大王”叫卖临邛酒厂》,《四川日报》2014 年 11 月 20 日。

连俊:《家族企业：肯定与否定的辩证关系》,《经济日报》2004 年 5 月 25 日。

林晓燕、朱葵阳:《“富二代”能否再续父辈辉煌》,《义乌商报》2008 年 3 月 6 日。

林志吟:《海翔药业员工否认赌博传言　分析认为罗煜竑能力欠缺》,《信息时报》2014 年 5 月 9 日。

刘慎良:《小马奔腾创始人遗孀被判赔 2 亿债　向北京高院上诉》,《北京青年报》2018 年 1 月 9 日。

龙金光:《传承与接班人：300 万民企的现实焦虑》,《南方都市报》2010 年 11 月 30 日。

鲁勋、周瑜:《苏州“富三代”拒承家业　家族企业显传承困局》,《东方早报》2009 年 11 月 10 日。

马可佳:《未来 10 年 300 万家民企将面临接班换代难题》,《第一财经日报》2010 年 11 月 23 日。

马晓燕:《默多克的新欢是她，59 岁》,《新闻晨报》2015 年 10 月 27 日。

仇子明:《真功夫蔡达标女儿：爸爸被抓是离婚引起的》,

《经济观察报》2011 年 3 月 21 日。

宋双:《中盟磐合家族办公室创始人颜怀江：财富传承问题让中国顶级富豪“睡不好”》,《每日经济新闻》2015 年 6 月 29 日。

唐福勇:《家族财富传承需要重视风险隔离》,《中国经济时报》2019 年 10 月 25 日。

魏宗凯、周凯:《复华低调总经理陈苏阳遭遇空难英年早逝》,《新闻晨报》2004 年 11 月 23 日。

吴娓婷:《真功夫家族战：潘敏峰起诉蔡达标索回一半股权》,《经济观察报》2011 年 4 月 28 日。

徐英:《包头空难续：官司打到美国源自美国律师游说》,《青年周末》2007 年 11 月 29 日。

杨群:《家族企业遭遇“接班危机”？》,《解放日报》2012 年 3 月 22 日。

姚音:《企业家意外离世　“群龙无首”下接班人危机再现》,《上海证券报》2008 年 5 月 7 日。

袁泉:《“显臣”之争》,《中华工商时报》2002 年 9 月 13 日。

张妍婷:《接力棒如何传下去》,《钱江晚报》2007 年 9 月 18 日。

郑明治:《富一代不愿意放手》,《钱江晚报》2007 年 9 月 18 日。

朱雨晨:《中国家族企业深陷“接班人”危机》,《法制日报》

2007 年 9 月 23 日。

报告：

中国银行业协会、清华大学五道口金融学院：《中国私人银行行业发展报告（2018）——暨中国家族财富管理与传承白皮书》，2019 年 11 月 8 日。

中信保诚人寿「传家」·胡润百富：《2022 中国高净值人群家族传承报告》，2023 年 5 月 23 日。

后　记

改革开放40多年后的今天，中国超高净值人群增长迅猛，中国财富管理由此成为亚太乃至全球范围内增长最快、最具潜力的市场。然而，在中国经济进入“新常态”的背景下，财富管理行业也迎来了全面的供给侧改革。在多重“新规”的共同约束下，整个财富管理行业的生态系统面临重构。同时，一代企业家已经逐步走到财富传承的十字路口。他们中七成以上年龄已超50岁，核心需求由重视投资收益向重视财富传承转移。历史上最大规模的财富传承大幕开启，以“传富”为主题的时代已经到来。①

对家族财富传承，笔者分为三个部分——家族企业财富传承的陷阱、家族企业财富传承遭遇哪些难题、家族企业财富的传承路径——共13章进行了剖析，提出了自己的财富传承方法。

在撰写过程中，本书选取了多个亲情、股权、控制权、

① 参见中国银行业协会、清华大学五道口金融学院：《中国私人银行行业发展报告（2018）——暨中国家族财富管理与传承白皮书》，2019年11月8日。

知识产权、品牌交织杂糅在一起的利益角逐导致企业濒临倒闭的案例。

本书选取了多个知名企业品牌因为家族成员的利益纷争，其品牌被毁灭的遗憾悲剧。

本书选取了多个足以让所有家族企业财富传承视为前车之鉴的非典型失败案例。

本书选取了多个著名企业财富成功传承的案例。

这些案例发人深省，期望给中国 4500 万家企业经营者、高管、职业经理人，以及数百万高净值人群提供反思和借鉴。

这里，感谢“财富商学院书系”的优秀人员，他们也参与了本书的前期策划、市场论证、资料收集、书稿校对、文字修改、图表制作，这些人员如下：周锡冰、简再飞、周芝琴、周梅梅、吴雨凤、吴江龙、吴抄男、赵丽蓉、周斌、周凤琴、周玲玲、金易、何庆、李嘉燕、陈德生、丁芸芸、徐思、李艾丽、李言、黄坤山、李文强、陈放、赵晓棠、熊娜、苟斌、佘玮、欧阳春梅、文淑霞、占小红、史霞、陈德生、杨丹萍、沈娟、刘炳全、吴雨来、王建、庞志东、姚信誉、周晶晶、蔡跃、姜玲玲等。

任何一本书的写作，都是建立在许许多多人的研究成果基础之上的。在写作过程中，笔者参阅了相关资料，包括电影、电视剧、图书、网络、报纸、杂志、企业官网、爱企查等资料。所参考的文献，凡属专门引述的，我们尽可能地注明了出处，其他情况则在书后附注的“参考文献”中列出，在此向有关文献的作者表示衷心的谢意！如有疏漏之处，还望原谅。

本书在出版过程中得到了许多教授、家族企业老板、家族企业研究专家、企业总裁、职业经理人、媒体朋友、人类学家、智库专家、业内人士以及出版社的编辑等的大力支持和热心帮助，在此表示衷心的谢意。由于时间仓促，书中纰漏难免，欢迎读者批评指正。

周锡冰

2023 年 7 月 20 日于财富书坊